Margaret Fuller

Sommer an den Seen

Eine amerikanische Reise

Aus dem Englischen
von Klaudia Ruschkowski

Herausgegeben
und mit einer Einführung
von Fritz Fleischmann

Auf Grundlage eines Textes
und mit einer Nachbemerkung
von Klaus Bonn

CORSO

Margaret Fuller:
eine Reise, ein Leben, ein Nachleben
von Fritz Fleischmann // 6

Kapitel I – Niagara // 20

Kapitel II – Die Seen // 32

Kapitel III – Illinois, Oregon // 58

Kapitel IV – Noch einmal Chicago // 84

Kapitel V – Wisconsin // 124

Kapitel VI – Mackinac // 176

Kapitel VII – Sault Ste. Marie // 238

Nachbemerkung
von Klaus Bonn // 256

Margaret Fuller

Eine Reise, ein Leben,
ein Nachleben

———————

Ein Essay von Fritz Fleischmann

I.

Wer Margaret Fuller zum ersten Mal begegnet, und das nicht etwa in ihrem feministischen Hauptwerk WOMAN IN THE NINETEENTH CENTURY (1845) oder in ihren kultur- und sozialkritischen Essays und Rezensionen für die *New-York Tribune* oder in ihrer Berichterstattung aus dem aufgewühlten und umkämpften Rom, sondern in der romantischen Collage SUMMER ON THE LAKES (1843), wird es nicht leicht finden, dieses Werk und seine Autorin einzuordnen. Worum geht es hier: Um die agrarische und industrielle Erschließung des nicht mehr ganz so wilden Mittleren Westens durch weiße Siedler? Um eine Beschreibung von Landschaft und Natur, mit Bezug auf Wahrnehmungstheorien der romantischen Ästhetik? Eine anthropologische Untersuchung zur Situation der noch anzutreffenden Indianer und zur Gender-Rolle der indianischen Frau – eine Kombination aus Beobachtung und Forschungsbericht? Um die Rolle der Siedler-Frauen, differenziert nach sozialer und nationaler Herkunft? Einen Vergleich zwischen dem intellektuell erstarrten »alten« Osten des Landes und dem demokratischen Aufbruchsversprechen des weiten Kontinents? Eine Diskussion von Rassismus, nationaler Schuld, gebrochenen Versprechen der neuen Nation? – »All of the above« und noch viel mehr, wie die Lektüre des vorliegenden Bandes schnell zeigen wird. Es ist eine Lektüre voller Überraschungen, gerade für ein deutsches Publikum.

Die erste deutsche Übersetzung eines Fuller-Buchs erscheint zu einer Zeit, in der die deutsch-amerikanischen Beziehungen wieder einmal hinterfragt werden. Umso wichtiger mag es sein, die Aufmerksamkeit auf eine transatlantische und germanophile Figur zu lenken, deren leidenschaftliches Engagement für kulturellen Austausch einherging mit einem Bekenntnis zu demokratischen Prinzipien, zu sozialer Gerechtigkeit und zu universalen Menschenrechten. Darin war Margaret Fuller stimmig mit den anderen Vertretern des amerikanischen Transzendentalismus, in dem sie zusammen mit Ralph Waldo Emerson und Henry David Thoreau die Trias der Hauptfiguren bildet. Aber sie war auch unverwechselbar sie selbst. Als die bedeutendste Stimme in der amerikanischen Literaturkritik ihrer Zeit, deren Artikel auf der ersten Seite der größten Tages- und Wochenzeitung der USA erschienen, definierte sie es als die wichtigste Aufgabe der Literatur, zum wechselseitigen Verständnis zwischen Menschen und Kulturen beizutragen; sie erreichte eine größere Leserschaft als jeder ihrer männlichen Konkurrenten und schaffte es, in einem Massenmedium eine Tradition der amerikanischen Kulturkritik zu verankern, welche die Realitäten der Vereinigten Staaten konsequent an den oft deklarierten Prinzipien und Idealen der Nation und den populären Versprechungen der Neuen Welt maß.

Fuller, zu Lebzeiten berühmt, aber im 20. Jahrhundert in den Hintergrund gerückt, ist auch in den USA erst in den letzten Jahrzehnten langsam wieder in den Kanon kultureller Leitfiguren aufgenommen worden. Ihr Werk, stets anspruchsvoll und von großer thematischer Bandbreite, wird immer noch allzu leicht vom Interesse an ihrem unkonventionellen Leben und ihrem tragischen Tod überlagert.

Und dieses Leben war nicht einmal sehr lang: 40 Jahre und knapp zwei Monate.

II.

Sarah Margaret Fuller wurde am 23. Mai 1810 in Cambridgeport, Massachusetts, als ältestes von neun Kindern von Timothy Fuller und Margaret (Crane) Fuller geboren. Margaret Crane war »eine der süßesten und selbstlosesten Ehefrauen, die je von einem willensstarken Ehepartner regiert wurden«; ihre emotionale Wärme und ihre Liebe zur Schönheit gaben ihren Kindern ein Gegengewicht zu dem strengen Rationalismus und der patriarchalischen Herrschaft ihres Mannes. Er wiederum bestimmte die Erziehung der Kinder, vor allem die von Margaret.

Timothy Fuller, Absolvent des Harvard College, Anwalt und Politiker, war in verschiedenen Zweigen der Landes- und Bundesregierung aktiv. Als Abgeordneter im Repräsentantenhaus (1817–25) lehnte er den Missouri-Kompromiss von 1820 ab, in dem die Sklaverei neu legitimiert wurde, und plädierte für eine aufgeklärte Indianerpolitik. Als Rationalist und Unitarier (somit Anhänger eines liberalen Protestantismus, der in jedem Menschen ein Ebenbild Gottes sah) unterstützte er die Präsidentschaft von John Quincy Adams; seine hartnäckige Opposition gegen den populistischen Sklavenhalter und Indianerhasser Andrew Jackson, der 1832 als Präsident wiedergewählt wurde, beendete seine politische Karriere. Seiner ältesten Tochter vermittelte er einen unbändigen intellektuellen Ehrgeiz und die Überzeugung, dass Ideen in Taten umgesetzt werden müssen. Er behandelte sie als den Stammhalter, den er sich erhofft hatte und unterrichtete sie persönlich in der Literatur und Geschichte des klassischen Altertums. Bereits im Alter von sieben Jahren las sie die lateinischen Dichter und Historiker, daneben zur Entspannung Cervantes, Shakespeare und Molière. Timothy Fuller regulierte das Leben seiner Tochter in allen Details. Diese Kombination aus intellektueller Stimulation und totaler Kontrolle beeinträchtigte die Gesundheit des Kindes; sie hatte Alpträume und Visionen und litt im späteren Leben an Kopfschmerzen und anderen psychosomatischen Symptomen.

Zudem sollte sich herausstellen, dass ihr Sozialverhalten nicht mit ihrer geistigen Entwicklung Schritt gehalten hatte. An Dr. Parks Schule in Boston (1821–22) und Miss Prescotts School for Young Ladies in Groton, Massachusetts (1824–25) war sie durch ihren frühreifen Intellekt und ihre ungewöhnlichen Manieren als Außenseiterin markiert (die Figur der Mariana in SUMMER trägt autobiographische Züge). Die männlichen Verhaltensmuster, die Fuller von ihrem Vater eingetrichtert worden waren, führten ebenfalls zu Rollenkonflikten. Da Fullers Mutter kein brauchbares Vorbild abgab, orientierte sich das Kind an anderen Frauen. Im Alter von acht Jahren war Margaret (die ihr Vater gegen ihren Willen Sarah nannte) fasziniert von Ellen Kilshaw, einer britischen Besucherin, die weibliche Anmut und eleganten Geschmack verkörperte. Susan Prescott, eine Lehrerin in Groton, wurde ebenfalls zum Vorbild erkoren. Von Eliza Farrar, der zukünftigen Autorin von THE YOUNG LADY'S FRIEND (1836), lernte sie, ihren schlagfertigen Witz und ihre geistige Überlegenheit weniger herauszukehren – Eigenschaften, die allgemein als unweiblich galten.

In Cambridge lebte Fuller nach einem strengen Regime der Selbstkultivierung, studierte Literatur, Philosophie, Sprachen und Musik auf eigene Faust, lernte Griechisch an der Cambridgeport Private Grammar School und führte ein aktives soziales Leben. Bald wurde sie in den intellektuellen Kreisen von Cambridge und Boston für ihr erstaunliches Wissen und ihre Extravaganz bekannt. Hin- und hergerissen zwischen dem Wunsch nach »weiblichen« Eigenschaften und ihren eigenen »Gladiatoreninstinkten«, stieß Fuller einige Menschen vor den Kopf, schloss aber auch enge und dauerhafte Freundschaften – ihr Talent für Freundschaft bezeichnete sie später als eine ihrer größten Stärken. Mit einem ihrer Freunde, James Freeman Clarke (dessen Schwester Sarah als die Freundin »S.« im vorliegenden Buch auftaucht), begann Fuller ein intensives Studium der deutschen Literatur. Sie lernte die Sprache in drei Monaten und las Goethe, Schiller, Novalis, Tieck, Körner, Richter und andere Autoren der deutschen Romantik; ihre Kenntnis der deutschen Sprache, Literatur und Philosophie machte sie zur unangefochtenen Autorität unter ihren Zeitgenossen.

1833 beschloss Timothy Fuller, mit seiner Familie nach Groton (35 Meilen westlich von Cambridge) zu ziehen und das Leben eines unabhängigen Farmers, wie es Jefferson idealisiert hatte, aufzunehmen. Der Verlust ihrer vertrauten und anregenden Umgebung in Cambridge und Boston traf Margaret hart. Sie erhielt nun die Aufgabe, jüngere Geschwister zu unterrichten und ihrer Mutter im Haushalt zu helfen, mit wenig Zeit zum Lernen und Lesen. Ihre Situation wurde verschärft durch Familienkrisen, den Tod des jüngsten Kindes und Meinungsverschiedenheiten zwischen Vater und Tochter – Konflikte, die nur durch ihre gemeinsame Arbeit an einer Geschichte der frühen amerikanischen Republik gemildert wurden. Margaret selbst war 1835 kaum vom Typhus genesen, als ihr Vater plötzlich krank wurde und an Cholera starb. Sie fühlte sich schuldig wegen der vorhergegangenen Entfremdung und übernahm den Platz ihres Vaters als Familienoberhaupt. Ihre religiöse Entwicklung während der Groton-Jahre, die sie zu einem weniger »egoistischen« Verständnis des göttlichen Geistes und einem Gefühl der Vereinigung mit dem göttlichen Prinzip in allen Dingen führte, half ihr, diese Verantwortung zu übernehmen.

Fullers neue Freundschaft mit dem Philosophen Ralph Waldo Emerson war zu dieser Zeit ein großer Trost und Ansporn für sie. Emersons Freund Bronson Alcott lud sie ein, als seine Assistentin in der progressiven Temple School in Boston zu arbeiten (ihre Vorgängerin Elizabeth Palmer Peabody, selbst eine intellektuelle Frau von Format, wurde später berühmt für ihre Arbeiten zur frühkindlichen Erziehung und die Einführung des Kindergartens in den USA). Fuller gab auch Abendkurse für Frauen und übersetzte deutsche Autoren beim Vorlesen für den »unitarischen Propheten« Dr. William Ellery Channing. Dem Überleben der Temple School wurde freilich durch den öffentlichen Aufruhr über Alcotts GESPRÄCHE MIT KINDERN ÜBER DIE EVANGELIEN (1837) ein Ende gesetzt.

Fuller verließ Boston im April, um eine Stelle an der Greene Street School in Providence, Rhode Island, anzunehmen. Als Lehrerin war sie eine Sensation und für viele ihrer Schülerinnen eine lebenslange Inspiration. Sie lud den feministischen Reformer John Neal ein, zu ihrer Klasse über die Rolle der Frau zu sprechen, übersetzte Eckermanns GESPRÄCHE MIT GOETHE und nahm an Diskussionen im Bostoner Buchladen von Elizabeth Peabody und an Treffen des Transcendental Club teil.

Fuller wurde automatisch zum Mittelpunkt jeder Diskussion; ihr phänomenales Wissen und Gedächtnis, ihre spontanen Illustrationen und ihr schlagfertiger Witz erzeugten zusammen (so Emerson) »das unterhaltsamste Gespräch in Amerika«. In einer Zeit intensiver Selbstkultivierung gab es ein zahlendes Publikum für solche Gespräche. Eine Gruppe von Fullers Freunden schlug ihr vor, dieses Talent für ihren Lebensunterhalt zu nutzen, und vom Winter 1839–40 an hielt Fuller ihre berühmten »Conversations« für Gruppen von bis zu 35 Frauen. (Eine Serie für Frauen und Männer im Jahre 1841 war weniger erfolgreich, da die männlichen Transzendentalisten die Diskussion dominierten.) Die Gespräche umfassten Bildung, bildende Kunst, griechische Mythologie und andere universelle Themen, die die Teilnehmerinnen ermutigen sollten, selbst zu denken; einige von ihnen übernahmen später Führungsrollen in der amerikanischen Frauenbewegung.

Eine lang geplante Goethe-Biographie wurde Ende 1839 auf Eis gelegt, als Fuller zustimmte, die Redaktion für ein neues Forum transzendentalen Denkens, die vierteljährliche Zeitschrift *Dial* (»Zifferblatt«), zu übernehmen. Sie erhoffte sich ein »vollkommen freies Organ … für den Ausdruck individuellen Denkens und Charakters«, das »jeden Menschen zum Selbstdenken anregen würde«. Unter ihren Händen wurde *Dial* zu einem innovativen Forum idealistischen Denkens. Ihr eigener »Essay on Critics« legte den Grundstein für die Art von sachlicher Analyse, die sie zu einer Pionierin der modernen Literaturkritik machte. Ihr Aufsatz in der Juli-Ausgabe 1843 »The Great Lawsuit: Man versus Men; Woman versus Women« war der Kern ihres berühmtesten Buches WOMAN IN THE NINETEENTH CENTURY (DIE FRAU IM NEUNZEHNTEN JAHRHUNDERT), 1845.

WOMAN ist eine Synthese von Ideen über die Zukunft der Vereinigten Staaten, des Glaubens an die demokratische Bestimmung Amerikas, aber auch an die Befähigung jedes und jeder Einzelnen, ein historisch und mythologisch reich illustrierter Text, dessen Ruf nach Veränderung im Verhältnis der Geschlechter Sozialkritik und persönliche Entwicklung sorgfältig austariert. Fullers feministische Theorie ist ein Dokument des Transzendentalismus: Frauen wie Männer haben unsterbliche Seelen und können sich stetig weiterentwickeln, begrenzt nur durch ihre persönlichen Fähigkeiten. Ihre vielleicht berühmteste Forderung für Frauen, »Let them be sea captains, if they will!« (»Lasst sie Kapitäne werden, wenn sie wollen!«), wurde ihr später von Horace Greeley spöttisch zitiert, als sie von ihm erwartete, ihr galant die Tür aufzuhalten. Reformistisch im Ton, ist WOMAN doch die radikalste Schrift zu diesem Themenkomplex vor Simone de Beauvoir: Anatomie ist nicht Schicksal (die spätere Unterscheidung zwischen sex und gender ist bereits vorgedacht); Männer wie Frauen tragen androgyne Züge; maskulin und feminin sind »metaphorische Prinzipien«; Frauen müssen ihr Schicksal selbst in die Hand nehmen.

1842 gründeten George und Sophia Ripley *Brook Farm*, eine idealistische Community in West Roxbury, Massachusetts; Fuller beteiligte sich dort an vielen Aktivitäten. Nach ihrer Reise in den Mittleren Westen verfasste sie auf Anraten Emersons das vorliegende Buch, unterstützt durch monatelange Lektüre in der Harvard-Bibliothek, zu der sie als erste Frau Zutritt erhielt. Ende 1844 zog sie nach New York, um eine neue Stelle bei Horace Greeleys progressiver *New-York Tribune* anzutreten. Dort schrieb sie nicht nur literaturkritische Texte, sondern auch Artikel über die Wohltätigkeitsorganisationen und Gefängnisse der Stadt, die sie besucht hatte; über Prostitution und Sklaverei; über Einwanderer, Arme, Geisteskranke und andere Gruppen und soziale Probleme, die ihr Interesse geweckt hatten. Ihr soziales Bewusstsein vertiefte sich weiter, und ihr Interesse an Charles Fouriers utopischem Sozialismus bewegte sich in Richtung des neuen »wissenschaftlichen« Sozialismus, der durch Karl Marx und Friedrich Engels an Bedeutung gewinnen sollte.

Im August 1846 reiste Fuller mit ihren Freunden Marcus und Rebecca Spring nach England – ihre lang erhoffte Chance, Europa persönlich in Augenschein zu nehmen. Greeley versprach, für Artikel zu zahlen, die sie als Auslandskorrespondentin der *Tribune* einreichen würde. In England und Schottland, wo sie bereits bekannt und gut eingeführt war, traf Fuller diverse Berühmtheiten und bereiste die üblichen bekannten Orte, aber ihr wirkliches Interesse galt den sozialen Reformprojekten, wie den Institutionen für Arbeiterausbildung, den öffentlichen Bädern in Edinburgh und den öffentlichen Wäschereien in London. Armut und industrielle Slums entsetzten sie, und sie fand Thomas Carlyles Verachtung für die hilflosen Massen wenig hilfreich. Interessanter war der italienische Exilant Giuseppe Mazzini, Initiator von Giovane Italia, der Fullers enger Freund wurde. In Frankreich, wo sie im November eintraf, war Fuller ebenfalls bekannt, wenn auch weniger beachtet als in Großbritannien. Neben anderen wichtigen Persönlichkeiten traf sie den polnischen Patrioten und Dichter Adam Mickiewicz, dessen Freundschaft sie nachhaltig beeinflusste. Populäre Unruhen breiteten sich in Europa aus, und Fuller schrieb darüber für die *Tribune* lange Reportagen; ihr Verständnis der politischen und sozialen Verhältnisse eröffnete ihrem amerikanischen Publikum einen einzigartigen (und weithin diskutierten) Einblick in die neue Dynamik der Alten Welt. Sie reiste nach Genua und Neapel und erreichte Rom im April 1847. Im selben Jahr besuchte sie Norditalien und die Schweiz, wo sie den Schriftsteller Alessandro Manzoni und die politische Aktivistin Marchesa Constanza Arconati Visconti sowie zahlreiche amerikanische Künstler kennenlernte.

Wie in Großbritannien und Frankreich galt ihr Interesse in Italien den gesellschaftlichen und politischen Ereignissen, persönlich resonant in ihrer unerwarteten Freundschaft mit dem revolutionär gestimmten Sohn einer alten römischen Familie, dem zehn Jahre jüngeren Giovanni Angelo Ossoli. Das daraus folgende Liebesverhältnis führte zur Schwangerschaft, und am 5. September 1848 kam Angelo Eugenio Filippo Ossoli zur Welt, in Rieti, wohin sich Fuller vor dem Klatsch und der instabilen Lage in Rom zurückgezogen hatte. Im November musste sie ihren Sohn bei einer Pflegerin lassen, um zu Ossoli nach Rom zurückzukehren, wo er sich der Bürgergarde angeschlossen hatte. Fuller beschrieb für die *Tribune* die Volksaufstände von 1848, die Flucht des Papstes, die Rückkehr Mazzinis und die Proklamation der römischen Republik im Februar 1849. In ihren Artikeln forderte sie die Vereinigten Staaten (vergeblich) auf, diese neue Republik als Verkörperung der demokratischen Prinzipien Amerikas anzuerkennen. Sie sammelte auch Dokumente für eine Geschichte der italienischen Revolution.

Von April bis Juni beteiligten sich Fuller und Ossoli an der Verteidigung Roms gegen die französischen Truppen, die Pius IX. zur Wiederherstellung seiner Herrschaft angefordert hatte; Ossoli diente als Offizier auf den Mauern der Stadt und Fuller als Leiterin des Hospitals der Fate Bene Fratelli. Nach der französischen Eroberung Roms im Juli flohen sie nach Rieti und von dort nach Florenz, wo sie viele Freunde und Bekannte hatten (darunter die englischen Dichter Robert und Elizabeth Barrett Browning), aber von Geldproblemen geplagt und von der Polizei belästigt wurden. In Florenz arbeitete Fuller konzentriert an ihrer Geschichte der römischen Revolution, und berichtete in diesem Winter ihrer Mutter und ihren Freunden in Neuengland erstmals von ihrer Heirat und ihrer neuen Familie.

Es war keineswegs klar, wie man sie in Amerika empfangen würde, aber Fuller und Ossoli schifften sich und ihren Sohn am 17. Mai 1850 in Livorno auf dem Segelschiff *Elizabeth* nach New York ein. Jetzt folgte ein Unglück auf das andere: Kapitän Hasty erkrankte an den Pocken und starb vor Gibraltar; der kleine Angelo, von Hasty infiziert, überlebte die Krankheit mit knapper Not. Die *Elizabeth* wurde nun vom ersten Offizier befehligt, der sie in einem schweren Sturm in die Katastrophe führte: Am Morgen des 19. Juli 1850 setzte er das Schiff vor New Yorks Fire Island auf eine Sandbank. Nach langem Warten in Sichtweite des Ufers und nach diversen Rettungsversuchen, aber ohne Hilfe der wartenden Plünderer am Strand, zerbrach das Schiff und wurde von den Sturmwellen fortgeschwemmt. Der Körper von Angelo wurde an den Strand gespült und später auf dem Mount Auburn-Friedhof in Cambridge beerdigt. Was aus den Leichen seiner Eltern wurde, ist bis heute ungeklärt.

III.

Summer on the Lakes steht in der Tradition der polyphonen Reiseberichte, in denen verschiedene Stimmen zu Wort kommen. In dieser Hinsicht nicht außergewöhnlich, aber für Fuller programmatisch: Der immer wieder auftauchende Perspektivenwechsel hält die Frage offen, welcher Wahrnehmung und welcher Interpretation des Gesehenen zu trauen ist. Zu manchen Themen hat die Ich-Erzählerin eine klare Meinung: Gier nach materiellen Gütern ohne intellektuelle Entwicklung und ohne seelisches Wachstum ist schlecht; Offenheit und Neugier auf das Unbekannte, auf andere Menschen und Kulturen, sind gut. Aber sie stellt die Differenz zwischen den Perspektiven klar in den Raum: Wo Fuller an den Niagara-Fällen das Erhabene in der Natur sieht, sieht ein anderer Tourist einen Spucknapf – Karikatur eines Philisters, also leicht zu belächeln. Schwieriger wird es, wenn die Differenz nicht so leicht aufzulösen ist. Wo Fuller einen majestätischen Primärwald sieht, sehen andere primär Brennholz für die Seendampfer. Hier stellt sich die Frage anders – nicht: Was ist die richtige Sicht? Sondern:

Was ist der Preis des Fortschritts? Wie viel Natur muss geopfert werden, damit der Kontinent agrarisch und industriell erschlossen werden kann? Was sind die ästhetischen Kosten, wenn die blühenden Prärien und lichten Parklandschaften verschwinden zugunsten einer Nutzlandschaft? Ist es überhaupt möglich, Natur und Zivilisation zu versöhnen? – Andere Kosten sind moralischer und psychologischer Art: Die Enteignung, Entwürdigung, Entmündigung der Indianer – eine nationale Hypothek, die nie abgezahlt werden kann. Die Entwurzelung, das Elend, die Einsamkeit so vieler Frauen, die ihren Männern in den Westen gefolgt sind, ohne gefragt zu werden – Fuller trifft auf ihrer Reise nur eine einzige weiße Frau, die mit ihrem Los zufrieden ist, und das auch nur, weil sie es in Relation setzt zu dem Elend, das sie in ihrer europäischen Heimat gesehen hat.

Ein zeitlich naher Kontext für Fullers Reise war ihr 1843 erschienener *Dial*-Aufsatz »The Great Lawsuit«; sie sah die Situation der Siedler-Frauen mit einem geschärften Blick. Während der geweitete Horizont, das Fehlen von Grenzen, Konventionen und Regeln, das Leben im Freien den Männern neue Möglichkeiten eröffnet hatten, fanden sich die Frauen stärker als zuvor auf ihre häuslichen Pflichten reduziert – aber ohne die gewohnten Annehmlichkeiten ihres alten Lebens, ohne das gewohnte Netzwerk von Familie, Freundinnen und Nachbarinnen, gefangen in einem endlosen Kampf gegen Schmutz, Unordnung und Krankheit. Die blühenden Prärien, die idyllischen Wälder, die pittoresken Gewässer waren letzten Endes nicht die Domäne der Frauen – der Westen brachte ihnen nicht Freiheit, sondern oft eine neue Form von häuslicher Gefangenschaft.

Zu manchen Themen muss sich Fuller ihre Meinung erst erarbeiten, und sie lässt uns am Prozess des Sortierens und Abwägens teilnehmen. Hat die Indianerfrau einen niedrigeren Sozialstatus als ihre weiße Schwester? Zu diesem Thema gibt es Literatur, mehr oder weniger verlässliche Beobachtungen anderer Reisender und Forscher, dazu Fullers eigene Beobachtungen. Die wiederum sind auch nicht unproblematisch: Inwieweit sind sie geprägt von vorheriger Lektüre, von Abbildungen, von Briefen und Gesprächen? Und inwieweit ist Fullers Erinnerung im Nachhinein beeinflusst durch ihre monatelange Recherche in der Harvard-Bibliothek? Sie bildet sich eine Meinung und erklärt, warum sie die für die plausibelste hält. Aber sie entlässt uns nicht aus der Verpflichtung, uns eine eigene Meinung zu bilden.

Fuller fordert uns immer wieder heraus, unsere Seh- und Denkgewohnheiten zu hinterfragen. Ihre ständige Kontextualisierung, das Einarbeiten von Lesefrüchten und eigenen Texten, dient demselben Zweck. Das Buch endet mit einer radikalen Aufforderung: »read me, even as you would be read« (»lest mich, wie ihr selbst gelesen sein wollt«). Wir kennen das als die Goldene Regel der praktischen

Ethik, die bekanntlich immer einen Perspektivenwechsel erfordert. In einer Szene sieht sich Fuller selbst als lächerlich mit ihrem Sonnenschirm, weil eine Indianerin sie so sieht; ihre eigene Sichtweise ist relativiert. Als Intellektuelle hat sie den Vorteil der Marginalität, zum Beispiel den Außenseiterblick einer romantischen Idealistin auf die kommerziellen Sehnsüchte der neuen Siedler, die alles danach beurteilen, ob es ihnen materielle Vorteile bringt – in deren Perspektive ist der Indianer folglich ein störendes Element. Fuller wiederum verteidigt die Perspektive der Indianer, deren Ideen von sich selbst und der Welt nicht mehr stimmen können, weil ihnen die materielle und die psychische Grundlage für ihr Selbstverständnis genommen wurde; sie sind jetzt die Falschen am falschen Ort. Ihre Laster sind das Resultat weißer Interventionen; ihre eigenen Wertvorstellungen aber waren in sich schlüssig – so war es für den Indianer tugendhaft, einem Feind möglichst wehzutun. Fullers abschließende Evaluation indianischer Kultur als eines kohärenten, für sich plausiblen Wertesystems ist eines der eindrucksvollsten Beispiele für ihre radikale Kulturkritik.

Fuller stellt sich zu Beginn des Buches die Frage nach dem »mighty meaning«, also der »Bedeutung« des von ihr Gesehenen und Beschriebenen. Ist die Idee einer freiheitlich aufgeklärten Nation, in der das Individuum zu seiner höchsten Entwicklung kommen kann, im Westen realisiert? Lässt sie sich zumindest als noch nicht eingelöstes Versprechen aufrechterhalten? Fuller gibt keine einfachen Antworten, aber sie lässt keinen Zweifel daran, dass die Zukunft ihrer Nation davon abhängt, ob und wie dieses Versprechen gehalten wird.

Sommer an den Seen

Ihr Sommertage reger Muße,
Ihr langen Sommertage liebgewonnener Freuden
Habt eure Lehre gut vollbracht;
Könnte die Schülerin nur beschreiben,
Wie die bittersüße Rebe wuchs,
Was die Pfade schuf für den schweifenden Fuß,
Winternächte würden rasch verstreichen
Beim Blick ins magische Kristall,
Über das die Schatten der neuen Welt streifen;
Doch ohne echte Zauberkraft
Erzählen Moderne ihre Geschichte
Nur in glanzlosen Worten, mit dürftiger Zunge,
Die beharrlich versagt, wenn man ihrer bedarf.
Doch die, denen ein Wink genügt,
Finden die Losung für alle Gedanken,
Erblicken den Ritter hinter dem Schild,
In getrockneten Gräsern das blühende Feld.

An einen Freund

Ein paar getrocknete Gräser vom flachen, blühenden Land,
Eine Muschelschale vom fernen, märchenhaften Strand,
Ein paar Geweihe aus hohen Wäldern, die dem Wild
Keine sichere Zuflucht mehr sind,
Eine Adlerfeder, die einen Krieger zierte,
Vielleicht der Letzte der verzagten Schar,
Nach so gebrechlichen Gaben sucht deine Hand,
Wenn müde Stunden sich nach Stärkung sehnen?
Ich gebe dir nur, was ich kann, nicht was ich geben würde,
Fasste mein kleiner Becher eine Flut,
Wie Skandinavien es von jenen Kelchen sang,
Mit denen Riesen Gottheiten bewirten;
Wir, an unserem Zwergen gleichen Tag, trinken nur Tropfen,
Und haben schon bald wieder Durst.

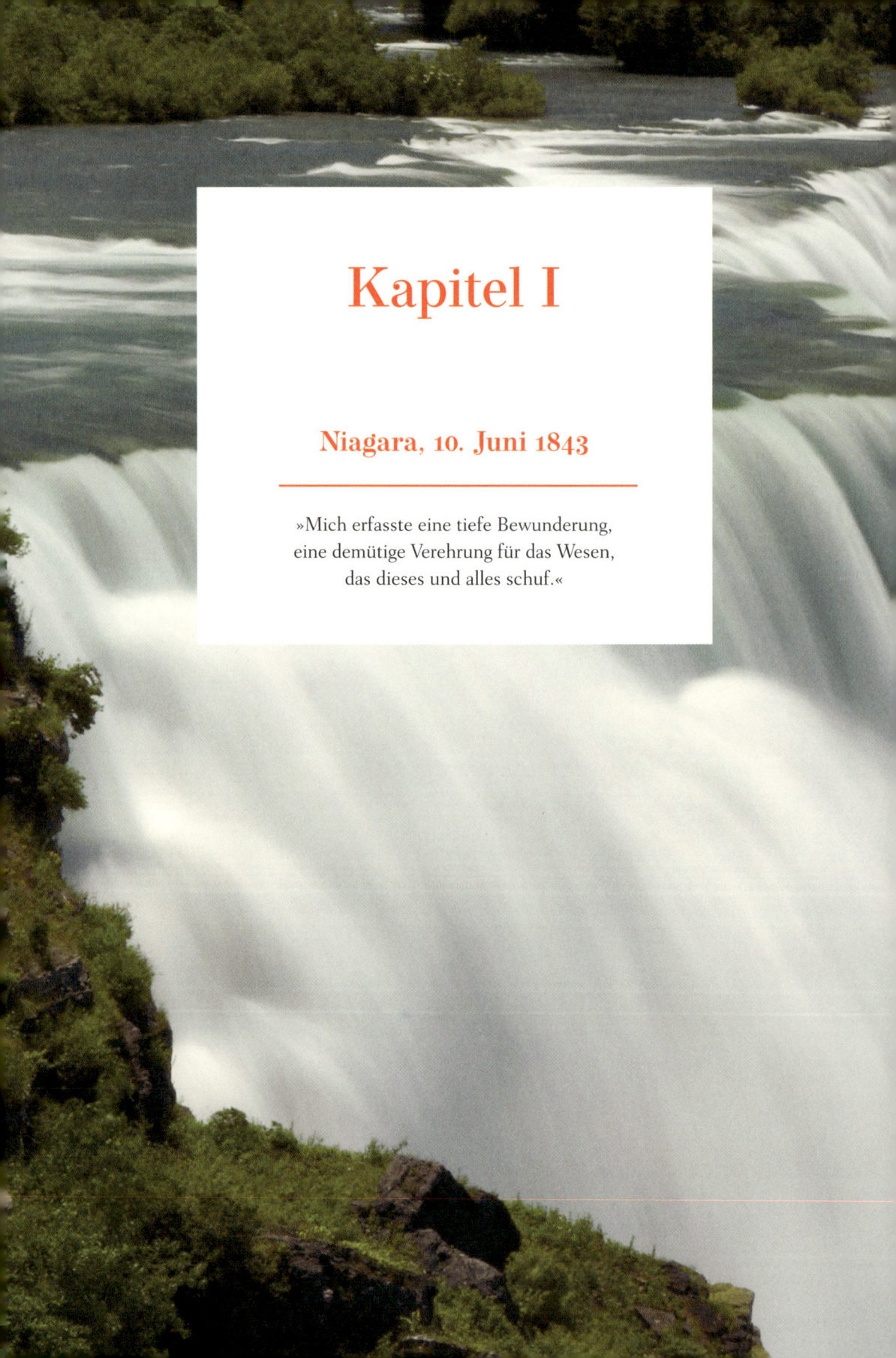

Kapitel I

Niagara, 10. Juni 1843

»Mich erfasste eine tiefe Bewunderung,
eine demütige Verehrung für das Wesen,
das dieses und alles schuf.«

Da Ihr mit mir die Fußnoten teilt, die während der Wanderungen dieses Sommers auf die Seiten meines Lebens gesetzt werden, will ich den großartigen Prolog zu dem noch unbekannten Drama nicht verschweigen. Selbst wenn mir, genau wie anderen auch, nur wenig zu sagen bleibt, wo das Schauspiel einmal groß genug ist, um das ganze Leben auszufüllen und das Denken abzulösen, indem es uns seine reine Gegenwart schenkt. »Es ist gut, hier zu sein« – das ist die beste und einfachste Wendung, die einem dazu in den Sinn kommt.

Wir sind seit acht Tagen hier, und ich habe nichts dagegen, mich wieder auf den Weg zu machen. So ein herrlicher Anblick befriedigt bald, wir sind erfüllt von ihm, ja selbst von dem, was hinter ihm zurückbleibt. Sind unsere Wünsche einmal verwirklicht, verfolgen sie uns nicht mehr so leicht. Nachdem wir »den einen Tag gelebt« haben, möchten wir losziehen, um einen weiteren zu leben.

Wir hatten kein Glück mit dem Wetter. Für diese Szenerie kann die Sonne gar nicht zu warm, das Licht gar nicht zu hell sein, aber der Himmel verdüsterte sich, ein kalter, unfreundlicher Wind kam auf. Meine durch solch eine Atmosphäre strapazierten Nerven ertragen die pausenlose Beanspruchung durch Aussicht und Geräusche nicht so gut. Hier gibt es kein Entrinnen vor der Wucht einer ewigen Schöpfung; alle anderen Erscheinungen und Gestalten kommen und gehen, die Flut steigt und zieht sich zurück, der Wind entlädt sich auf seinem Höhepunkt in Sturm und Böen, hier jedoch herrscht wirklich eine unablässige, eine unermüdliche Bewegung. Wachend oder schlafend, es gibt kein Entrinnen, immer dieses Rauschen um einen herum, durch einen hindurch. Genau dadurch aber habe ich die Herrlichkeit am stärksten gespürt – etwas Ewiges, wenn nicht Unendliches.

Mitunter erhebt sich eine periphere Musik; der Wasserfall scheint seinen eigenen Rhythmus aufzugreifen und ihn noch einmal zu besingen, wobei Ohr und Seele durch eine doppelte Schwingung stimuliert werden. Ein Effekt des Windes, der Echos zur donnernden Hymne erzeugt. Das ist grandios und wirkt wie eine spirituelle Repetition durch alle Sphären hindurch.

Als ich eintraf, empfand ich zunächst nichts als stille Genugtuung. Ich stellte fest, dass Zeichnungen, Panoramen usw. mir eine klare Vorstellung von der Position und den Proportionen aller Dinge hier gegeben hatten. Ich wusste, wo ich nach allem Ausschau halten sollte, und alles sah genauso aus, wie ich es mir gedacht hatte.

Vor einer Weile betrachtete ich mit einer Freundin von einem Hang aus einen der goldensten Sonnenuntergänge, in den die Welt je getaucht wurde. Ein kleiner Kuhhirt, der daher zog, fragte sich neugierig, was wir da anschauten. Nachdem er eine Weile umhergespäht hatte, stellte er fest, dass es wohl nur der Sonnenuntergang sein konnte, er schaute selbst kurz hin und sagte dann beifällig: »Die Sonne sieht *ganz gut* aus« – eine Bemerkung, die Shakespeares Cloten[1] Ehre gemacht hätte, oder dem kindlichen Merkur, der bekanntlich von der Wiege an mit allen Wassern gewaschen war.

Ich empfand darin just so eine Unbekümmertheit, die es mit der unseres Volkshelden Jonathan[2] in einem Fürstenpalast aufnehmen konnte, oder mit seiner Prahlerei, er wäre »die Stufen des Vatikans in seinen alten Stiefeln hochgestampft, in Gegenwart des Papstes«. Ich hatte das Gefühl, die Sonne sah wirklich ganz gut aus, und war auf Euren Rat hin drauf und dran, sie als das einzige Ding auf dieser Welt zu akzeptieren, das keine Enttäuschung bereitet.

Jeder bedeutende Ausdruck, der bei oberflächlicher Betrachtung so leicht und einfach daherkommt, liefert dem gewissenhaften Beobachter nach einer Weile aber seinen eigenen Maßstab, nach dem er beurteilt werden will. Von Tag zu Tag dehnten sich die Proportionen aus, nahmen vor meinen Augen mehr und mehr Gestalt an, und endlich erhielt ich den richtigen Vordergrund für diese grandiosen Distanzen. Ehe ich aufbreche, habe ich wahrscheinlich das ganze Wunder dieser Szenerie gesehen. Nach einer Weile zog es mich derartig in sich hinein, als wollte es eine unbestimmte, mir bis dahin unbekannte Furcht schüren, etwas, das wir vielleicht empfinden, wenn uns der Tod in eine neue Existenz überführt. Das unablässige Stampfen des Wassers packte meine Sinne. Ich glaubte, dass kein anderes, kein noch so nahes Geräusch mehr zu hören sei, schrak zusammen und suchte hinter mir nach einem Feind. Ich begriff, dass dieselbe Naturgewalt, die das Wasser mit solch absorbierender Wucht hinuntergoss, hier auch den Indianer geschaffen hatte. Unbewusst und ungewollt drängten sich mir Bilder von nackten Wilden auf, die sich mit erhobenen Tomahawks in meinem Rücken anschlichen; diese Trugbilder kehrten ständig wieder, und selbst nachdem ich darüber nachgedacht und versucht hatte, sie abzuschütteln, zuckte ich doch immer wieder zusammen und blickte mich um.

Als Panorama zeigen sich die Niagarafälle nur von der britischen Seite. Von dort aus sieht man sie in ihren Wasserschleiern, und die Distanz reicht aus, um

---

1 Cloten, Sohn der Königin in William Shakespeares Stück CYMBELINE (vermutlich 1610), eine von Shakespeares originellsten und rüdesten Figuren.
2 Gemeint ist die mythische Figur des Brother Jonathan, der in den Anfangsjahren der amerikanischen Republik den einfachen, demokratisch gesinnten Neuengländer verkörpert, dem alle Hierarchien suspekt sind. Als nationale Figur wird er später durch Uncle Sam ersetzt.

ihre magische Wirkung zu bewundern, Licht und Schatten. Vom Schiff aus machen die Effekte und Kontraste einen melodramatischeren Eindruck. Auf dem Rückweg vom Whirlpool-Strudel sahen wir sie dann fasziniert in ihrer Verkleinerung. Am liebsten saß ich aber auf dem Table Rock, ganz nah beim großen Wasserfall. Dort verlor sich jedes Vermögen, Details auszumachen, jedes Bewusstsein für irgendetwas anderes.

Ich hatte mich einmal kaum dort niedergelassen, als ein Mann erschien, um einen ersten Blick auf den Wasserfall zu werfen. Er trat so nah es ging heran, und nachdem er ihn einen Moment lang so betrachtet hatte, als denke er darüber nach, wie er ihn am besten für sich nutzen könnte, spuckte er hinein.

Dieser Zug schien mir ganz und gar einer Zeit zu entsprechen, deren Liebe zum *Nutzen* so groß ist, dass Fürst Pückler-Muskau Menschen für denkbar hält, die die Leichen ihrer Eltern auf die Felder bringen, um sie damit zu düngen, und ebenso ein Land, wie Dickens es beschrieben hat[3]; etwas, das aber hoffentlich nicht als das wahre Gesicht der Zeit oder das wahre Amerika in die Geschichte eingehen wird. Ein wenig Sauerteig säuert die ganze Masse zu einem anderen Brot.

Den Whirlpool-Strudel mag ich sehr. Man sollte ihn am besten nach den Great Falls sehen; er ist so streng und feierlich. Der Fluss, fast düster in seinem marmornen Grün, zeigt sich nirgends gleichmütiger als direkt unter dem Great Fall; die schwachen Kreise, die auf den verborgenen Strudel deuten, scheinen aber Geheimnisse zu wispern, von denen die donnernde Stimme über ihnen nichts mitzuteilen weiß – ein Sinn, so unergründlich wie eh und je.

Furchterregend ist übrigens die Vorstellung, dass alles, was der Katarakt einmal verschlungen hat, hier plötzlich wieder auftauchen kann, sei es ein entwurzelter Baum, der Leichnam eines Menschen oder eines Vogels.

Die Stromschnellen begeisterten mich noch weit mehr als ich erwartet hatte; sie sind so flink, dass sie reglos scheinen; man kann an nichts als ihre Anmut denken. Die Quelle jenseits der Moss Islands habe ich ganz allein entdeckt und hielt sie zunächst für eine zufallsbedingte Schönheit; ich wagte mich nicht von ihr abzuwenden, da ich befürchtete, sie vielleicht nie wiederzusehen. Nachdem ich feststellen konnte, dass sie von Dauer war, kehrte ich mehrmals zurück, um das Spiel ihrer Schaumkronen zu beobachten. Im kleinen Wasserfall dahinter schien

---

3   1842 unternahm der englische Schriftsteller Charles Dickens (1812–1870) eine lange Lesereise durch die USA und Kanada, voller idealistischer Vorstellungen von einer in Amerika entstehenden toleranten und demokratischen neuen Gesellschaft. Umso enttäuschter war er über den rabiaten amerikanischen Kapitalismus. Seine Kritik formulierte er in den ironischen, bereits im selben Jahr veröffentlichten AUFZEICHNUNGEN AUS AMERIKA.

die Natur, ganz wie es ihre Art ist, eine Studie für einen größeren Entwurf angestellt zu haben. Das ist ihr Vergnügen – eine Skizze in einer Skizze, ein Traum in einem Traum. Wo immer wir etwas Derartigem begegnen – der Andeutung des großen Pfeilers im Steinfragment, den Färbungen des Wasserfalls in den Blumen, die das Moos am Ufer wie Sterne sprenkeln –, bereitet es uns Freude, denn alle Linien werden fließend, und wir gestalten die Szenerie in geistiger Übereinstimmung mit ihrem Genius.

Die Leute beschweren sich über die Bauten in Niagara, sie fürchten, dass der Ort noch weiter entstellt wird. Ich kann diese Besorgnis nicht teilen: Das Naturschauspiel ist in der Lage, alle Nebensächlichkeiten zu verschlingen; im großen Ganzen fallen sie nicht mehr ins Auge als ein Regenwurm auf weitem Feld.

Der herrliche Wald von Goat Island ist voller Blumen; viele der allerschönsten geben sich dort ein Stelldichein. Passionsblumen und Waldlilien stehen jetzt in voller Blüte, letztere weiß, rosa, grün und lila. In ihren Farben bilden sie den Regenbogen über dem Wasserfall nach, wie geschaffen, die höchste Gottheit zu krönen, wenn sie durch das Land zieht; ihre Blüten sind von herrschaftlicher Größe und geformt wie Steine für ein Diadem. Und was die Passionsblume angeht, so habe ich kein einziges grünes Blätterzelt gelüftet, ohne darunter eine Blüte zu finden.

Doch nun leb wohl, Niagara. Ich habe dich gesehen, und alle, die hierher kommen, müssen dich auf irgendeine Weise sehen. Man wird dich nicht so leicht los wie die Sterne. Ich werde dir im Juli wiederbegegnen, unter den Fluten des Mondes und der Sonne. Da das Licht ausblieb, zeigte sich der Regenbogen bei Tag nur zwei oder drei Mal und der Mondregenbogen überhaupt nicht. Die imperiale Präsenz kann jedoch auf ihre Krone verzichten, selbst wenn sie dadurch noch illustrer wird.

General Porter[4] und Jack Downing[5] waren hier nicht ganz fehl am Platz. Ersterer baute heroisch die Brücken, über die wir nach Goat Island gelangen, und der waldliliengekrönte Gott hat ihn für seine kühne Tat mit Taubheit geschlagen, die über ihn gekommen sein muss, als er den Grundstein in die Stromschnellen senkte. Jack trat als gewitzter und unterhaltsamer Vertreter Jonathans auf den Plan, um sich das Große Wasser-Privileg[6] anzuschauen. Er berichtete

---

4   Peter Buell Porter (1773–1844),) US-amerikanischer Politiker, General und Kriegsminister, bekannt durch seinen Sieg über die Briten im Krieg von 1812. Er galt politisch wie wirtschaftlich als Expansionist und trug durch den Bau von Brücken und Kanälen zur Kommerzialisierung der Niagara-Gegend bei.
5   Major Jack Downing ist ein fiktionaler Charakter im Werk des Humoristen Seba Smith (1792–1868), der die Regierungszeit von Präsident Andrew Jackson satirisch begleitet. Die Figur wurde vielfach imitiert und mit zusätzlichen Abenteuern ausgestattet.
6   Vermutlich eine Anspielung auf das Große Privileg, eine Urkunde mit einer Anzahl von Rechten, erlassen 1477 von Maria von Burgund.

uns alles über die Amerikanismen des Spektakels, das heißt über die Schlachten, die hier gefochten wurden. Merkwürdig, dass Männer an einem solchen Ort kämpfen konnten; doch kein Heiligtum kann Leid und Zwietracht in der Brust seiner Anbeter stillen.

Nicht weniger merkwürdig ist es, dass man hier in der Gegend einen Adler zum Spiel an eine Kette legt. Als Kind stand ich oft an einem bestimmten Fenster, von dem aus ich einen Adler sehen konnte, der auf der Galerie eines Museums angekettet war. Die Leute stießen mit Stöcken nach ihm, und mein kindliches Herz schwoll vor Empörung angesichts ihrer Beleidigungen und des Ausdrucks, mit dem der königliche Vogel sie ertrug. Sein Auge war trüb, sein Gefieder schmutzig und zerzaust, doch so traurig und entthront er auch war, in seiner Gestalt und Haltung zeigte sich der ganze König. Erst als wir den Crawford-Pass in den White Mountains überquerten, erblickte ich wieder einen seiner Art, im Prisma des Sonnenuntergangs glitt er vor uns daher. Der Kutscher rief: »Schaut her!« und wies nach oben, unsere Augen folgten seinem Finger, und wir sahen, wie der Vogel Jupiters langsam in majestätischer Gelassenheit über dem höchsten Gipfel in den Himmel stieg. Es war ein wunderbarer Anblick, auch wenn ich bezweifle, dass meine Empfindungen jetzt, da ich den Vogel in all seiner natürlichen Freiheit und Hoheit sah, tiefer waren als damals, wo er, gefangen und verhöhnt, mein kindliches Gemüt mit der Byron'schen »stillen Wut« des Menschenhasses erfüllte.

Jetzt sah ich ihn wieder als Gefangenen, und der Pöbel wandte sich in jener Sprache an ihn, die ihm bei solchen Gelegenheiten am passendsten erscheint – der von Hieben und Stichen. Stumm, mit abgewandtem Kopf, ignorierte er ihre Existenz, wie Plotin oder Sophokles vielleicht die Existenz eines heutigen Kritikers ignorierten. Wahrscheinlich horchte er auf die Stimme des Katarakts, spürte, dass da wesensverwandte Kräfte frei flossen und fand Trost, auch wenn sein eigener Flügel gebrochen war.

Die Geschichte des Einsiedlers von Niagara[7] erweckte mein Interesse. Erstaunlich, dass Menschen ihr Leben nicht öfter an einen Ort von großer Schönheit binden – und selbst, wenn sie einmal tief von einem durchdrungen sind, lassen sie sich bereitwillig vom allgemeinen Fluss der Dinge forttragen, um irgendwo und irgendwie zu existieren. Es hat aber etwas Lächerliches, als Einsiedler quasi auf einer Bühne zu leben – kein Vergleich zum Heiligen Franziskus auf seinem Berg, wo ihn kein anderer als die Sterne und die aufgehende Sonne zu sehen bekam.

---

7   Francis Abbott (1803–1831), bekannt als »Einsiedler von Niagara« und verewigt in dem Poem von James Bird (1788–1839): FRANCIS ABOTT, THE RECLUSE OF NIAGARA, erschienen 1837.

Es gibt auch einen »Führer zu den Wasserfällen«, der seinen Titel am Hut trägt; sonst könnte man womöglich noch auf die Idee kommen, einen Gentleman Usher[8] zu bitten, uns den Mond zu zeigen. Aber was wundert uns das, wo wir doch Kommentare zu Shakespeare besitzen und Evangelienharmonien.

Da habt Ihr nun meine paar Zeilen. Ob sie Euch interessieren werden? Jemandem, der das volle Leben jeder Szene, jeder Stunde genossen hat, erscheinen die Gedanken, die dazu vermittelt werden können, wie Kommas und Semikolons in einem Textabschnitt, bloße Haltepunkte. Für den, der nicht selbst dort gewesen ist, stellt es sich aber vermutlich anders dar. Zumindest habe ich einige *für mich* sehr interessante Dinge über Niagara, über Musik und dergleichen gelesen. Mich faszinierte Mr. Greenwoods[9] Bemerkung, er habe das Wunder dieses Ortes nicht eher erkennen können, als bis er am nächsten Morgen die Augen öffnete und ihm erst sein Zweifel an der Möglichkeit, dass es noch da wäre, begreiflich machte, was er erlebt hatte. Ich erinnere mich jetzt gern daran, auch wenn – oder gerade weil – es genau das Gegenteil von dem ist, was ich selbst empfand. Jede Größe berührt verschiedene Gemüter auf

---

8 Gentleman Usher of the Black Rod, Titel eines ranghohen Beamten im britischen Parlament.
9 John Greenwood (1727–1792), amerikanischer Porträtmaler und Kupferstecher.

ganz eigene Weise, und die unterschiedlichen Zeugnisse belegen die Wahrheit des Gefühls.

Ich will hier einen kurzen Erfahrungsbericht von anderer Seite einfügen, er ist einfacher und persönlicher und wie ich finde weitaus besser als alles, was ich dazu schreiben kann.

»Jetzt, da ich dieses ›Weltwunder‹ verlassen habe und die Regungen, die es hervorrief, Vergangenheit sind, scheint es mir keine Entweihung mehr, meine Gefühle zu analysieren, mir minutiös und gewissenhaft den Effekt dieser Manifestation des Ewigen ins Gedächtnis zu rufen. Begibt man sich an einen solchen Schauplatz, dann sollte man bereit sein, sich dessen Einflüssen völlig hinzugeben, sein kleines Selbst und seinen kleinen Geist zu vergessen. Einen elenden Wurm zum Rand dieser sturzflutenden Welt kriechen zu sehen, das Klopfen seines kleinen Herzens zu beobachten und sich einzubilden, all dies sei nur gemacht, um ihn zu beeindrucken, erregt – Spott? Nein – Mitleid.«

Als ich den Fällen näherkam, überfiel mich eine feierliche Ehrfurcht, und das gewaltige Rauschen der reißenden Stromschnellen rüstete meinen Geist schon für die mächtigen Gefühle, die ihm bevorstanden. Kaum war ich im Hotel, überkam mich bei der Vorstellung, dass jetzt einer meiner Lebensträume in Erfüllung gehen sollte, plötzlich eine seltsame Gleichgültigkeit. Ich schlenderte durch die

Räume, überflog das Postkutschenregister, blätterte im Gästebuch, entdeckte den Namen eines Bekannten und sandte nach ihm, um zu sehen, ob er noch da war. Ich habe keine Ahnung, woher dieses Zaudern kam. Vielleicht fühlte ich mich einfach nicht würdig, diesen Tempel zu betreten, den die Natur ihrem Gott errichtet hat.

Langsam und nachdenklich ging ich schließlich zur Brücke hinunter, die nach Goat Island führt, und als ich auf diesem schwankenden Halt stand, unter mir nichts als hinabstürzende, rasende Stromschnellen, deren ewiges Rauschen mich umfing, da wurde ich von meinen Gefühlen überwältigt. Es nahm mir die Luft, ein Schauer durchfuhr meine Adern, »mein Blut kribbelte bis in die Fingerspitzen«. Das war der Höhepunkt sämtlicher Effekte, die die Niagarafälle bei mir hervorriefen – weder die American Falls noch der British Fall ergriffen mich so sehr wie diese Stromschnellen. Auf die Pracht, die Hoheit der Fälle war ich durch Beschreibungen und Bilder vorbereitet. Als sie in Sichtweite kamen, dachte ich nur: »Ja, da sind sie also, genauso habe ich sie auf der Abbildung gesehen.« Zur Terrapin-Brücke kam ich in der sicheren Erwartung, von dieser schwindelerregenden Eminenz überwältigt zu werden, bebend vor ihr zurückzuweichen, ehrfürchtig, grenzenlos staunend angesichts der immensen, wogenden Masse – doch aus irgendeinem Grund dachte ich nur daran, ihre Wirkung auf mich mit dem zu vergleichen, was ich bereits gelesen und gehört hatte. Nachdem ich alles kurz betrachtet hatte, wandte ich mich fast enttäuscht den anderen Aussichtspunkten zu, um herauszufinden, warum bei diesem Anblick die unvergleichlichen Empfindungen, mit denen ich gerechnet hatte, ausblieben. Ob am Fuße der Biddle Stairs, in der Mitte des Flusses oder unterhalb vom Table Rock, es war immer noch »öde, alles öde.« Verärgert über meine Dummheit, die intensivsten Gefühle am falschen Ort zu empfinden, kehrte ich zum Hotel zurück, entschlossen, noch am selben Nachmittag nach Buffalo zu fahren. Es ging jedoch keine Kutsche, und da ein herrlicher Mond zum Vorschein kam, wanderte ich nach Einbruch der Dunkelheit zur Brücke hinunter und beugte mich über die Brüstung. Unter mir rauschten die schäumenden Stromschnellen mit aller Macht herab. Es war phantastisch und hinreißend schön; in den gelben Strahlen des Mondes leuchteten die gebrochenen Wellen wie goldbraune Locken, die sich um die schwarzen Felsen wanden. Aber sie beflügelten mich nicht so wie zuvor. Die Ahnung eines mächtigeren Gefühls, das alle anderen Empfindungen übersteigen würde, zog mich zur Terrapin-Brücke. Alles war verwandelt, die nebelhafte Erscheinung hatte sich ihrer farbenfrohen Krone entledigt, die sei tagsüber getragen hatte, und ein silbrig weißer Bogen überspannte ihren Scheitel. Das Mondlicht gab den entfernteren Gewässern eine poetische

Unbestimmtheit, und während die Stromschnellen unter den kalten Strahlen glänzten, war der Fluss am Fuß der Fälle bis auf die Spiegelung des Himmels, die ihn an manchen Stellen in einen Schild aus bläulichem Stahl verwandelte, schwarz wie die Nacht. Keine staunenden Touristen lungerten dort herum, zückten ihre Ferngläser oder bannten die weißen Locken des alten Flussgottes auf ihren Skizzenblock. Alles harmonierte mit der natürlichen Pracht der Szenerie. Ich konnte mich lange nicht von ihr lösen, begriff, wie Wandelbares und Unveränderliches hier vereint waren. Ich beobachtete, wie die verschworenen Stromschnellen gegen den Felsvorsprung anstürmten, um ihn in einer waghalsigen Attacke zu Fall zu bringen, bis sie sich in ihrem übertriebenen Ehrgeiz selbst überschlugen, zur anderen Seite hinabstürzten und als Gischt auseinandersprudelten, ehe sie dann in den tiefen Kanal mündeten, durch den sie unterwürfig davoneilten.

Mich erfasste eine tiefe Bewunderung, eine demütige Verehrung für das Wesen, das dieses und alles schuf. Wie glücklich müssen die Menschen gewesen sein, die Niagara als Erste entdeckten, die unvorbereitet auf diesen Anblick stießen und deren Gefühle folglich ihnen ganz allein gehörten. Mit welcher Emphase beschreibt Pater Hennepin[10] »diesen großen Wasserfall«, »diese gewaltige und wunderbare Kadenz des Wassers, das auf solch überraschende und überwältigende Weise herabstürzt, dass die ganze Welt nichts Vergleichbares aufzubieten hat. Italien und Schweden rühmen sich mancherlei Erscheinungen, aber wir können mit Überzeugung sagen, dass dies nur klägliche Skizzen sind, verglichen mit dem, wovon hier die Rede ist.«

---

10 Louis Hennepin (1626–1705), Missionar, Forschungsreisender und einer der Entdecker der Niagarafälle.

»Ich begriff, dass dieselbe Naturgewalt, die das Wasser mit solch absorbierender Wucht hinuntergoss, hier auch den Indianer geschaffen hatte.«

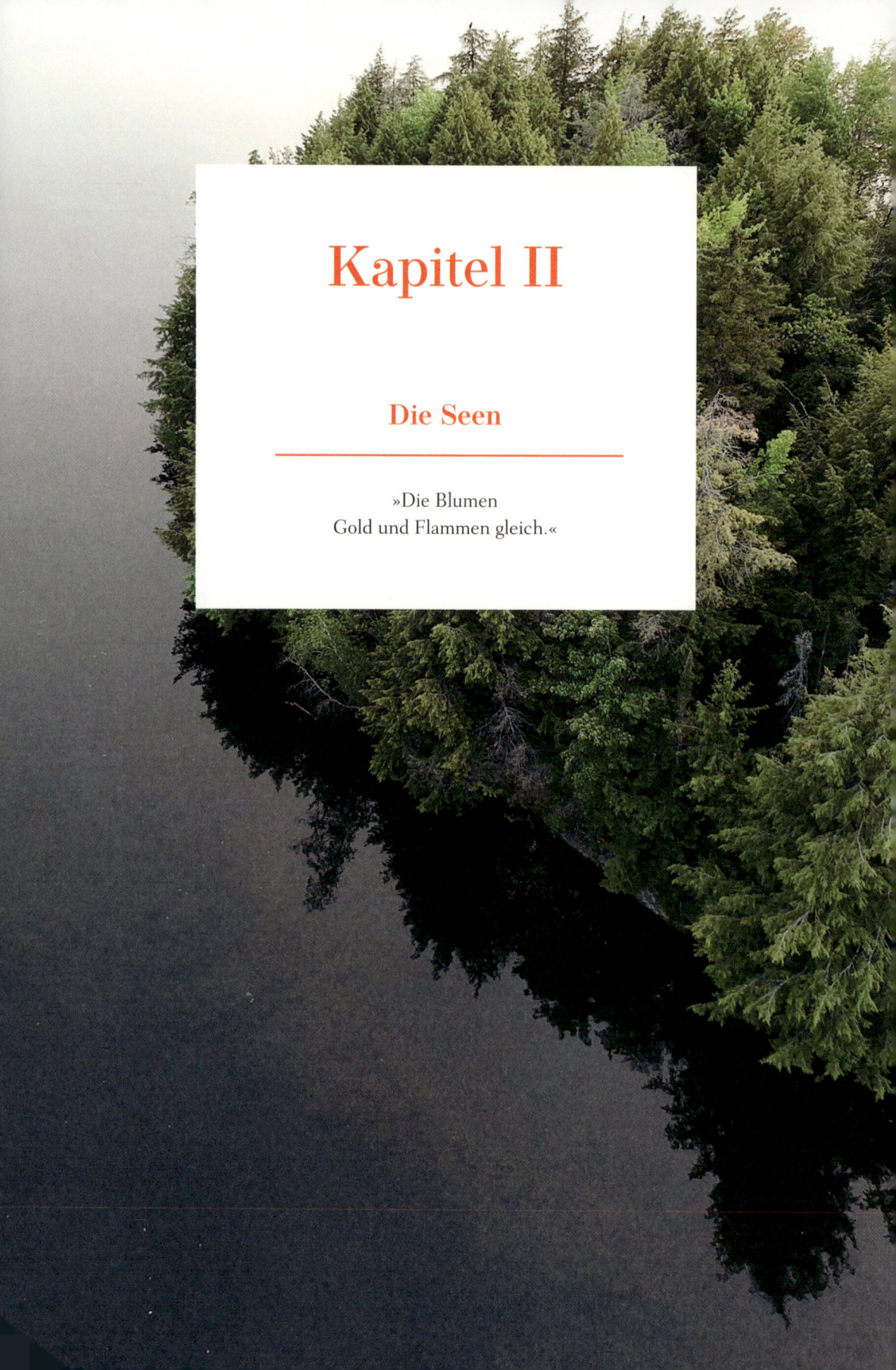

Kapitel II

Die Seen

_____

»Die Blumen
Gold und Flammen gleich.«

Szene: Dampfschiff

Aufbruch aus Buffalo – Gepäck kommt an Bord – Passagiere hasten zu ihren Kabinen – Kleine Jungs verfolgen alle mit ihren Zeitungen und Flugblättern – J., S. und M.[11] zusammengekauert in einem verlassenen Winkel, hinter einer großen Truhe – Heftiger Regen fällt.

M. Wasser, Wasser überall.[12] Nach Niagara wünschte man sich einen trockenen Fleck zum da sein. Mir reicht es jedenfalls völlig, es unter den Füßen zu haben, ohne dass es mir auf den Kopf prasselt.
J. Beleidige das sanfte Element nicht. Es kann kaum zu viel davon geben, und wenn ich unter den Vieren wählen müsste, würde ich mich am liebsten von ihm umschließen lassen.
S. Du wärst sicher eine hübsche Undine!
J. Nein, ich habe mich nur als Triton angeboten, als stürmischer Triton mit tönender Muschel. Du, M., wärst bestimmt lieber ein Salamander.
M. Nein! Die Rolle ist mir zu fragwürdig, sei es in der modernen Mythologie oder in Hoffmanns Erzählungen. Ich möchte lieber ein Gnom sein.
J. Diese Wahl riecht nach dem Stolz, der Bescheidenheit mimt.[13]
M. Keineswegs; die Gnome sind die wichtigsten aller Elementarwesen. Sind nicht sie es, die Geld machen?
J. Und demzufolge ein dunkles, gemeines, verächtliches –
M. Du redest, als hättest du immer in diesem wilden, unrentablen Element gelebt, das du so liebst, wo alles glitzert und nichts Gold ist, alles Schau und ohne Substanz. Mein Volk arbeitet im Verborgenen, aber seine Werke preisen es im hellen Licht; es bleibt im Dunkeln, weil es nur dort solche Wunder erschaffen

---

11 Die Initialen stehen für den Theologen James Freeman Clarke (1810–1888) und seine Schwester Sarah, die Margaret Fuller (M.) auf ihrer Reise begleiteten.
12 Zitat aus dem Gedicht von Samuel Taylor Coleridge (1772–1834), THE RIME OF THE ANCIENT MARINER (1834): »Water, water, everywhere, / And all the boards did shrink; / Water, water, everywhere, / Nor any drop to drink …«
13 Samuel Coleridge und Robert Southey (1774–1843), Zitat aus dem gemeinsam verfassten Gedicht THE DEVIL'S WALK: »… and the Devil did grin, / for his darling sin / is pride that apes humility …«

konnte. Du nennst die Gnome gemein. Sie verschwenden ihre Energie nicht für ihr eigenes Wachstum oder zum Spiel, sondern um den Adern von Mutter Erde dauerhaften Glanz zu geben, ganz anders als das, was sie an ihrer Oberfläche zeigt.

Stell dir vor, ein Leben damit zu verbringen, Gold nicht bloß anzuhäufen, sondern es zu erzeugen. Von allen Träumen ist der des Alchemisten am poetischsten, denn er kreist um das kostbarste Symbol. Gold, sagt einer unserer Freunde, ist das verborgene Licht der Erde, es krönt die mineralische Ordnung wie Wein die pflanzliche und ist der höchste Ausdruck der Lebensenergie.

J. Hast du für deine Überfahrt bezahlt?
M. Ja! Und zwar in Gold, nicht in Muscheln oder Kieselsteinen.
J. Kein wirklich weiser Gnom würde über das Wasser spotten, das schöne Wasser. »Des Menschen Seele gleicht dem Wasser.«[14]
S. Genauso wie der Luft und dem Feuer.
J. Ja, aber nicht der Erde, dem Domizil dieser niederen Kreatur.
M. Die Erde ist der fruchtbar gewordene Geist – das Leben. Und ihre Herzschläge äußern sich in Gold und Wein.
J. Oh, wie erschütternd, in diesen Zeiten solche Ansichten zu hören. Ich dachte, deine bacchische Energie wäre längst gebändigt.
M. Nein! Ich habe nur gelernt, meinen Wein mit Wasser zu mischen und in mein Gold die Köpfe von Königen oder religiöse Hieroglyphen zu stanzen. Und da ich also schon gelernt habe, mit Wasser umzugehen, lass hören, was du zum Lob deines Lieblings zu sagen hast.
J. Aus dem Wasser wurde Venus geboren, was willst du mehr? Es ist die Mutter der Schönheit, umgürtet die Erde und verbindet die Völker.
S. Ohne diese abgehobene Poesie genügt es wohl, dass der große Künstler alles, was das Wasser angeht, zum Bild macht.
J. Richtig, kein Gegenstand, der es berührt, sei es der Karren, der die Welle nach Seegras durchpflügt, das Boot oder die Planke, die auf ihm schwimmen, der nicht sofort aus dem Reich der gewöhnlichen Nützlichkeit in das des Bildes gebracht wird. Alle Berufe, alle Neigungen werden malerisch am Wasser oder auf dem Wasser. Erdreich und Schmutz werden durch seine Berührung aus allem herausgespült. Jedes Handwerk am Fluss oder auf dem Meer ist malerisch und poetisch. Seine Umgangssprache ist Poesie.
M. Die Gründe dafür sind komplex.
J. Der Grund dafür ist, dass auf meinem Wasser keine schwerfälligen, stotternden

---

14 Zitat aus Goethes Gedicht GESANG DER GEISTER ÜBER DEN WASSERN (1779).

Worte und Bewegungen möglich sind wie auf deiner Erde. Da, wo alles so schnell und doch so reibungslos abläuft, gibt es weder Zeit noch Gelegenheit dafür. Alles, was mit dem Wasser zu tun hat, muss selbst wie das Wasser sein, kraftvoll, aber klar. Deshalb ist die Umgangssprache auf See so poetisch; für jedes Ding und jede Handlung gibt es ein Wort und für jedes Wort ein Ding und eine Handlung. Seeleute müssen schnell und mutig sprechen, aber auch äußerst genau. Sie können nur in homerischem Ton reffen und brassen – folglich – (Schiffsglocke läutet). Aber ich muss mich rasch verabschieden.
M. Was denn, nach all dem jenseitigen Gerede geht es zurück zur Erde? Das ist in keinem Fall homerisch, sondern wirklich modern.

J. wird fortgerissen, ohne Zeit für eine Antwort, aber für ein Lachen – über sich selbst, versteht sich.

S. und M. ziehen sich in ihre Kajüten zurück, um Nässe, Kälte und Dampfschiffgestank in ihrer frisch erworbenen Romanwelt zu vergessen.

Als wir am nächsten Tag einen Halt in Cleveland einlegten, flaute der Sturm gerade ab; wir erklommen das steile Ufer und hatten von dort eine Aussicht auf den See, wie man sie sich nicht schöner hätte wünschen können. Die unterschiedlichen Tiefen dieser Seen bringen ihre Oberfläche zum Schillern, und unter dem wilden Himmel mit seinem wechselvollen Licht zeigte das Wasser eine kaleidoskopische Vielfalt an farblichen Schattierungen, prachtvoll und schwermütig. Ich bewundere diese Steilufer aus roter, bröckelnder Erde. Hier treffen Wasser und Land unter ganz anderen Vorzeichen aufeinander als an der Felsenküste, die ich gewohnt bin. Dort begegnen sie sich zwar nicht gerade zurückweisend, aber doch zärtlich herausfordernd und stolz ablehnend. Hier aber wollen sie sich vermischen, laufen immer zusammen und wechseln ständig ihren Ort. Eine neue Schöpfung vollzieht sich vor unserem Auge.

Es klarte allmählich auf, wurde aber nicht richtig hell; trotzdem konnten wir die Küste sehen und freuten uns an der Weite des herrlichen Gewässers.

Als wir den St. Clair River hinauffuhren, begegneten wir zum ersten Mal Indianern. Sie lagerten am Ufer, im Zwielicht, und ihre verhüllten Gestalten, reglos in Gruppen beisammen oder am Wasser entlang streifend, in einem Schritt, der sich in seiner lässigen Wildheit so sehr von dem groben Wesen des weißen Siedlers unterschied, gaben mir das Gefühl, dem Westen wirklich näherzukommen.

Auf dem Schiff waren fast nur Neuengländer auf der Suche nach ihrem Glück, im Gepäck Berechnung, Zurückhaltung und die ihnen eigene Liebe zur Polemik. Es schmerzte mich, diese Einwanderer zu hören, die hier einen neuen Menschenschlag begründen sollen. Vom alten Mann bis zum kleinen Mädchen sprach niemand davon, was für den neuen Ort zu tun sein würde, nur, was man von ihm bekommen wollte. Sie sahen die Chance nicht in der Entfaltung besserer Energien; ihnen ging es um ein leichteres Leben, um größeren Gewinn. Ich wurde es auch rasch leid, in diesen freien Gewässern dem engstirnig doktrinären Gespräch über Einheit und Dreifaltigkeit zu folgen. Das wird wahrscheinlich bald aufhören; im Westen, wo der Streit um materielle Interessen so lautstark vor sich geht, bleibt keine Zeit für solchen Meinungsstreit. Mehr denn je werden sie den Geist der Religion zur Orientierung brauchen, für seine Lehre aber weniger Zeit finden als je zuvor. Eine Veränderung, die für mich trotzdem etwas Erfrischendes hatte – ich bin des Kriegs der Worte über diese Themen müde und glaube, dass er nur Wind sät, um Sturm zu ernten. Aber ich diskutiere nicht darüber. Die westliche Gedankenfreiheit ist nicht real, sie beruht auf den Lebensumständen der Menschen, nicht auf ihrer geistigen Verfassung. Sobald sie Zeit dazu haben, werden sie, falls sie sich nicht entscheidend bessern, krittlen und kritisieren und andere nach ihrem eigenen Maßstab beurteilen, wie sie es mit uns tun, und in jeder Hinsicht gegen das Gebot der Liebe verstoßen.

Am Abend des dritten Tages erreichten wir Mackinac, aber leider war es zu spät und zu regnerisch, um an Land zu gehen. Trotz der widrigen Umstände enttäuschte die Schönheit der Insel meine Erwartungen nicht. Auf dem Rückweg will ich sie mir genauer ansehen.

Der nächste Tag verlief eintönig, ein kalter Regen hielt uns davon ab, an die frische Luft zu gehen, und so dachte ich über eine Geschichte nach, die wir morgens, kurz hinter Detroit, von einer der Mitreisenden gehört hatten, eine Geschichte, deren moralische Schönheit mich tief bewegte.

Vor einigen Jahren, erzählte Mrs. L., stiegen meine Eltern in Detroit ab. Kurz vor dem Abendessen traf mein Vater in der Hotelhalle auf Captain P., einen Jugendfreund. Wie viele andere, die ihn kannten, hat auch er P. sehr gemocht. Dessen Ruf und die allgemeine Wertschätzung seines umfassenden Wissens, seiner Begabungen und seines hochherzigen Charakters überraschten ihn daher nicht. P. schien in jeder Hinsicht für den Erfolg bestimmt; seine Ziele waren hoch, doch nicht zu hoch für seine Kräfte, die vom Instinkt für seine Fähigkeiten geleitet wurden, ohne einem gesellschaftlichen Standard anzuhängen. Obwohl er standhaft bei seinem Kurs blieb, ging er nicht über andere hinweg. Seine kluge Selbstbeherrschung galt ihnen daher kaum weniger als ihm selbst. Er war durch und durch ein Gentleman, einfühlsam, weil männlich, und ein beeindruckendes Beispiel dafür, dass die Kraft zur ehrlichen Höflichkeit keine weitere Anpassung an das Wesen anderer nötig macht, um seinen Platz unter den Menschen frei und ungezwungen zu behaupten.

Mein Vater freute sich sehr, P. zu sehen, und nachdem sie in der Halle ein paar Worte gewechselt hatten, rief er: »Wir wollen zusammen essen; dann haben wir Zeit, uns alle unsere Geschichten zu erzählen.«

P. zögerte einen Augenblick und sagte dann: »Meine Frau ist mit dabei.«

»Meine auch«, erwiderte mein Vater, »das ist gut; so lernen auch sie sich kennen und können sich die Zeit miteinander vertreiben, wenn sie unsere College-Geschichten satt haben.«

Mit einer ernsten Verbeugung nahm P. an, und kurz darauf trafen sich alle im Speisesaal. Mein Vater war sehr überrascht über die Erscheinung von Mrs. P. Er hatte gehört, dass sein Freund im Ausland geheiratet hatte, doch mehr nicht, und war nicht darauf vorbereitet, am Arm des ruhigen, würdevollen P. eine Frau zu sehen, die zwar in gewisser Weise hübsch war, deren grober, herrischer Ausdruck aber einen ordinären Charakter verriet, deren Benehmen und übertriebene Aufmachung auf eine schlechte Erziehung deutete. Sie hätte übrigens auch nicht in größerem Gegensatz zu meiner Mutter stehen können, die sich mit damenhafter Bestimmtheit ihrer Ansprüche und Stellung bewusst war, zugleich aber freundlich und außergewöhnlich zurückhaltend auftrat.

Es blieb jedoch keine Zeit, sich zu wundern oder zu spekulieren; sie nahmen alle Platz, und P. beteiligte sich zwar nicht besonders lebhaft, aber mit der ihm eigenen Ungezwungenheit am Gespräch. Die erste Viertelstunde ließ sich recht gut an, doch schon bald wurde ersichtlich, dass Mrs. P. ein Glas Wein nach dem anderen trank, sie hatte einen Zug wie selbst damals kaum ein Mann, und sie geriet dadurch in Rage. Hatte sie sich ihrer neuen Bekanntschaft gegenüber anfangs brüsk und ein wenig abschätzig verhalten, so wurde sie jetzt unverschämt, vor allem meiner Mutter gegenüber. Es dauerte nicht lang, da griff sie eine unbedeutende Bemerkung meiner Mutter auf, die sie, ohne dass dergleichen gemeint war, als eine Kritik an England auffasste, nahm sie zum Vorwand für vulgären Sarkasmus und schüttete dann, nachdem meine Mutter sich einigermaßen überrascht, doch würdevoll verteidigt hatte, unversehens einen Kübel an Beleidigungen über sie aus.

Meine Mutter sah sich mit Ausbrüchen und mit Ansichten konfrontiert, die für sie neu und verletzend waren, sie saß bestürzt und zitternd da und wusste nicht, was sie tun sollte. Tränen schossen ihr in die Augen. Mein Vater war nicht weniger erschüttert, wollte aber die Gefühle seines Freundes nicht verletzen, indem er seiner Empörung Ausdruck gab, und warf P. einen flehenden Blick zu.

Das leidvolle Bild, das sich ihm bot, ging ihm, wie er oft sagte, nie mehr aus dem Sinn. Es verfolgte ihn in seinen Träumen und verstörte ihn bei Tag. P. saß da mit gebeugtem Kopf und gesenktem Blick, blass, aber ruhig, mit der inneren Festigkeit geduldig ertragenen Leids, mehr noch, geduldig ertragener Scham, wie man es bei diesem vornehmen Menschen nicht für möglich gehalten hätte. »Und doch«, sagte mein Vater, »passte es zu ihm. In anderen Momenten war er attraktiv, in jenem aber schön, eine traurige und beschämte Schönheit. Denn ein spirituelles Licht kontrastierte die weltliche Vollkommenheit seiner Erscheinung in einer solchen Weise wie die Sühne der Maria Magdalena die glühende Weltlichkeit ihrer Reize.«

Als er sah, dass P. bei seinem Schweigen blieb, während Mrs. P. immer mehr außer sich geriet, erhob sich mein Vater und begleitete seine Frau auf ihr Zimmer. Nach einer halben Stunde quälender und bestürzter Vermutungen klopfte es leise an der Tür, und P. trat reisefertig ein. »Wir brechen auf«, sagte er und streckte die Hand aus, ohne die beiden anzusehen, »Verzeiht«.

Sie nahmen seine Hand und drückten sie schweigend, dann ging er ohne ein weiteres Wort.

Einige Zeit verstrich, und sie hörten gelegentlich von P., der mit seiner ungleichen Partnerin, deren Zustand, wie es hieß, sich immer mehr verschlechterte, von einer Armeestation zur nächsten zog. Jeder, der erwähnte, sie gesehen zu haben, wunderte sich über das Schicksal, das ihn an eine solche Frau gebunden hatte, aber mehr noch über die stille innere Stärke, mit der er es ertrug. Einige machten ihm zum Vorwurf, dass er es aushielt, ohne ihr Einhalt zu gebieten; andere konterten, dass er es zu einem früheren Zeitpunkt womöglich versucht und sich dann der Verzweiflung ergeben hatte, zu empfindsam, um den Skandal auszuhalten, der bei dem Widerstand, zu dem eine solche Frau fähig war, eine formale Trennung begleiten würde.

Mein Vater jedoch, der keine voreiligen Schlüsse ziehen und die Wahrheit durch ein paar scheinbar plausible Erklärungen hintergehen wollte, hatte in jenem schwierigen Moment etwas in P.s Miene entdeckt, wofür keine der bisherigen Erklärungen einen Ansatz bot. Er hatte darin eine Stärke gespürt, jedoch nicht die Stärke des Helden, sondern eine religiöse Unterwerfung, etwas, das über den Büßenden hinausging, vielleicht sogar vom Enthusiasmus des Märtyrers geschürt.

Mein Vater gehörte, wie gesagt, nicht zu denen, die trügerische Erklärungen mit der Wahrheit verwechseln, und solche, die derart gewappnet sind, greifen selten einen Faden auf, ohne daraus einen Schluss zu ziehen. Wie der geschickte Weber lässt ein solcherart interessierter Mensch keine Farbe unbeachtet, bis er genau die findet, die zu seinem Muster passt. Er webt weiter und achtet dabei genau auf die Nuancen. Mein Vater fand schließlich, wonach er gesucht hatte. Er traf eine Dame, die vor Jahren mit ihm und P. vertraut gewesen war, stellte fest, dass sie P. im Ausland gesehen hatte und fragte sie frei heraus, ob sie die Umstände der Eheschließung kenne. »Die Umstände der Tat, die das Elend unseres Freundes besiegelt hat, kenne ich«, entgegnete sie, »wie alle anderen tappe ich aber im Dunkeln, was die Motive angeht.

Wir waren in London mit P. sehr gut bekannt, mehr noch, er war unser bester Freund. Damals erfreute er sich eines großen Ansehens, das er seinem feinen Benehmen und seinem vornehmen Wesen verdankte. Hinzu kam eine sanfte Nachgiebigkeit gegenüber denen, die er liebte, eine Galanterie, die einem Mann gut steht. Niemand erwies sich als entschiedener als er, sofern seine persönlichen Neigungen unberührt blieben. Wo das jedoch der Fall war, schmerzte es ihn selbst beim geringsten Anlass, nein zu sagen. Ich vermutete immer, dies müsse etwas mit dem Geheimnis seines Unglücks zu tun haben.

Eines Tages besuchte er mich und fragte plötzlich, ob ich am nächsten Tag zu seiner Hochzeit käme. Ich war so überrascht, so unangenehm überrascht, dass ich zunächst kein Wort herausbrachte. Wir waren miteinander so vertraut gewe-

sen, ich dachte, ich wüsste alles über ihn, ich hätte mir nie träumen lassen, dass er eine Verbindung eingegangen war, ohne mir etwas davon zu sagen, und obwohl ich ihn nie danach gefragt hatte, kam mir seine Zurückhaltung wie ein Verrat vor, wo doch zwischen uns vollkommene Offenheit möglich war und meinerseits auch wirklich herrschte. Außerdem ist es nie erfreulich zu entdecken, dass ein Herz, auf das wir einen gewissen Anspruch haben, jemand anderem geschenkt werden soll. Wir wissen nicht, wie das unsere Beziehung zu diesem Menschen, unsere Freundschaft beeinflussen wird; sie kann sich verstärken, Gefühle können aber auch erlöschen; die Krise ist gefährlich, und unser erster Gedanke gilt allzu oft uns selbst, wenigstens war das bei mir der Fall. Da ich schwieg, wiederholte er seine Frage.

›Wen wirst du heiraten?‹, gab ich zurück.

›Das‹, antwortete er, ›kann ich dir nicht sagen.‹ Auch er schwieg, dann sagte er mit einem teilnahmslosen, kalten Blick, der mich mit seltsamer Traurigkeit erfüllte: ›Ihren Namen werdet ihr zum gegebenen Zeitpunkt natürlich erfahren, mehr kann ich dir nicht sagen. Ich brauche allerdings nicht nur rechtliche, sondern auch respektable und wohlwollende Zeugen. Ich hatte gehofft, du und dein Mann, ihr würdet mir diesen Gefallen tun. Darf ich auf euch zählen?‹

Etwas in seinem Verhalten machte es mir unmöglich, seine Bitte abzuschlagen. Noch bevor ich nachdenken konnte, antwortete ich: ›Du darfst‹, und er ging.

Ich will Euch nicht damit langweilen, wie ich mich und meinen Mann, dem es kaum weniger naheging, mit Zweifeln und Mutmaßungen quälte. Am nächsten Morgen brachte uns P. in einer Kutsche zu einer abgelegenen Kirche. Gerade hatten wir die Vorhalle betreten, als einer dieser Wagen vorfuhr, mit denen für gewöhnlich Obst und Gemüse zum Markt transportiert werden, darin eine ältere Frau und ein junges Mädchen. P. half beiden beim Aussteigen und schritt mit dem Mädchen zum Altar.

Sie war adrett gekleidet und recht hübsch, aber etwas in ihrem Gesicht missfiel mir, kaum dass ich sie erblickt hatte. Die Zeremonie nahm ihren Lauf, am Ende stellte P. die Braut vor, und wir gingen alle zum Ausgang.

›Auf Wiedersehen, Fanny‹, sagte die Ältere. Die frisch vermählte Mrs. P. erwiderte den Gruß ohne ein Zeichen von Zuneigung oder Rührung. Die Frau bestieg den Wagen und fuhr davon.

In der kommenden Zeit sah ich nur wenig von P. oder seiner Ehefrau. Ich besuchte sie mit gemeinsamen Freunden, und ihm zuliebe waren sie freundlich zu ihr. Die Neugier war groß, blieb aber vollends unbefriedigt; niemand wagte es, P. direkt auf das Thema anzusprechen, und es tat sich kein anderer Weg auf, um das Rätsel zu lösen.

P. behandelte seine Frau mit ernster und zuvorkommender Höflichkeit, es ließ sich aber nicht übersehen, dass es zwischen ihnen nichts Gemeinsames gab. In Auftreten und Geschmack war sie damals noch nicht so grob, ihr Charakter erwies sich aber als hart und materialistisch. Sie ritt gern und verbrachte viel Zeit im Freien. In ihrem Reitstil, auch in ihrer Art, sich zu kleiden, war sie das Gegenteil von P. Aber er erfüllte alle ihre Wünsche und ging seinen eigenen Beschäftigungen nach.

Einige Jahre lang wirkte er zwar nicht glücklich, doch auch nicht entschieden unglücklich, dann begann Mrs. P. aber zu trinken, und von da an häuften sich solche Szenen, wie Ihr sie miterlebt habt. Man hat mir oft davon erzählt, und immer hieß es, dass P. mit gesenktem Kopf und schweigend da saß, ganz gleich, was auch geschah, oder wer dabei war, und immer stieß seine Haltung auf ein solches Mitgefühl, dass niemand ihm je irgendeine Frage stellte oder ihr die Beleidigungen übel nahm, sondern dem Ganzen nur so schnell wie möglich aus dem Weg ging.«

»Eine harte und lange Sühne«, bemerkte mein Vater nachdenklich, »für eine leidenschaftliche Stunde, wahrscheinlich für seinen einzigen Fehler.«

»Ist das Eure Erklärung?«, fragte die Dame. »Unwahrscheinlich. P. könnte einen Fehler begehen, aber er würde sich nicht vergessen.«

Ich weiß, dass sein kühles, graues Auge und seine ruhige Miene genau das zu sagen schienen. Eine ganz andere Geschichte erzählten aber seine Lippen, sie bebten und ließen erahnen, welche Blitze den tiefblauen Himmel durchzuckten; und wenn diese überintellektuellen Wesen einen Fehltritt tun, dann stürzen sie in den Abgrund, über den ihr schmaler Pfad führt. P. war allerdings nicht einer, der sündigte, ohne beherzt zu sühnen, und dass ihm die Sühne heilig geworden war, stand ihm auf seiner gesenkten Stirn geschrieben.

Am vierten Tag wurde es milder und heller, wir hatten jetzt eine bessere Aussicht auf die Seen. Nachts schien ein klarer Mond, und zum ersten Mal sah ich vom Oberdeck aus, wie sich eines des großen Dampfschiffe majestätisch näherte. Es leuchtete vor Lichtern, wirkte vieläugig und weise; seine Schwerfälligkeit ließ mich an eine Königinwitwe denken, sein ernstes Stampfen, sein entschlossener Schwung passt zu diesen ruhigen Gewässern, vor allem bei Nacht, so wie das Eintauchen des Segelschiffs zu den langen Wellen des Ozeans.

Es dauerte jedoch ein wenig, bis ich die Seenlandschaft zu schätzen lernte. Erst nach einigen Tagen unbekümmerter Vertrautheit wurde mir ihre Schönheit zugänglich, denn die Natur entzieht sich, wenn man sie anstarrt. Wie Bonaparte versagt auch sie ihrem Gesicht jeden Ausdruck, wenn sie das Auge allzu neugierig auf sich gerichtet spürt. Wer aber in kindlicher Ruhe auf ihrem Schoß in Schlummer sinkt oder die schmerzende Stirn vertrauensvoll an ihre tröstende Brust drückt, dem gibt sich in dem Blick, den sie ihm zuwendet, die ganze mütterliche Schönheit zu erkennen. Nachträglich hatte ich das Gefühl, diese Gegenden wirklich mit meinen Augen gesehen zu haben; ich werde noch einmal von ihnen sprechen.

Am Nachmittag legten wir auf den Manitou Islands an, um Holz zu laden. Außer den Holzfällern für die Dampfschiffe lebt niemand hier. Ich hatte mir einen Ort vorgestellt, dessen Mischung aus tiefster Einsamkeit und dem Dienst an der Welt eine ideale Schönheit besäße. Diese Vorstellung ist unverändert, selbst nachdem ich die Holzfäller und ihre verwahrlosten Hütten gesehen habe.

In Zeiten langsameren Wachstums ließ sich der Mensch nicht ohne Vorbereitung oder Eignung auf ein bestimmtes Leben ein. Er erkannte dessen Moral und Bedeutung, zumindest in einem gewissen, wenn auch nicht unbedingt poetischen Maß. Der Holzfäller schlug am Tag nicht so viele Bäume, dass die Hamadryaden[15] keine Zeit mehr zum Klagen gehabt hätten; der Schäfer hütete seine Schafe, ohne andere Arbeiten nebenbei zu verrichten; das Idyll hatte die Chance, heranzuwachsen und seine Panflöte zu stimmen. Jetzt muss der Dichter bei der Beschreibung dieser Leben selbst die Poesie herstellen; der Arbeiter verhält sich

---

15 Baumgeister der griechischen Mythologie, die so unzertrennlich mit ihren Bäumen verbunden waren, dass sie mit ihnen starben.

wie Midas[16] gegenüber dem Gold, das er macht. Der Dichter muss beschreiben, genauso wie der Maler irische Bauernmädchen und dänische Fischfrauen zeichnet, indem er die Schönheit hinzufügt und den Schmutz beiseitelässt.

Ich komme in den Westen, bereits gefasst auf den Widerwillen, der mich angesichts seines rapiden Wachstums befallen wird. Dort, wo »Vorwärts« als einziges Motto gilt, kann das Dorf nicht in die besonnenen Proportionen hineinwachsen, die aufeinanderfolgende Generationen und unterschiedliche Lebenserfahrungen ihm ganz von allein geben. In älteren Ländern wuchs das Haus des Sohnes aus dem des Vaters so natürlich heraus wie neue Zweige aus einem Ast. Und die Kirche krönte das Ganze so selbstverständlich wie der belaubte Wipfel den Baum. Hier kann das nicht sein. Der Vormarsch einer friedfertigen Invasion ist kaum weniger mutwillig als der einer kriegerischen. Die alten Wahrzeichen sind zerstört, und das Land trägt eine Zeit lang nichts außer den Spuren rüder Eroberung und täglichen Bedarfs, deren Biwakfeuer die schönsten Waldlichtungen schwärzen. Ich bin darauf gefasst, all das zu sehen, es nicht zu mögen, ihm aber weder engstirnig noch argwöhnisch zu begegnen oder es zu diffamieren. Im Gegenteil. Ich bin zwar nicht bereit, Hässlichkeit mit Schönheit und Zwietracht mit Harmonie zu verwechseln und mich mit allem, was mir begegnet, zufriedenzugeben, auch wenn es meinen Wünschen und Vorlieben widerspricht – ich vertraue aber darauf, durch innigen Glauben den mächtigen Sinn der Szene zu erschließen, vielleicht, um das Gesetz vorherzusehen, durch das aus diesem Chaos eine neue Ordnung, eine neue Poesie erstehen soll. Wobei ich versuchen will, mit einer ebenso glühenden, doch nicht so selbstsüchtigen Neugier wie der des Macbeth die Erscheinungen künftiger Könige aus den merkwürdigen Ingredienzien des Hexenkessels heraufzubeschwören. Daher werde ich nicht um all die herrlichen Bäume dieser Insel trauern, die schon verschwunden sind, um den Kessel zu befeuern, sondern mein Vertrauen in Medeas Zauberkraft setzen, sie in Form von neuem intellektuellem Wuchs wiederherzustellen. Denn es wird Jahrhunderte dauern, das Land wieder mit solchen Bäumen zu schmücken.

Den wunderbaren Strand aus glatten, weißen Kieselsteinen, durchsetzt mit Achaten und Karneolen – wenn man sie zu finden weiß –, betraten wir nicht wie die Indianer mit einer bescheidenen Gabe, sei es auch nur eine Pfeilspitze oder etwas gerösteter Mais, um Manitu zu erfreuen, dem es nicht auf die Kostbarkeit der Gabe, sondern auf den Geist ankommt, in dem sie dargeboten wird. Unser Besuch hatte insofern ein religiöses Anliegen, als einer aus unserer Gruppe dem Schicksal einiger unitarischer Traktate nachgehen wollte, die man vor zwei

---

16 Midas, Sohn des Gordios und der Kybele, wünschte sich von Dionysos, dass alles zu Gold werde, was er berührte. Da nun auch Speise und Trank zu Gold wurden und ihm der Hungertod drohte, musste er den Gott bitten, seinen Wunsch rückgängig zu machen.

»Ich hatte mir einen Ort vorgestellt, dessen Mischung aus tiefster Einsamkeit und dem Dienst an der Welt eine ideale Schönheit besäße.«

oder drei Jahren bei den Holzfällern zurückgelassen hatte. Der alte Manitu, nicht anders als seine Kinder entmutigt durch das Auftauchen der Feuerschiffe, die er wahrscheinlich für die Dämonen einer neuen Dynastie hielt, hatte zwar erduldet, dass man, um deren Stolz zu nähren, seine Bäume fällte, allerdings weniger gelassen auf einen Übergriff reagiert, der für ihn anscheinend nicht unter das Recht des Stärkeren fiel: Die Blätter der Traktate waren so achtlos verstreut wie alles andere Laub in diesem Jahr.

Wie so viele Auswanderer machten auch S. und ich uns nicht auf den Weg, um zu geben, sondern um zu nehmen und den Blumenwald im Dienst des Feuerschiffs zu plündern. Wir kehrten mit reicher Beute zurück, darunter die Bärentraube, deren Blätter die Indianer mit dem Kinnick-Kinnick[17] rauchen und die gerade ihre fein geformten kleinen Blüten gebildet hatte, so schön wie die der Heidelbeere.

Ich wanderte noch ein Stück weiter und dachte, es wäre besser, wenn die vielen Menschen, die uns von den verschiedenen Anlegestellen aus anstarrten, beim Kinnick-Kinnick geblieben wären. Auf fast allen Gesichtern sah man Tabakspuren, die meisten Wangen waren von Priemen gerundet und die Augen vom Tabakrauch trüb. Wir erreichten Chicago am Abend des sechsten Tages, waren also fünfeinhalb Tage unterwegs gewesen, etwas länger als üblich zu einer günstigen Jahreszeit.

Chicago, 20. Juni

Es gibt auf der Welt keine zwei Städte mit mehr Durchgangsstraßen als Chicago und Buffalo, zwei korrespondierende Ventile, die sich unentwegt öffnen und schließen, wenn das Lebenselixier von Osten nach Westen strömt und von Westen nach Osten zurückfließt.

Da sie in erster Linie Tore sind, hinein- und herauslassen, wäre es ungerecht, von ihnen zu viel eigenen Charakter zu erwarten. Ihre Aufgabe ist, die besten Bedingungen für den Transport von Waren zu schaffen, und die Menschen, die dort leben, sind vom Schlag, der dazu passt: aktive, zuvorkommende, einfallsreiche Geschäftsleute. Studenten oder Müßiggänger haben hier nichts verloren; um zu erkennen, was der Ort zu bieten hat, sollte man am besten hier arbeiten. Für bloße Reisende, wie ich es bin, scheint sich der Aufenthalt nicht sehr zu lohnen.

---

17 Eine traditionelle Mischung aus fünf verschiedenen Kräutern mit fünf verschiedenen Attributen, die in der Friedenspfeife geraucht wird.

Die Umstände forderten mich dazu heraus, alle auffindbaren Bücher über die neue Region zu lesen, die jetzt für mich an Realität zunahm. Alle Bücher über die Indianer, eine recht dürftige Sammlung, die dennoch genügend Material zum Nachdenken bot. Selbst der engstirnigste und hilfloseste Beitrag vermittelt doch in Ansätzen die großen Eigenschaften dieser Natur und der Menschen, in denen sie sich spiegelte.

Catlins Buch[18] ist bei Weitem das Beste. Kenner der Regionen, die er dort beschreibt, bestätigten mir später, dass man sich aber nicht unbedingt auf die Genauigkeit seiner Fakten verlassen kann. Auch ohne diese dienlichen Hinweise ist es offensichtlich, dass er mitunter der Versuchung erliegt, Geschichten zu erfinden. Die Kritiker räumten aber ein, was auch mir mein sicheres Gefühl sagte, dass er dem Geist der Szene treu bleibt und man von ihm einen weitaus besseren Überblick über die Indianerstämme des amerikanischen Westens und das Land ihrer Väter erhält, als aus irgendeiner anderen derzeit existierenden Quelle.

Ich las Murrays Reisebericht[19] und war hingerissen von dessen Genauigkeit und dem klaren, unumwundenen Ton. Er scheint der einzige Engländer zu sein, der diese Gegend einfach als Mensch bereist hat, nicht als John Bull. Er kann zu Recht Aristokrat genannt werden, denn als ein solcher erwies er sich, als er ohne Guide in der Wildnis zurückgelassen wurde – weit mehr, als es ihm je am Hof von Queen Victoria gelänge. Er hat selbst keine große poetische Kraft der Beschreibung, doch es fällt leicht, sich aus seinen Hinweisen ein Bild zu machen. Dennoch glauben wir, dass der Indianer letztlich nicht anders als mit poetischem Blick betrachtet werden kann. Die Pawnees sind zweifellos so, wie er sie beschreibt, unflätig in ihren Gewohnheiten und von heimtückischem Charakter, manch anderer hätte aber gewiss mehr Schönheit und Würde in ihnen gesehen, als es ihm mit seiner ganzen Männlichkeit und seinem geistigen Anstand gelingt. Der einzige gute, alte Mann, den er beschreibt, mag aber möglicherweise ausreichen, um den Rest wettzumachen, und ist vielleicht das Relikt besserer Tage, ein Phokion[20] unter den Pawnees.

Schoolcrafts ALGIC RESEARCHES[21] ist ein wertvolles Buch, obwohl man solch ausgezeichnetes Material kaum schlechter hätte umsetzen können. Wären die mythologischen Erzählungen oder die Jagdgeschichten der Indianer so nieder-

---

18 George Catlin (1796–1872), US-amerikanischer Maler und Kenner der indianischen Kultur. 1841 publizierte er MANNERS, CUSTOMS AND CONDITION OF THE NORTH AMERICAN INDIANS [dt. DIE INDIANER NORDAMERIKAS. Edition Erdmann 2016].
19 Sir Charles Augustus Murray (1806–1895), englischer Schriftsteller und Diplomat. Seine TRAVELS IN NORTH AMERICA erschienen 1839.
20 Phokion (ca. 402–ca. 318 v. Chr.), athenischer Staatsmann, Stratege und Schüler von Platon.
21 Henry Rowe Schoolcraft (1793–1864), US-amerikanischer Geologe, Entdecker und Ethnologe. Die ALGIC RESEARCHES, zwei Bände über indianische Allegorien und Legenden, erschienen 1839.

geschrieben worden, wie man sie aus dem Mund der Erzähler erfahren konnte, dann wäre die Sammlung unübertrefflich gewesen, zum einen durch den wilden Charme der Episoden, zum anderen durch das Licht, das sie auf eine besondere Form des Lebens und des Geistes werfen. Auch wenn die Ereignisse ein Gefühl von Originalität und Relevanz vermitteln, die uns darauf vertrauen lassen, dass sie nicht grundlegend verfälscht wurden, hat der Autor auf die Ausdrucksweise keinerlei Wert gelegt und die spartanische Kürze, den kraftvollen Zugriff der Indianersprache durch ein oberflächliches Geplänkel im Stil von Jahrbüchern und Andenkenbänden ersetzt. Wir können nur erahnen, was dort gewesen sein mag, wenn mitunter die feinen Konturen des Kriegers hindurchscheinen, den der schlechte Geschmack eines weißen Gönners in Gehrock, Hut und Pantalons gekleidet hat.

Die paar von Mrs. Jameson[22] verfassten Erzählungen leiden zwar auch unter einem sentimentalen Anflug, im Stil sind sie aber weniger peinlich als Schoolcrafts Buch. Was gäben wir nicht für eine getreue Version einiger dieser Geschichten, die hier übermittelt werden! Bei allen Schwächen schreiben sie dem Indianer aber zweifellos eine Feinfühligkeit und Phantasie zu, die Coopers[23] Erfindungen von Figuren wie der des Uncas legitimieren. Es handelt sich um die Sicht eines weißen Mannes auf einen wilden Helden, dessen natürliche Erscheinung sehr viel subtiler wäre; die maskierte Figur lässt aber dennoch auf die Wahrheit schließen.

Ich habe auch Irvings[24] Bücher gelesen, manche zum ersten, andere zum zweiten Mal und mit gesteigertem Interesse, da ich bald Menschen wie jenen begegnen sollte, von denen er seinen Stoff bezog. Auch wenn die Bücher durch ihren Charme und ihr brillantes Arrangement bestechen, haben sie mit Ausnahme von A TOUR ON THE PRAIRIES doch etwas Stereotypes, Klischeehaftes. Ihnen mangelt es an Atem, an Glut, ihnen fehlen die bestechenden Details des täglichen Lebens. Irvings Landschaft lässt sich nur aus dioramischer Distanz betrachten; seine Indianer sind abstrakte Gestalten. Ihm wären die besten Darstellungen gelungen, hätte er sich bei den Studien und Skizzen auf seine eigenen Augen verlassen. Sein Erfolg ist daher einerseits wunderbar, letztendlich aber unangemessen.

---

22 Anna Brownell Jameson (1794–1860), irische Schriftstellerin; schrieb frühe feministische Texte und Reiseberichte.
23 James Fenimore Cooper (1789–1851), amerikanischer Schriftsteller der Romantik, berühmt u. a. durch seine fünf LEDERSTRUMPF-Romane, die ein Verständnis für die Kultur der Indianer zeigen. Uncas ist eine Schlüsselfigur im zweiten Roman der Reihe, DER LETZTE MOHIKANER (1826).
24 Der amerikanische Schriftsteller Washington Irving (1783–1859) reiste im Herbst 1832 einen Monat lang durch indianisches Gebiet im heutigen US-Bundesstaat Oklahoma. Seine Eindrücke beschrieb er in A TOUR ON THE PRAIRIES (1835) [dt. REISE DURCH DIE PRÄRIEN. Verlag für Amerikanistik 1994].

McKenneys TOUR TO THE LAKES²⁵ ist das denkbar langweiligste Buch. Gewissenhaft und in ruhigem Ton präsentiert es jedoch einige Fakten, die nirgendwo sonst zu finden sind.

Ich habe auch eine Sammlung indianischer Anekdoten und Reden gelesen, ein auf schlechteste Weise zusammengewürfeltes Werk, doch selbst darin lässt sich der eine oder andere wertvolle Hinweis finden. All diese Bücher las ich in Erwartung einer Kanufahrt auf dem Lake Superior bis zu den Pictured Rocks²⁶, und obwohl ich schließlich gezwungen war, das Vorhaben aufzugeben, halfen sie mir bei der Beurteilung dessen, was ich später von den Indianern sehen konnte und erfuhr.

In Chicago begegneten mir zum ersten Mal die herrlichen Prärieblumen. Während der ersten zehn Tage, die wir dort verbrachten, standen sie in voller Blüte –

»Die Blumen Gold und Flammen gleich.«²⁷

Später erfuhr ich von einem Indianermädchen den Namen der flammenden Blume, »Wickapee«, und sie erzählte mir auch, dass ihre Pracht eine nützliche Seite hat, da die Indianer aus ihr ein Heilmittel gegen eine bestimmte Krankheit gewinnen.

Auf einer sonnigen Nachmittagsfahrt am blauen See, neben diesen leuchtenden Blumen, die das Gras mit ihrem Gold schmückten, zwischen dem niedrigen Eichenwald und dem schmalen Strand – sinnlich stimuliert durch den Sehnerv, der von so viel Gold und Purpur in so viel zartem Grün überwältigt war, symbolisch stimuliert durch eine Bedeutung, die sich in den Blumen schwach erahnen ließ – durchströmte mich ein märchenhaftes, nie zuvor erlebtes Hochgefühl. Die erste Fahrt durch dieses Blumenmeer gab mir eine Vorahnung von der Schönheit der Prärie.

Zunächst schien sie von nichts als trostloser Langeweile zu sprechen. Als hätte man die Monotonie der Seen nur hinter sich gelassen, um der Monotonie des Landes zu begegnen, ringsum ein endloser Horizont – laufen und laufen und rennen, niemals klettern, ach! Es war zu eintönig und nur für einen Holländer erträglich. Wie sehr das Auge sich doch über ein herannahendes Segel oder den Rauch eines Dampfschiffs gefreut hätte; es schien, als müsste alles, was belebt ist, aus einem besseren Land kommen, wo Berge der Szene Religion geben.

---

25 Thomas Loraine McKenney (1785–1859), Superintendent für Indianische Angelegenheiten. Die SKETCHES OF A TOUR TO THE LAKES erschienen 1827.
26 Pictured Rocks, ca. 24 km lange und bis zu 60 m hohe Felsformationen aus farbigem Sandstein, nordöstlich von Munising am Lake Superior.
27 Zitat aus dem Gedicht THE PRAIRIES des nordamerikanischen Dichters und Journalisten William Cullen Bryant (1794–1878), übertragen von Georg Pertz, 1860.

»Ich fühlte mich dem Himmel näher, fühlte,
dass es nichts gab als dieses schöne, stille Willkommen auf der Erde.«

Anfangs gefiel mir nichts anderes, als langsam, mit tastenden Schritten den schmalen Saum des Sees abzugehen. Manchmal gab ihm ein heftiger Wellengang Ausdruck, dann sein abwechslungsreiches Farbenspiel, das ich mit jedem Tag mehr bewunderte und das ihm anstelle ozeanischer Weite den Anflug einer Fata Morgana gab. Schließlich entstand in mir das großartige Gefühl, dass ich den Gang, steckten meine Füße nur in Siebenmeilenstiefeln, um nicht zu ermüden, endlos und unverändert fortsetzen könnte.

Nachdem ich mich ins Land aufgemacht, die Blumen genossen und den Sonnenuntergang betrachtet hatte, den es in dieser unendlichen Stille nur über der Prärie gibt, nachdem ich beobachtet hatte, wie das Vieh geruhsam zu den heimatlichen »Inselhainen« zog – der friedfertigste Anblick –, begann ich, die Landschaft zu lieben, denn ich begann, sie zu verstehen und schreckte nicht mehr vor dem »weiten Raum« zurück, den der »Blick umspannt«[28].

So ist es immer mit einer neuen Lebensform; wir müssen lernen, sie unter ihrer eigenen Maßgabe zu betrachten. Zuerst sagten mein ungeübtes Auge, mein Verstand unaufhörlich: Was, keine fernen Berge? Wie, keine Täler? Nach einer Weile stieg ich auf das Dach des Hauses, in dem wir untergekommen waren, verbrachte viele Stunden dort und brauchte keine andere Aussicht als den Mond, der am Himmel stand, oder das Sternenlicht, das auf den See fiel, bis alle Lichter im Inselhain der Menschen zu meinen Füßen erloschen waren. Ich fühlte mich dem Himmel näher, fühlte, dass es nichts gab als dieses schöne, stille Willkommen auf der Erde; keine hoch aufragenden Berge, keine tiefen Schatten von Bäumen, nichts als das flache Land und in Licht getauchtes Wasser.

Von diesem Ort aus betrachtet, versank die Sonne abends meist in niedrig ziehenden, flockigen Wolken, sanft und gelassen, »wie die buddhistischen Sutras«, sagte S.

Eines Nachts schoss ein Stern wie verrückt aus seiner Sphäre, er war weithin zu sehen. Und selbst das konnte der Gelassenheit nichts anhaben.

Ja, es lag eine ganz besondere Schönheit in diesen Sonnenuntergängen und im Mondlicht über den Ebenen von Chicago, die mir selbst in Chamonix oder den Trossachs nicht aus dem Sinn ging.

Trotz all der Schönheiten, die sich mir an den flachen Ufern des Sees nach und nach erschlossen, begeisterte mich die Aussicht auf eine Exkursion, die uns zwei oder drei Wochen lang durch das Land führen sollte. Wir machten uns mit einem schweren Fuhrwerk auf den Weg, fast so groß und so ähnlich wie die, auf denen man normalerweise Herden wilder Tiere transportiert. Es war mit allem beladen,

---

28 Bryant, THE PRAIRIES, ebd.

was wir brauchen würden, falls wir es von niemandem bekämen – auf Kauf und Verkauf konnten wir nicht länger zählen –, davor ein Gespann von zwei starken Pferden, fähig und willens, sich durch Schlammlöcher und Gehölz den Weg zu bahnen. Unser Führer, nicht nur ein ausgezeichneter Marschall, sondern auch ein wunderbarer Begleiter, kannte das Land, seine Natur und Geschichte in und auswendig, sein Argusauge brauchte weder Weg noch Ziel, um all die Orte aufzuspüren, an denen sich die Schönheit am herrlichsten zeigt.

Dazu das beste Wetter und ein Land, wie ich es selbst in meinen Träumen, die doch vom Wunsch nach einem solchen immer überquollen, noch nie erblickt hatte. Ihr mögt beurteilen, ob Jahre der Eintönigkeit nicht durch solche strahlenden Tage wettgemacht werden, ob sie nicht jeden Gedanken an den amerikanischen Westen versüßen.

Der erste Tag führte uns durch Wälder voller Frauenschuh und Lupinen und über Ebenen, deren sanfte Weite sich unablässig veränderte, denn

»Die Wolken fegen drüber und im Grund
Bewegt es sich und schwankt, wohin du schaust«[29],

bis zu den Ufern des Fox River, ein schöner, anmutiger Strom. Wir erreichten Geneva gerade rechtzeitig, um nicht in ein heftiges Gewitter zu geraten, dessen Aufziehen und Abflauen die Landschaft in ihrer ganzen Besonderheit zum Ausdruck brachte.

Geneva erinnert mich an ein neuenglisches Dorf, und tatsächlich gibt es dort und in der Umgebung viele hervorragende, großzügige, intelligente und diskrete Neuengländer, die versuchen, dem Leben die wahren Werte abzugewinnen. Solche Menschen werden nötig gebraucht, sie leuchten wie Lichtfunken im Schwarm der Siedler mit ihren niedrigen Zielen, ihrem rücksichtslosen Benehmen und ihrer Nachlässigkeit.

Im Kreis seiner aufmerksamen, herzlichen Gemeinde hörten wir mit großem Vergnügen Mr. Conant, den unitarischen Geistlichen, und hinterher besuchten wir ihn in seinem Haus, wo fast alles die Spuren seiner eigenen handwerklichen Arbeit oder der seines Vaters trug. Ein Lehrer wie er wird in dieser Gegend dringend gebraucht. Er kennt die Gewohnheiten derer, die er anspricht, kann auf ihre Erfahrungen und Bedürfnisse eingehen; er ist ernsthaft und aufgeklärt genug, um aus dem Alltag die entscheidenden Schlüsse zu ziehen.

Wir blieben ein oder zwei Tage lang dort und verbrachten glückliche Stunden in den Wäldern rund um den Fluss, aus dem die Herren reichlich Fische holten.

---

29 Bryant, THE PRAIRIES., ebd.

Frühmorgens fuhren wir weiter, immer am Fluss entlang, ein Vergnügen, das endlos schien. Am Nachmittag erreichten wir schließlich das Haus eines englischen Gentleman, der sich als einer von wenigen den Wunsch so vieler erfüllt hat, den Abend eines aktiven Lebens in ländlicher Ruhe zu verbringen. Er wies auf ein Regal voller Bücher über dieses Land, die er im Laufe der Jahre angesammelt hatte. Durch die Lektüre hatte er sich mit der Gegend vertraut gemacht, und als er dann herkam, entdeckte er sofort den Ort, der ihm vorschwebte und wo er so zufrieden war, wie er es sich erhofft hatte – und gab dadurch Wordsworths Vorstellung vom Weisen Gestalt, der »sieht, was er vorhergesehen«[30].

Das Haus liegt in einem Wald, durch den man in alle Richtungen Schneisen geschlagen hatte. Für dieses junge Land ist es stattlich, ringsum befinden sich Ställe und Höfe mit Vieh und Geflügel. So mitten im Wald wirkt alles malerisch und freundlich. Es ist gerade diese Mischung aus Kultur und Einfachheit im Erscheinungsbild der Dinge, die ein Gefühl von Freiheit erzeugt, nicht von Unordnung.

Ich wünschte, ich könnte eine Vorstellung von dieser Szene geben, wie sie sich am frühen, taufrischen Morgen darstellte. Das Haus erschien wie ein Nest im Gras, so sorgsam waren die Gebäude, waren alle Objekte zum menschlichen Gebrauch mit der Natur in Einklang gebracht. Die hohen Bäume beugten sich hinab und flüsterten, als wollten sie die Menschen, die sich in ihrem Schutz niedergelassen hatten, liebevoll grüßen.

Die jungen Damen waren Musikerinnen, dank ihrer Erziehung in einer Klosterschule sprachen sie fließend Französisch. Hier in der Prärie hatten sie gelernt, sich um die Meierei zu kümmern und die Klapperschlangen zu töten, die es auf ihr Federvieh abgesehen hatten. Von den hohen, großen Fenstern aus, an deren Seiten schwere Vorhänge hingen, konnte man norwegische Bauern in ihrer Landestracht bei der Arbeit sehen. Im Wald wuchsen nicht nur die uns bereits bekannten Blumen und eine Fülle hoher, wilder Rosen, sondern wir entdeckten auch das prächtige blaue Sternen- oder Spinnenkraut, die Zierde unserer Gärten. Hübsche Kinder strolchten dort herum. Nicht mehr lange, dann würden sie diese zivilisierten Regionen verlassen und nach Westen ziehen, an einen wahrhaft wilden Ort. Ihre nicht minder hübsche Mutter hatte walisische Wurzeln, und das älteste Kind hieß Gwynthleon. Vielleicht trifft sie dort im Büffelland auf ein paar junge Nachfahren von Madoc[31] und schließt Freundschaft mit ihnen; jedenfalls wird sie dort diese süße, ungebärdige Schönheit behalten, die allzu bald schwin-

30 Aus William Wordsworths Gedicht CHARACTER OF THE HAPPY WARRIOR (1807).
31 Madoc, der Legende nach ein walisischer Prinz, der bereits um 1170, also lange vor Kolumbus, in Amerika gelandet sein soll.

Kapitel II / 54

det, wenn sich der Blick zu sehr auf Läden, Straßen und das ordinäre Leben der städtischen »Gesellschaft« richtet.

Am nächsten Tag überquerten wir den Fluss. Wir Damen nahmen einen kleinen Steg, von dem aus wir ihn überblicken und sehen konnten, wie unser Fuhrwerk die Furt passierte. Schwarze Gewitterwolken zogen auf. Himmel und Wasser waren schwer von Erwartung. Der weiß bespannte Wagen schwankte, die Pferde mühten sich ab, was der Sache die nötige Spannung gab; es schien so, als würden sie nicht ans andere Ufer gelangen, ehe der Sturm losbrach. Sie schafften es, aber wir hatten kaum ein oder zwei Meilen in der Prärie zurückgelegt, als der heftige Regen uns dazu zwang, in einem abgelegenen Haus Schutz zu suchen. In diesem Land ist es ebenso gut, anzuhalten wie weiterzufahren, vom Weg abzukommen wie ihn wiederzufinden, die üppige Schönheit hier macht jeden Pfad zur Attraktion, und es gibt so viele unterschiedliche Menschen, dass sich in jeder Hütte die Gelegenheit zu neuer und anderer Unterhaltung bietet. In jenem Haus trafen wir auf eine Familie »weit über dem Durchschnitt«, doch leider nicht über dem falschen Stolz. Beschämt, dass man ihn barfuß überrascht hatte, erzählte uns der Vater von einem Mann in einer Stadt im amerikanischen Osten, einem der reichsten Männer, wie er betonte, der nach Lust und Laune barfuß ging.

Neben der Tür blühte eine Provence-Rose. Wie wir sahen, hatten andere Familien Robinien angepflanzt. Es war berührend, ihre Lieblinge, die sie aus der alten Heimat mitgebracht hatten, neben den neuen Schönheiten zu sehen. Wo immer sich Spuren dieses Zartgefühls zeigten, das unter Amerikanern selten ist, da trugen auch andere Dinge Zeichen von Wohlergehen und Intelligenz, als besäße der ordnungsliebende Menschenverstand doch eine Vorstellung von einem Zuhause, die über das bloße Dach, unter dem man essen und schlafen kann, hinausgeht.

Kein Himmel kann schöner sein als die Erde an diesem Nachmittag, während es nach dem Regen aufklarte. Wir fuhren über die blühende Ebene, nichts deutete auf eine Straße, da war nur die sanfte Wagenspur, die das Gras durchzog, ohne es zu brechen. Unsere Stationen führten uns nicht von Ort zu Ort, sondern von Hain zu Hain, winzige Inseln, die blau in der Ferne schwammen. Als wir näher kamen, wirkten sie wie schöne Parks, und die kleinen Blockhäuser an ihren Rändern, von denen spielerisch der Rauch aufstieg, fügten sich auf wunderbare Weise in sie ein.

Einen dieser Haine, Ross's Grove, erreichten wir genau bei Sonnenuntergang. Dort standen die prächtigsten Bäume, die mir auf der ganzen Reise begegnet sind. Diejenigen, die ich bislang gesehen hatte, waren gut proportioniert, aber weder groß noch hoch. Hier jedoch, so stattlich, wie sie waren, erschienen sie mit ihren gerade gewachsenen Stämmen wie Säulen für herrliche Kathedralengänge. Purpurnes

Licht fiel zwischen ihnen hindurch auf das Wasser, das sich durch den Regenguss auf dem Waldboden gesammelt hatte. Als wir langsam hindurchwateten, hatte ich das Gefühl, nie an einem feierlicheren Ort für eine Vesper gewesen zu sein.

In einem einige Meilen entfernten Hain machten wir an diesem Abend Rast und teilten dort das oft scherzhaft dargestellte Elend eines Zwölfbettzimmers, mit einer Milchschüssel als Waschbecken für alle und der Erwartung, dass man sein Taschentuch nicht nur zum Abtrocknen benutzte, sondern es auch mit anderen teilte. Das war die einzige Nacht, die wir dank der Gastlichkeit einiger privater Familien auf diese Weise verbrachten. Ohne diese Erfahrung hätten wir sämtliche Berichte von Mrs. Trollope[32] zu Erfindungen reiner Bosheit erklärt.

Bei uns war eine junge Dame, die vom britannischen Fluidum durchtränkt schien, wie es vor Kurzem geistreich von einer französischen Schriftstellerin[33] beschrieben wurde. Es war ihr unmöglich, sich an die Unzulänglichkeiten des Ortes anzupassen. Wir Damen mussten in der Gaststube schlafen, aus der die Zecher erst zu später Stunde vertrieben werden konnten. Die Außentür hatte keinen Riegel, um ihre Rückkehr zu verhindern. Unser Gastgeber bat uns jedoch freundlicherweise, ihn zu rufen, falls sie wiederkämen – er hätte die Gaststube einmal »für uns erobert« und würde das auch nochmals fertigbringen. Wir mussten mit ziemlich harten Lagern vorlieb nehmen (meines war der Tisch, auf dem man das Abendessen serviert hatte), aber wir Yankees, geborene Herumtreiber, waren alle zu erschöpft, um uns an solchen Kleinigkeiten zu stören und schliefen so friedlich und süß wie im Gemach einer Baroness. In ihr Schultertuch gehüllt und mit einer adretten Spitzenhaube auf dem Kopf saß England vermutlich die ganze Nacht auf, zitternd und lauschend. Wäre wirklich jemand hereingekommen – sie hätte die perfekte Lady abgegeben. Zur Belohnung war sie am nächsten Tag krank. So wie ihr Mutterland über die Meere, wachte auch sie darüber, dass niemand Unrecht tat. Sie hätte es verdient, überfallen zu werden, so gut, wie sie darauf vorbereitet war. Doch außer zwanzig kräftigen Lungen, die sich weigerten, die Nacht der Totenstille zu überlassen, kam es zu keiner anderen Störung. Die Betten mochten zu wünschen übrig lassen, dafür gab es in diesem Haus aber guten Tee, herrliches Brot und wilde Erdbeeren. Außerdem wurden wir von unseren Gastgebern mit offenen Ansichten und Geschichten unterhalten. Keiner von uns braucht übrigens noch einmal zu behaupten, wir könnten niemanden finden, der Lust hätte, sich alles anzuhören, was wir zu sagen haben. »Alles, was ins Netz geht, ist Fisch«, sollte auf dem Aushängeschild von Paw Paw Grove geschrieben stehen.

---

32 Frances Trollope (1779–1863), Domestic Manners of the Americans, 1832.
33 George Sand (1804–1876): »The natives of Albion carry about them a peculiar fluid, which I will call the Britannic fluid, and in the midst of which they travel.«

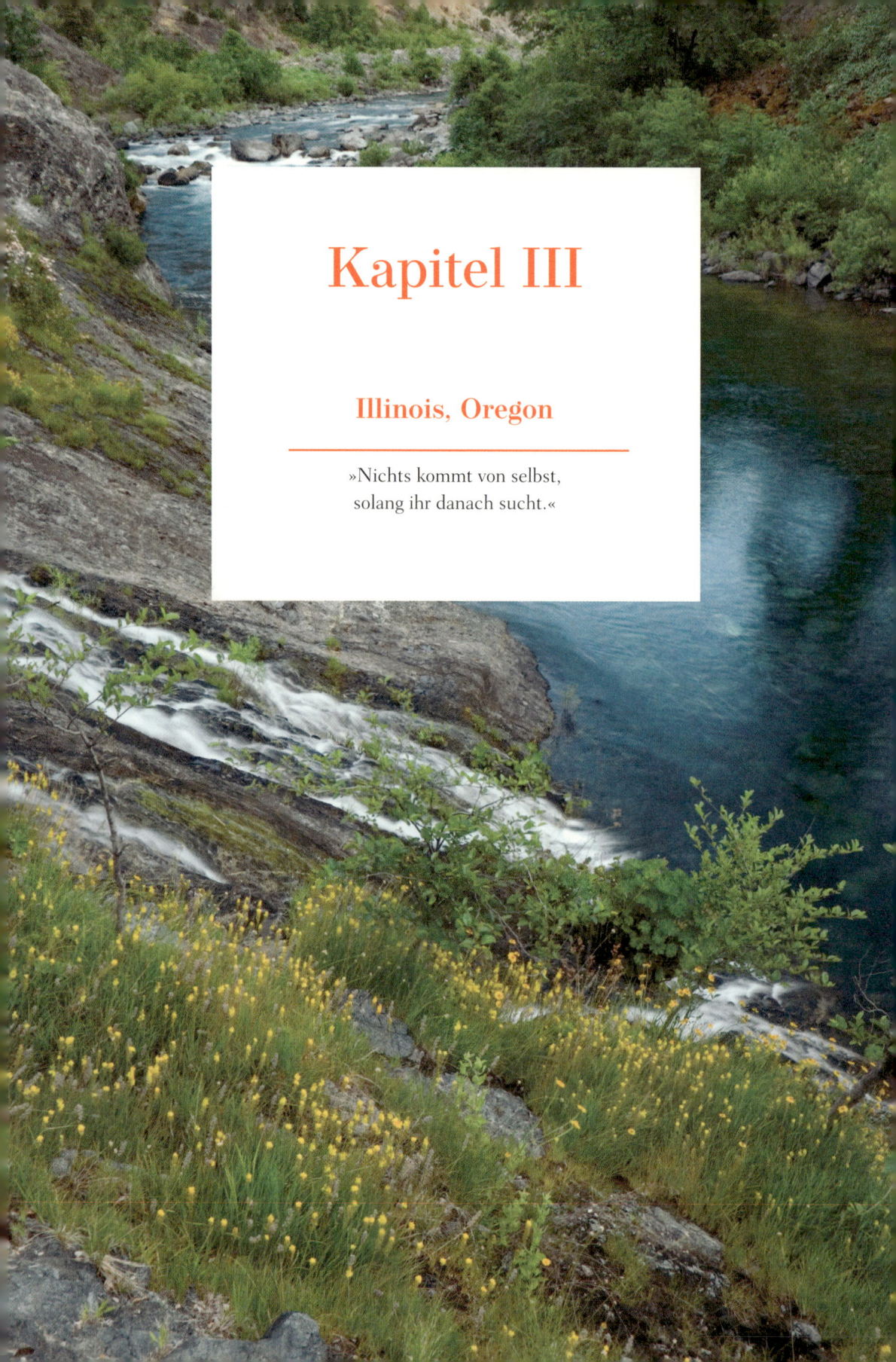

Kapitel III

Illinois, Oregon

»Nichts kommt von selbst,
solang ihr danach sucht.«

Am Nachmittag desselben Tages erreichten wir den Rock River, in dessen Umgebung wir eine Weile bleiben wollten. Bei Dixon's Ferry setzten wir über.

In einem felsigen Bett fließt dieser schöne Strom breit und mächtig über zweihundert Meilen, bis er in den Mississippi mündet. Weite Strecken an seinen Ufern gehören zu den herrlichsten Gegenden von Illinois und sind Schauplatz einer der jüngsten Affären der Indianerkriege. Black Hawk war mit seinem Trupp zurückgekehrt, um hier »den Sommer zu verbringen«, wodurch er einen Krieg auslöste, der mit seiner Niederlage endete.[34] Es verwundert nicht, dass er der Sehnsucht nachgab, die beste Jahreszeit in seiner schönen Heimat zu genießen, so unklug es auch gewesen sein mochte.

Illinois, heißt es im Allgemeinen, trage den Charakter eines Landes, dessen einstige Bewohner – wie die Engländer – in allen ornamentalen Künsten, die das Leben verschönern, und besonders in der Landschaftsgärtnerei bewandert waren. Es scheint, dass Landhäuser und Burgen niedergebrannt und die Umzäunungen eingerissen wurden. Und doch deuten die samtigen Wiesen, die Blumengärten und stattlichen Parks, die eine kunstvoll schmückende Hand in genau den richtigen Abständen über das Land verstreut hat, der Reichtum an Rotwild und die friedlichen Viehherden, die das Bild der Ebene prägen, eher auf den meisterhaften Verstand des Menschen als auf die verschwenderische, doch sorglose mütterliche Liebe der Natur. Dies gilt besonders für das Land um den Rock River. Der Fluss fließt an manchen Stellen durch diese Parks und Wiesen, dann wieder zwischen Steilhängen, deren verwittertes Gestein an Pfeiler, Bögen und eng gedrängte Säulen denken lässt, und zwischen grasbewachsenen Höhen, auf denen prächtige Bäume stehen. Adler und Hirsch sind hier oben zu Hause, an den zerfurchten Felsen kleben Kolonien von Schwalbennestern. Eines Morgens sahen wir vom Boot aus, das uns an der Felswand vorübertrug, wie alle Schwalben zu-

---

[34] Nach der Umsiedlung der Indianer auf die Westseite des Mississippi Ende der 1820er Jahre überquerte der Häuptling der Sac, Black Hawk, im Jahr 1832 in friedlicher Absicht den Fluss. Als einer seiner Abgesandten erschossen wurde, schwor er Rache, was zum Black-Hawk-Krieg führte. In seiner AUTOBIOGRAPHY OF MA-KA-TAI-ME-SHE-KIA-KIAK, OR BLACK HAWK (1833) berichtet der Häuptling über die Ereignisse.

gleich ihre Köpfe aus den Nestern streckten, um uns zu betrachten. Das war nicht nur vergnüglich und berührend, darin lag auch etwas sehr Gastfreundliches, als hätte sich der Mensch in ihrer Nähe nie als Tyrann gezeigt. Was für ein Morgen das war! Im frühen Licht ist jeder Anblick doppelt so viel wert. Wir leihen uns etwas vom Geist der Stunde, um ihren Blick auf diese Weise zu erwidern.

Der erste Ort, an dem wir Halt machten, war von einzigartiger Schönheit, einer betörenden, wildüppigen Schönheit, direkt an einer Flussbiegung. Hier lebt ein irischer Gentleman. Er hat der Zivilisation auf die weiseste Art den Rücken gekehrt und für eine Summe, die in seinem Heimatland ein Tropfen auf den heißen Stein gewesen wäre, ein Domizil erworben, unabhängig und abgeschieden, das keine Wünsche übrig lässt, was auch anderen zugutekommt.

Seinen Park, sein Hirschrevier, fand er bereits vor; er musste nur noch eine Straße anlegen. Auf ihr gelangten wir zu seinem Haus, eine Fahrt, die sich in der Mittagshitze scheinbar hinzog, in der Kühle des Morgens und Abends jedoch herrlich war. Für diesen Teil der Welt macht das Anwesen einen großen und geräumigen Eindruck. Während das Haupthaus gebaut wurde, wohnte der Gentleman in einer hübschen Blockhütte in dessen Nähe.

Vor dem Haus erstreckt sich eine Wiese mit schlanken Bäumen, von denen man einige herausgenommen hatte, um den Blick auf den Fluss freizugeben. Die Aussicht war besonders eindrucksvoll, da das Ufer an dieser Stelle steil abfällt. Stieg man durch einen Hohlweg zum Wasser hinab, konnte man endlos am schmalen Flussufer entlangwandern, über sich ein mächtiges Gehölz, in dem sich die Hirsche versteckt halten sollen. Ich habe zwar nie einen gesehen, bildete mir aber oft ein, sie bei Tagesanbruch rascheln zu hören, hier an diesem hellen, klaren Wasser, das in heiterem Versprechen dahinfloss. Kein Laut durchbrach die tiefe, glückselige Abgeschiedenheit, bis auf eben dieses Rascheln oder das Platschen eines Fisches, der vergnügter war als die anderen. Brauchte man einen höheren Himmel, einen volleren Ausdruck von Liebe und Freiheit als hier inmitten dieser Atmosphäre der Natur?

Verließ man das Ufer, dann geriet man auf endlose, grasbewachsene Pfade voller leuchtender und zart schimmernder Blumen. Die leuchtenden blühen eher in der Prärie, aber diesen Ort schienen sie beide zu lieben.

Mitten auf der Wiese, umringt von einer Fülle wilder Erdbeeren, begegnete uns auch eine vertraute Liebe, die Schottische Glockenblume, für mich die zarteste und ergreifendste Gestalt der Blumenwelt.

Der Hausherr war abwesend, hatte uns in seiner Freundlichkeit, die jeden Dank übersteigt, aber dennoch angeboten, in seinem Haus zu bleiben. Versorgt wurden wir von einem seiner Vertrauten. So jung, wie dieser war, hätte man ihn früher als Pagen angestellt, im jungen Westen war er scheinbar alt genug für einen Verwalter. Wie man seine Funktion auch nennen mag – er trat an diesem harmonischen Ort als solch vollkommener Gastgeber in Erscheinung, dass sich die Gäste wie in einem Elysium fühlten. Und so waren die drei Tage, die wir hier verbrachten, eine Zeit reinen, ungetrübten Glücks.

Es war wirklich besonders reizvoll hier, wo die Wahl des Ortes und der unaufdringliche, gute Geschmack in all seinen Arrangements ein so kluges Verständnis für dessen Geist bewiesen. Wir waren schon zu vielen Häusern neuer Siedler begegnet, bei denen man offensichtlich keinen einzigen Gedanken verschwendet hatte, der über die Befriedigung der gröbsten materiellen Bedürfnisse hinaus ging. Von fern machten sie zuweilen einen ansprechenden Eindruck, die kleinen braunen Gebäude in der ungekünstelten Architektur des Landes, direkt am Waldrand. Wenn man dann aber näher kam, erwiesen sich die verwahrloste Behausung und die Achtlosigkeit, mit der alles Drumherum behandelt wurde, wo doch mit wenig Mühe ein reizvolles Ganzes entstanden wäre, fast immer als abstoßend. Betrachten wir die Indianer, die zum Wohnen die schönsten Gegenden wählten und die nicht gewaltsam in das Erscheinungsbild der Natur, in deren Zeichen sie geboren wurden, eingriffen, dann empfinden wir sie als die rechtmäßigen Herren dieses Landes, dessen natürliche Schönheit sie bewahrten, nicht entstellten. Die meisten Siedler sehen diese Schönheit jedoch gar nicht; sie atmet, sie spricht vergebens zu denen, die in ihre Sphäre eindringen. Das Vorgehen dieser Siedler ist gotisch, nicht römisch, und ihre Art der Kultivierung wird den natürlichen Ausdruck des Landes im Lauf von zwanzig, vielleicht auch nur von zehn Jahren zunichtemachen.

Das ist unvermeidlich, verhängnisvoll. Aber Klagen hat keinen Sinn, wir müssen nach vorn schauen. Und dennoch: Während ich durch dieses Land reiste, konnte ich mich der Macht eines Symbols nicht erwehren. Wo immer das Schwein auftaucht, verschwindet die Klapperschlange. Der streunende Allesfresser, dessen Unverstand ihn vor Schaden schützt, frisst bereitwillig und mühelos das gefährlichste Reptil – ein Wesen, dem der Indianer mit mystischer Ehrfurcht begegnet. Auf die gleiche Weise verfolgt der weiße Siedler den Indianer und gewinnt die Jagd. Ich werde später noch mehr dazu sagen.

Während unseres Aufenthalts ging ein heftiges Gewitter nieder, das der Landschaft neuen Glanz hinzufügte.

Jeden Tag erwarteten wir die Rückkehr der Tauben zu ihrem Nistplatz, ein besonderer Moment. Jeden Nachmittag rauschten sie mit schnellem, sanftem Flügelschlag wie in Wolken über die Wiese, schöner als alles ähnliche, was ich bislang gesehen hatte. Wäre ich ein Musiker, wie Mendelssohn, ich hätte – das fühlte ich ganz deutlich – aus dem Geräusch, das sie erzeugten, eine eigene Musik erschaffen können, in der alle Schönheiten angeklungen wären, über die sie ihre Flügel trugen. Zum Abschied habe ich einige Zeilen in diesem Haus zurückgelassen, die ich dem Gastgeber widmete. Sie fangen etwas vom Wesen dieses Ortes ein.

Der Geist des Kindes war vertraut mit Fabeln
Von Inseln, felsumringt, im Wüstenmeer,
Wo unvermutet Täler voller Blumen warten
Zum Trost des schiffbrüchigen Matrosen von weit her.
Matt lag er einsam auf dem sandigen Ufer
Und glaubte, alle Hoffnung sei dahin;
Geduldig soll er nur den spröden Wall erklimmen –
Dann unter hoher Palme das orangene Glühen,
Und Edens ganzer Glanz erwartet sein Bemühen.

Fast scheinen diese Fabeln heute Wirklichkeit,
Die Langeweile des beklemmend öden Weges,
Wo »freie« Siedler unbekümmert jubeln,
Wo wir hingegen fühlten, »fremd« zu sein,
Weicht plötzlich vor dem wunderschönen Ort,
Wo »Fortschritt« bislang keinen Makel hinterließ,
Doch die Natur voll Staunen sieht, dass hier
der Geist des Menschen weiterlebt in ihr.

Gesegnet sei die heitere Schöpferkraft der Szene;
Der Fluss, der ungestört in seinem Reiz hinfließt,
Das Dickicht mit den leuchtend grünen Wegen,
Die Bäume einsam, hoch und schön dort, wo sie stehen.
Der Niederwald bewohnt von Hirsch und Kitz;
Die wolkengleichen Vogelflüge über Wiesen.
Die milden Winde wehen in dem frohen Blau,
Und Sonne, Regen, Sterne schmücken diese Schau.

Staunend wie Crusoe schauen wir auf das Land;
Glücklicher als Crusoe wir, die kleine Schar;
Selig die Hand, die dieses frohe Heim erschuf,
Herz und Geist dessen, der uns diese Stunden gab
Des reinen Friedens, den der Sterbliche kaum kennt;
Finde auch er sie, wenn er auf Reisen geht,

Beschützt von ebensolchen guten Geistern,
Finde auch er solch heitere Kindertage, hoffnungsvolle Nächte!
Der Gaben himmlischste, die Sterbliche erhielten,
Besteht darin, sie anderen darzubieten.
Hazelwood, Rock River, 30. Juni 1843

Das einzig wirklich Ländliche hier waren die Scharen von Federvieh rund um das Haus. Dem irischen Gentleman bereitete es größtes Vergnügen, seine Tiere eigenhändig zu füttern.

Nachdem wir diesen zauberhaften Ort verlassen hatten, fuhren wir den ganzen Tag am herrlichen Fluss entlang zu einer kleinen Stadt namens Oregon. Wir klopften an die Tür einer Blockhütte, aus der eines jener Gesichter schaute, das man, einmal gesehen, nie mehr vergisst; jung und doch von den Spuren etlicher nicht nur möglicher, sondern durchlebter Gefühle gezeichnet; temperamentvoll wie der Glanz einer fein geschliffenen Klinge. Es war ein Gesicht, das nicht nur an eine, sondern an viele Geschichten denken ließ, deren Einzelheiten sich wohl bei Hof oder in Feldlagern abspielen dürften. In diesem Moment war es düster, verhangen, da ihm ein Leben fehlte, das nicht wie dieses in aller Zurückgezogenheit ruhig vor sich hingeht.

Dieser Mann schlug vor, uns eine »Abkürzung« zu zeigen, auf der wir schneller vorankämen. Es stellte sich heraus, dass sie fast senkrecht über einen mit jungem Gehölz und Baumstümpfen übersäten Hügel verlief. Mit einer Dienstbarkeit, die jedem Orientalen Ehre gemacht hätte, bot er sich an, die Räder unseres Wagens zu befreien, wann immer sie sich verfangen sollten, und unsere allzu rasche Talfahrt mit seinem eigenen Körpergewicht abzubremsen. Eine solche Großzügigkeit verdiente Vertrauen; wir Frauen konnten es allerdings nicht aufbringen. Wir stiegen aus und beobachteten den Vorgang aus der Ferne. Von unserem Führer – unserer großen Stütze! – verlassen, fanden wir uns dann auf einem weiten Feld wieder, wo sich ein endlos langer »Bach« durch spielerische Windungen und Krümmungen an unseren Versuchen zu belustigen schien, ihn überqueren zu wollen. Wir kamen einfach nicht hinüber, daher bot es sich an, eine steile Böschung hinabzurasen, ein Kunststück, das unser Wagenlenker mit einem Geschick vollführte, auf das jeder homerische Rhesus neidisch gewesen wäre, hätte er nur den passenden Streitwagen samt Rössern gehabt!

Nachdem wir zwei oder drei Stunden für die »Abkürzung« verschwendet hatten, trafen wir auf einen Indianerpfad: den von Black Hawk! Wie schön die Landschaft war, durch die er führte! Wie konnten sie sich nur unterwerfen, bei solch einem Land, für das sich jeder Kampf lohnt!

»Und doch deuten die samtigen Wiesen, die Blumengärten und stattlichen Parks ... eher auf den meisterhaften Verstand des Menschen als auf die verschwenderische, doch sorglose mütterliche Liebe der Natur.«

In der Weite der Prärie erblickten wir wenig später ein lebendiges Beispiel von Nonchalance (um nach Art des lieben Irland zu sprechen). Auf sonnigem Feld saß ein Hausierer mit seinem Bündel, weder Baum noch Schirm über dem Kopf, und wartete offenbar auf Kundschaft. Er wurde nicht enttäuscht. Wir kauften, was in der menschlichen Welt eine ebenso unbemerkte, mysteriöse und entscheidende Rolle spielt wie das Wimpertierchen in der Natur, nämlich Stecknadeln. Dieses Erlebnis hätte all die modernen Weisen beglückt, die in Anlehnung an die sitzenden Philosophen des alten Indiens das Schweigen dem Sprechen und das Warten dem Gehen vorziehen und den ernsten Lauf des Lebens mit einem verächtlichen Lächeln bedenken.

»Nichts kommt von selbst,
solang ihr danach sucht.«

Wie schon früher bei derart gehobenen Anlässen, leuchtete es mir auch heute ein, dass nichts kommt, wenn nichts geht; wären wir so vornehm und stumm geblieben wie der Hausierer, dann steckten die Nadeln jetzt noch in seinem Bündel, und in seinen Taschen mangelte es schmerzlich an Kleingeld!

Als wir durch eines der schönen, parkähnlichen Waldstücke kamen, fast frei von Unterholz, mit dichtem Gras bedeckt und voller Blumen, begegneten wir (es war ein Sonntag) einer kleinen Gemeinde auf dem Rückweg vom Gottesdienst, den sie in einem schlichten Blockhaus im Wald abgehalten hatten. Unter ihnen herrschte eine süße und friedliche Atmosphäre, als ob ihnen die Worte, die sie gehört hatten, und die Gedanken, die sie nach sich zogen, sehr lieb wären. Alle Eltern hatten ihre kleinen Kinder bei sich, wir sahen jedoch keine alten Leute. Was fehlte, war der Charme des silbernen, respektvoll gebeugten Hauptes neben einem flachsblonden Köpfchen, ein Bild, das in den älteren Siedlungen Alltag ist.

In Oregon war die Schönheit der Landschaft fast noch üppiger als an unserem vorigen Aufenthaltsort. Hier verbreitete sich der Fluss in seinem kühnsten Verlauf – durchzogen von idyllischen Inseln, auf denen die Natur ihre ganze Fülle an Baum, Rebe und Blume verschwendet hatte, begrenzt von prächtigen, dreihundert Fuß hohen Klippen, deren scharfer Grat so klar gezeichnet war wie der Rand einer Muschelschale. Herrliche Bäume schmückten die Höhen, alte Hemlocktannen, die sich mit berührender antiker Anmut von der üppigen Vegetation abhoben, krönten die zerklüfteten Felsen. Hohe natürliche Rundhügel ragten aus der Landschaft, alle hatten sie die gleiche anmutige, schwungvolle Kontur, und überall zeigte sich die plastische Kraft des Wassers – Wasser, Mutter der Schönheit, dessen sanftes, lebhaftes Fließen landschaftliche Formen hinterlassen hat, von denen das menschliche Genie nicht einmal träumen würde.

Nicht weit vom Fluss entfernt erhob sich ein hoher Fels namens Pine Rock, der, wie unser Guide bemerkte, einem Helm über der Stirn des Landes gleicht. Es scheint, als hätte das Wasser hier und da Rudimente von Formen und Materialien freigelegt, die älter waren als sein Lauf, nur um auf seine eigenen, phantasievolleren Entwürfe aufmerksam zu machen.

Das Erscheinungsbild dieser Landschaft bezauberte mich. Durch ihre Ausdrucksfülle, ihre kühne und leidenschaftliche Anmut ging sie über alles hinaus, was ich bislang gesehen habe. Hier hat sich die Flut der Emotion ergossen und ihren Lauf an jeder Stelle durch ein Lächeln markiert. Die Felsbrocken geben ihr die Art von Wildheit und Großzügigkeit, die genau die nötige Abwechslung schafft. Ich weiß, dieser Landschaft würde ich niemals müde, auch wenn ich anderswo geheimnisvollere und verlockendere Gegenden gesehen habe, deren raffinierte Reize schneller stimulieren. Hier jedoch sind Auge und Herz erfüllt.

Wie glücklich müssen die Indianer hier gewesen sein! Es ist noch nicht lange her, dass sie vertrieben wurden, Boden und Landschaft weisen viele ihrer Spuren auf.

»Die Erde ist voll von deinen Geschöpfen.«[35]

Man muss nur die Grasnarbe abheben, um Pfeilspitzen und indianische Tongefäße zu finden. Auf einer Insel, die unserem Gastgeber gehört, fast gegenüber von seinem Haus, hielten sich die Indianer sehr gern auf und genossen die verschwenderische Schönheit ebenso sehr wie die unzähligen wilden Tauben, die sich jetzt in ihrem blumengeschmückten Schatten tummeln. Hier findet man noch Zeichen von Tomahawks, die Tröge, in denen sie ihren Mais zubereiteten, Spuren ihrer Vorratskammern.

Etwas weiter flussabwärts liegt ein altes Indianerdorf mit in regelmäßigen Abständen angeordneten Mounds[36]. Wie immer hatten die Indianer bei der Wahl des Ortes den besten Geschmack bewiesen. An einem der milden, schattigen Nachmittage, an denen die Natur zu weinen bereit scheint – nicht aus Kummer, sondern aus übervollem Herzen –, machten wir uns dorthin auf den Weg. Zwei reizende kleine, unentwegt plaudernde Mädchen und ein afrikanischer Junge mit funkelnden Augen und einem offenen Lachen trugen zum Frohsinn unserer Gesellschaft bei. Alle verstummten aber augenblicklich, als wir den kleinen Eingang passierten und die Blumenpfade betraten. Sie können das indianische Leben diffamieren, wie sie wollen, es verleumden, von seinem Schmutz sprechen, von seiner Brutalität; ich werde immer davon überzeugt sein, dass die Männer, die sich diesen Wohnort

---

35 Psalm 104:24.
36 Von den nordamerikanischen Indianern künstlich angelegte Grabhügel.

wählten, bei ihrer Rückkehr von der Jagd ein tiefes Glück empfanden, nicht anders als die Frauen, die sie dort willkommen hießen. Auch die Kinder dürften weder apathisch gewesen sein noch ohne Gefühl; sie lebten vertraut mit den Hirschen und Vögeln und schwammen in den klaren Gewässern unter den Sieben Schwestern[37]. Die ganze Landschaft sprach von griechischer Pracht, griechischer Anmut, und es leuchtet mir ein, dass man einen indianischen Krieger, der es gewohnt ist, auf solchen Wegen zu wandern und in solchem Sonnenlicht zu baden, für Apollo halten kann, so wie West[38] Apollo für einen Indianer hielt. Zwei der steilsten Felsen heißen Deer's Walk (nicht wegen des Rotwilds) und Eagle's Nest. Ich besuchte Eagle's Nest an einem strahlenden Morgen; es war der 4. Juli, und ich glaube, ich war noch nie so glücklich darüber, in Amerika geboren zu sein. Ich empfand Mitleid für all die Landbewohner, die diesen Ort noch nie gesehen haben, noch nie hingerissen über das Land schauten, das sich unter ihm erstreckt. Rom und Florenz erschienen mir fast als Vororte, verglichen mit dieser Hauptstadt der Kunst der Natur.

Der Felsen war mit dichten Büscheln einer scharlachroten Wolfsmilch überzogen, sie leuchteten wie zerschnittene Korallen, und überall standen geheimnisvolle, dunkle Blüten, deren Kelche auf langen Stängeln in die Höhe ragten. Zwei oder drei Tage lang hatten sie Lupinen und Phlox die Herrschaft streitig gemacht. Meinen Freunden gefiel das nicht so sehr, mir aber schon.

Hier dachte ich darüber nach, nein, ich sah vielmehr, was die Griechen durch Ganymed, Zeus' Liebling, zum Ausdruck bringen, und folgende Verse nahmen Gestalt an:

Ganymed an seinen Adler,
angeregt durch ein Werk von Thorvaldsen[39],
verfasst auf der Anhöhe namens Eagle's Nest, Oregon,
Rock River, 4. Juli 1843.

Auf felsiger Höhe stand der Knabe,
Den Kelch des Zeus mit klarem Wasser in der Hand,
Durch Gesicht und Gestalt zur Freude gemacht,
Ein williger Diener dem Liebesgebot,

---

37 Die Plejaden, die in der griechischen Mythologie nach den sieben Töchtern des Titanen Atlas und seiner Frau Pleione benannt wurden.
38 Benjamin West (1738–1820) orientierte sich bei seinem Gemälde THE SAVAGE CHIEF (um 1761) an der antiken Marmorskulptur des Apollo von Belvedere.
39 Der dänische Bildhauer Bertel Thorvaldsen (1770–1844) schuf eine Büste des Ganymed, als »Schönster aller Sterblichen« von Zeus geliebt, der ihn, einen Hirtenknaben, auf den Olymp entführte, um den Göttern als Mundschenk zu dienen.

Doch ein seltsamer Schmerz, auf die Stirn geschrieben,
Durchdrang seinen silbernen Ton –

»Mein Vogel«, klagt er, »mein Bruder, mein Freund,
Ach, wohin führt heute dein unsteter Flug?
Hast du vergessen, dass ich hier warte,
Vom hellen Mittag bis zur Dämmerung?
Hundert Mal bestimmt aus dem klaren Quell,
Seit der Mittag über Berg und Tal hinzog,
Hab ich den Kelch gefüllt, den unser König im Olymp
Mir nur zu deinem Nutzen anvertraute;
Damit, wenn du erschöpft vom Himmel stießest,
Du deinen Durst mit klarem Wasser löschen kannst.

Hast du die Erde, hast du mich vergessen,
Deinen Gefährten, Knecht wie du in einer königlichen Sache,
Der, traurig über die Unendlichkeit,
Mit dir allein den Frieden des Moments erfährt,
Wo wir den Strom der Liebe überfließen lassen,
Der unser Schicksal mit dem Thron des Zeus verbindet?

Bevor ich dich sah, war ich wie der Mai,
Der sich nach Sommer sehnt, der ihm die Blüte nimmt,
War wie der Morgenstern, der schon den Tag aufruft,
Dessen Versprechen sich im Grab erfüllt;
Und wie die rauschende Fontäne immer höher steigt,
Und sich dann umso stärker auf die Erde niederwirft,
So kehrte mein Verlangen, je süßer und je voller,
Noch zärtlicher zu seinem Quell zurück,
Denn wonach die Knospe strebt, das zeigt die Rose nicht,
Das, was der Knabe ahnt, verrät sich nicht im Mann.

Ich war ganz Frühling, denn in meinem Wesen wohnte
Ewige Jugend, deren Blumen schon die Früchte sind,
Erfüllt waren die Gedanken von dem, was ich fühlte,
Ihre Musik der tiefe Sinn des Lautenspiels;
Himmel und Erde werden solch ein Leben aber stets versagen,
Getrennt vom Himmel, fragt die Erde immer noch: Warum?

Auf höchsten Bergen schmerzten meine jungen Füße,
Dass mir aus ihrer Leichtigkeit kein Flügel wuchs,
Mein Sternenauge grüßte liebevoll die Sterne,
Aus ihrem blauen Kreis für mich kein Gruß;
Schön jeder für sich selbst in seiner eigenen Sphäre,
War ihnen gleich, dass für mich keine scheint;
Gleichgültig, ob ich nah war oder in der Ferne,
Ganz gleich für sie wie Ewigkeit und Zeit.

Doch aus dem Violett der tieferen Atmosphäre,
Kam manchmal eine Antwort auf mein Wünschen,
Die Blitze, die mein Sein zu teilen schienen,
Erzählten vom Geheimnis ihrer feurigen Gestalt,
Die jähen Boten des Hasses und der Liebe,
Die Blitze, die die Hand des Zeus bewaffnen,
Sie schlagen mal den heiligen Turm und mal den heiligen Hain.

In diesem Augenblick gekommen und in jenem fort,
Sie ließen mich nach ihrer Antwort einsamer zurück,
Sie sagten mir, dass der Gedanke, der die Welt beherrsche,
Auf seinem Kurs noch ohne Segel sei,
Die Schöpfung habe eben erst begonnen,
Die neuen Blätter sprössen aus dem ersten,
Doch gaben mir kein Ziel des schnellen Laufs.
Ich richtete mein Auge angestrengt und voller Tränen
Fest auf die ferne Zukunft, die mein Herz enthielt,
Kein Zweifel trübte meine fromme Hoffnung.

Zuletzt, oh Glück, erblickte ich die lebendige Gestalt,
Zuerst ein bloßer Fleck am fernen Himmel,
Mein scharfer Blick sah aber deinen edlen Stolz,
Die Antwort deines Auges in der Flut der Sonne;
Ich wusste, diesem Flügel war bestimmt,
Mein irdisches Gewicht ins Reich der Luft zu tragen.

Du weißt, wie wir zur schönen Höhe kamen,
Wo der Monarch der Göttersöhne wohnt,
Du weißt, wie er zu Dienern seines Wirkens

Uns zwei erklärte, sein Gesandter du,
Erwählter Bote, du, heiliges Zeichen
Der Unterwerfung oder milder ausgedrückt,
Um der gerechten Sache nötiges Gewicht zu geben,
Dem Urteil der Olympischen Gesetze folgend.

Und mich dazu, den fernen Quell zu hüten,
Das Wasser, das den Durst des Sängers löscht, dem es gelingt,
Den Lohn göttlicher Hoffnungen zu singen,
Das Band zu knüpfen, das zum Himmel dringt.
Von ihm nur konnte der den Trunk erwirken,
der früher aus Zeus' eigenem Becher trank.

Warten, ja, warten, doch nicht so lange warten,
Bis allzu schwer die Last des Liedes wird;
Ach, Vogel! Viel zu lang schon warst du heute fort,
Die Füße schmerzen mir vom unentwegten Gang,
Der Spruch, den Quell zu öffnen, will nicht von den Lippen.

Wenn du nicht bald kommst, bricht die Nacht herein,
Mein Geist verfällt in traurig schweren Schlummer,
Der klare Trank rinnt auf dem Boden hin.

Vergiss nicht, dass ich noch nicht göttlich bin,
Die Zeit im Dienst der schicksalhaften Neun
Hat mir noch nicht Delphische Kraft verliehen.

Vogel des Zeus, mach mir die Zeit nicht allzu schwer,
Erwidere des Jünglings Hoffnung, bestärke seine Liebe,
Empfang den Dienst, an dem er sich erfreut,
Und trag ihn oft in jene heiteren Höhen,
Wo Händen, die dir immer unverzüglich dienten,
Der allerhöchste Dienst erlaubt sein soll,
Wo die Glückseligkeit der wahren Treue voll.«

Den Nachmittag verbrachten wir auf eine ganz andere Weise. Die Familie, die wir besuchten, zeichnete sich durch eine warmherzige und taktvolle Gastfreundschaft aus, die jeden Augenblick zu einem besonderen machte. Hier herrschte jene seltene Höflichkeit, der es gelingt, den Freund mit den unterschiedlichsten Freuden zu verwöhnen, ihn aber vollkommen in Ruhe zu lassen, wenn er es wünscht. Bei solchen Gastgebern sind Vergnügen und Erholung eins. Sie wohnten am Ufer gegenüber der Stadt; dort schliefen wir, da ihr Haus schon voll war. An den drei Tagen, die wir mit ihnen verbrachten, setzten wir jeweils morgens und abends über. (Einem ihrer Boote, der »Fairy«, mit dem eine ihrer reizenden kleinen Töchter leichter dahinglitt als jede schottische Ellen[40], von der je gesungen wurde, würde ich ein Gedicht widmen, hätte ich mich nicht gerade erst der Verse schuldig gemacht.) Morgens war diese Fahrt sehr schön; abends war ich leider meist zu müde von den Ereignissen des Tages, um sie richtig zu genießen.

Ihr Haus – ein Doppelblockhaus – erschien mir als das Ideal eines westamerikanischen Landhauses. Draußen hatte die Natur ein unübertreffliches Gelände angelegt. Drinnen war alles Grobe weiblichem Geschmack gewichen, war von allem, was der Wald an Zierde bot, der schönste Gebrauch gemacht worden.

Wie sehr genossen wir hier das Gelächter, die anregenden Gespräche und lebendigen Phantasien! Ich wünsche mir sehr, dass es für die, die all das kultivierten und uns so herzlich einluden, daran teilzuhaben, immer so bleibt!

Zutaten aus dem Stadtleben wurden geschickt in das Gericht gestreut, das man zur allgemeinen Unterhaltung servierte. Eiscreme beendete die Mahlzeit, die die Herren aus dem Fluss gefischt hatten, Musik und Feuerwerk beschlossen die in Eagle's Nest verbrachten Tage. Am letzten Abend lag eine kleine Flotte bereit, um gemeinsam zur Feier des 4. Juli überzusetzen, seltsames Getrommel und Gepfeife vom gegenüber liegenden Ufer kündigte an, dass bereits etwas »im Gange« war.

Wir trafen auf die freien und unabhängigen Bürger, die sich unter den Bäumen versammelt hatten, darunter viele runde irische Gesichter mit freudigen Grübchen angesichts der üblichen Hymnen auf »Ameriky«.

Der Redner war ein Neuengländer, seine Rede roch stark nach Boston, wurde aber mit viel Applaus bedacht. Es folgte ein reichliches Abendessen für das Souveräne Volk, von eben diesem zubereitet, mit »Hail, Columbia«[41] als Tischgebet.

Auf dem Rückweg grüßte die fröhliche Flottille die kleine Flagge, die die Kinder auf einem Blockhaus gehisst hatten – solch eine hübsche Flagge hatte selbst

---

40 Ellens dritter Gesang, Lied von Franz Schubert, 1825. Inspiriert von Walter Scotts Gedicht The Lady of the Lake
41 Hail, Columbia (Heil dir, Columbia) ist ein patriotisches Lied der USA, komponiert zu George Washingtons Amtseinführung.

ein Präsident noch nie gesehen –, und trank dann guten Gewissens auf das Wohl ihres Landes und der ganzen Menschheit.

Mit Tanz und Gesang endete der Tag. Ich weiß nicht, wann ich jemals das Gefühl hatte, die bloße Lage eines Ortes biete eine solche Chance zum Glücklichsein wie hier. Für einen Menschen mit unverdorbenem Geschmack wäre allein die Schönheit reizvoll genug. Mit ihr verbinden sich aber natürlich auch alle Arten des Jagens und Fischens, alle möglichen Experimente und Studien der Natur. In dieser Hinsicht hätten Dichter, Jäger, Fischer und Naturforscher gleichermaßen ihre Freude an diesem breiten Spektrum unberührter Fülle.

Mit recht wenig Geld kann man einen königlichen Besitz erwerben und mit nur wenig mehr Geld und maßvoller Arbeit eine Familie mit allem versorgen, was nötig ist. Luxus und Komfort des Stadtlebens sind hier allerdings nicht ohne einen Aufwand zu haben, der in keinem Verhältnis steht zu ihrem Wert. Aber kann man nicht ein für alle Mal darauf verzichten, wo es ein solches Gegengewicht gibt? Sind die Häuser nicht perfekt gebaut, so haben sie doch Platz für große Feuerstellen und Kamine; sind sie klein, wen kümmert das bei solchen Weiten, in denen man sich frei bewegen kann? Im Winter ist es auszuhalten; im Sommer spielt es keine Rolle. Braucht man bei der Fülle an Fisch, Wild und Weizen wirklich den Bäcker, der einem zum Frühstück jeden Morgen »frische Muffins« an die Tür bringt?

Hier muss ein Mann kein kleines Stückchen Land durch einen Zaun vor der Zudringlichkeit eines unsympathischen Nachbarn schützen und seine Phantasie auf minimale Verbesserungen beschränken, die ein Huhn in zehn Minuten zunichtemacht. Er hat Wasser, Wald und Land zur Genüge, er muss nicht fürchten, dass irgendein Vandale, der zufällig in seine Nähe gerät, sich ihm vor die Nase setzt. Er muss nicht mühsam haushalten und jeden Schritt minutiös planen; er kann einen Teil des Landes als Wildnis belassen und hat die Möglichkeit, seine eigenen Pläne in die Tat umzusetzen, ohne die der Natur zu stören.

Wenn sie wollten, könnten ganze Familien hier zusammen leben. Von ihrer Wanderschaft zurückgekehrt, könnten sich die Söhne in der Nähe des Elternhauses niederlassen. Die Töchter würden nah bei der Mutter Platz finden. Die schmerzlichen Trennungen, die bereits der Atlantikküste zusetzen und dort für Unglück sorgen, werden hier nicht durch die strenge Not des Broterwerbs erzwungen; und wo sie freiwillig geschehen, ist es kein Problem. Auch ich kenne die Gefühle, die eine Gesellschaft von Menschen bedrängen, die um ihr Überleben kämpfen. Eben deshalb war es herrlich, einer Landschaft zu begegnen, in der die Natur noch ihr mütterliches Lächeln trägt und nicht nur denen Raum verspricht, die mit Eigenschaften begabt oder geschlagen sind, die Wettstreit und Konkurrenz standhalten, sondern sich auch den Empfindsamen, den Nachdenklichen, ja selbst den Trägen oder den Exzentrikern öffnet. Sie sagt nicht ›kämpfe oder hungere‹; auch nicht ›schufte oder stirb‹; sie zeigt nur, dass der kultivierte Apfel feiner ist als der wilde Holzapfel, gibt aber beiden Raum, ungestört im Garten zu wachsen.

Die Familien, die auf Farmen an den Ufern dieses Flusses leben, bilden eine besondere Gemeinschaft. Sie kommen aus den verschiedensten Himmelsrichtungen und haben einander viel mitzuteilen. Die meisten sind geistreich und kultiviert, alle bringen sie unterschiedliche Erfahrungen mit, während ihnen das Interesse an einem neuen Land und einem neuen Leben gemeinsam ist. Sie müssen weite Strecken zurücklegen, um zueinander zu gelangen, aber der Weg führt durch Landschaften, die sie zu einem eigenen Vergnügen machen. Sie müssen Unannehmlichkeiten auf sich nehmen, denn bei den Entfernungen kommen sie nicht umhin, bei anderen zu übernachten – für die Aufgeschlossenen ist aber auch das ein Quell der Unterhaltung und des Abenteuers.

Die große Schattenseite im Leben dieser Siedler ist derzeit, dass die Frauen auf ihr neues Los nicht vorbereitet sind. Im Allgemeinen haben sich die Männer für dieses Leben entschieden, und die Frauen sind gefolgt, wie es so ist, aus Zuneigung und in der Absicht, das Beste tun zu wollen, doch allzu oft betrübt und schweren Herzens. Abgesehen davon, dass sie es nicht aus eigener Entscheidung und Überzeugung für richtig halten, hier zu sein, ist ihr Part auch noch der schwerste, und zugleich sind sie am wenigsten dafür gerüstet. Die Männer finden Unterstützung bei der Arbeit auf dem Feld, sie erholen sich beim Jagen und Angeln. Sie sind körperlich stärker und können beide Facetten dieses Lebens genießen.

Die Frauen haben selten Hilfe bei der Hausarbeit. All die verschiedenen und verantwortungsvollen Aufgaben müssen in erster Linie von der Mutter und den Töchtern erledigt werden, egal, ob krank oder gesund. Die städtische Erziehung hat ihnen weder die Kraft gegeben noch das Können vermittelt, das hier gefragt ist.

Die Frauen der ärmeren Siedler müssen noch härtere Arbeit leisten als zuvor, schaffen es kaum und neigen in Konsequenz zur Nachlässigkeit; die Damen, an eine kultivierte Ordnung gewöhnt, fühlen sich gedemütigt, wenn sie fehlt, und ringen trotz aller Schwierigkeiten darum, die ihnen so lieb gewordenen Gewohnheiten auch im Kleinsten aufrecht zu erhalten.

Bei all den Nachteilen für ihre Arbeit haben sie noch dazu weniger Möglichkeiten, sich zu vergnügen oder zu entspannen, wenn ihre Aufgaben einmal erledigt sind. Sie haben nicht gelernt, allein auszureiten oder auszufahren, sie können kein Boot rudern. Die Bildung, die ihnen als Frau zuteilwurde, sollte sie in erster Linie zu einer »Zierde der Gesellschaft« machen. Sie können tanzen, aber nicht zeichnen; sie sprechen Französisch, verstehen aber nichts von der Sprache der Blumen; nicht einmal als Kind durften sie welche züchten, sie sollten ihren Teint nicht der Sonne aussetzen. Ans Pflaster des Broadway gewöhnt, wagen sie sich nicht auf die Waldpfade, aus Angst vor Klapperschlangen.

Da wir so viel Freudlosigkeit sahen, so viel körperliche und geistige Untauglichkeit für ein Leben, das bei entsprechender Vorbereitung der reine Segen wäre, achteten wir besonders auf die kleinen Mädchen. Wir wünschten ihnen, körperlich kräftig und geschickt heranzuwachsen, die Einfachheit schätzen zu lernen und die Ausbildung zu erhalten, um das Farmleben genießen und im Laufe der Zeit verbessern zu können.

Sie haben jedoch viel mit den Denkgewohnheiten ihrer Mütter zu kämpfen, die diese aus ihrem früheren Leben mitgebracht haben. Überall macht sich der verhängnisvolle Geist der Imitation und der Berufung auf europäische Standards breit und droht, alles ursprünglich Gewachsene, das dem Land einen ganz eigenen Charakter geben könnte, im Keim zu ersticken.

Wachsen die kleinen Mädchen stark und resolut genug heran, um von ihren Fähigkeiten Gebrauch zu machen, beklagen die Mütter ihren Mangel an modischer Feinheit. Sind sie fröhlich, unternehmenslustig und bereit, auf unterschiedlichste und so lehrreiche Weise auszuschwärmen, dann bedauern diese Damen, dass »sie nicht zur Schule gehen, wo sie lernten, sich ruhig zu verhalten«. Sie jammern darüber, dass es ihren Töchtern an »Bildung« mangele, als würden die tausend Belange, die deren jugendliche Energien herausfordern, als würde die Sprache der Natur, die sie umgibt, nicht aufs Beste zu ihrer Bildung beitragen.

Ihr größter Ehrgeiz besteht darin, ihre Kinder in einer Stadt im amerikanischen Osten zur Schule zu schicken, das beste Mittel, damit sie zu Hause unnütz und unglücklich werden. Ich hoffe von Herzen, dass dieser Manie über kurz oder lang durch die Einrichtung guter Schulen im Umkreis ein Ende gesetzt wird; ebenso, dass deren Leitung bei Personen liegt, die ein Gespür für die Bedürfnisse des Ortes und der Zeit haben, anstatt New York oder Boston zu imitieren, und die einen speziellen Unterricht anbieten, den die Kinder hier brauchen, um von den enormen natürlichen Vorteilen ihres Standorts profitieren zu können. Erziehungsmethoden, die man von irgendeiner englischen Lady Augusta kopiert, sind für eine Farmerstochter aus Illinois ebenso ungeeignet wie Satinschuhe, um auf die indianischen Mounds zu steigen. Die Farmerstochter würde dennoch eine Eleganz ausstrahlen, wenn sie in ihrem Wesen dazu ermutigt wird; eine ganz neue Eleganz, originell, bezaubernd, die so wenig mit der der Stadtschönheit zu tun hat wie die Fackellilie mit der verstaubten Kunstblume, die deren Haube ziert.

Ein Mädchen, das fähig ist, ein ansprechendes, behagliches Zuhause zu schaffen und dabei kräftig genug, um ihre vielfältigen Aufgaben, die Wälder und Flüsse, ein paar Studien, Musik und das aufrichtige, vertraute Miteinander zu genießen, das sich hier viel leichter einstellt als anderswo auf der Welt, fände gewiss ihr Glück. Ihre Augen würden sich bestimmt nicht trüben, ihre Wangen nicht einfallen, weil es keine Partys, Morgenbesuche oder Modistinnen gibt.

Was die Musik betrifft, so wünschte ich mir an solchen Orten eher die Gitarre als das Klavier, eher guten Gesang als instrumentale Musik.

Viele Siedler bringen ein Klavier mit, in den Städten im Osten gilt es als Modeinstrument. Letztlich ist aber auch das nichts als die Gewohnheit, Europa zu imitieren, nicht einer unter tausend macht sich die Mühe, das Instrument wirklich zu beherrschen.

Hier draußen, wo die Frauen kaum Muße finden, ist es noch weniger angebracht. Hinzu kommt, dass keine von ihnen ihr Klavier stimmen kann, und da sie selten Besuch von Leuten bekommen, die sich darauf verstehen, sind die Instrumente ständig verstimmt und verderben ein anfänglich gutes Gehör.

Die Gitarre oder ein anderes bewegliches Instrument, das weniger Übung erfordert und selbst gestimmt werden kann, würde sich für die meisten dieser Damen viel besser eignen. Als fester Bestandteil des Haushalts würde es ihnen alles geben, was sie sich wünschen, um die Mußestunden mit schönen Klängen oder Trost zu füllen und die Singstimme bei gesellschaftlichen Anlässen zu begleiten.

Mehrstimmig zu singen ist übrigens das schönste Familienvergnügen, und wer häufig zusammen singt, kann zu wunderbarem Einklang finden. Alles, was man außer einer guten Grundschulung braucht, ergibt sich während des Zusammenseins, sei es in der Dämmerung eines Sommerabends oder am winterlichen Kaminfeuer. Und da Musik eine universelle Sprache ist, wird ein schönes italienisches Duett im Blockhaus ebenso seine Heimat finden wie einer von Mrs. Gores[42] Romanen.

Am 6. Juli, einem jener hellen Tage voller Sonnenlicht, durch das gelegentlich die violetten Schatten großer Wolken zogen, trennten wir uns von diesem herrlichen Ort. Oft blickten wir uns um und ließen unser Herz zurück.

Unsere heutige Fahrt war nicht weniger bewegend als die vorigen, noch immer erschien uns alles neu, grenzenlos, unermesslich. Kinmont[43] sagt, dass Grenzen

---

42 Catherine Gore (1799–1861), englische Schriftstellerin und Dramatikerin, eine der populärsten Verfasserinnen der sogenannten *silver-fork-novels*.

43 Alexander Kinmont (1799–1838), schottischer Anthropologe. Sein bekanntestes Werk ist die NATURAL HISTORY OF MAN AND THE RISE AND PROGRESS OF PHILOSOPHY (1839).

heilig sind; dass die Griechen Recht daran taten, einen Gott des Maßhaltens zu verehren. Ich sage, dass nur das Grenzenlose göttlich ist, dass es in Eden weder Mauer noch Straße gab, dass dort jeder seinen Weg gerade so verloren und gefunden hat wie wir, und dass der Sündenfall einzig und allein für Wagen gesorgt hat, in denen wir fahren konnten. Ich glaube, selbst die Pferde zweifelten diesen Vorteil nicht an.

Überall wächst Klapperschlangenkraut. Das Gegenmittel überlebt das Verderben. Nicht mehr lange, dann wird der grobe Wegerich, die »Fußspur des weißen Mannes«, seinen Platz einnehmen.

Wir trafen auf die Kompassblume und auch auf die Teepflanze, die hier im Westen wächst. Ein Indianermädchen klärte mich später über die Heilkräfte einiger der schönsten Blumen auf. Zweifellos wissen diese erdverbundenen Gelehrten jede dieser herrlichen Erscheinungen zu nutzen, deren Form und Farbe wir nur bewundernd betrachten konnten.

Am Nachmittag ruderte uns ein Mädchen (leider von nicht sehr pittoreskem Aussehen) über den Kishwaukie, einen traumhaften Fluss, auf dem unzählige Wasserlilien dahintrieben, doppelt so groß wie die unsrigen. Ich erfuhr, dass sie dafür nicht dufteten und bedaure immer noch, dass ich an keine von ihnen gelangen konnte, um es selbst zu überprüfen.

Preisfrage: Rührt der Lilienduft, der in wundersamen Zeiten mit den Visionen von Heiligen und Engeln einherging, also eher von Gartenlilien her als von Wasserlilien?

Das Kishwaukie-Gebiet ist der Überlieferung nach Schauplatz einer berühmten Schlacht, und unter seinen vielen grasbewachsenen Mounds ruhen die Gebeine der Tapferen. Auf ihnen wuchs die geheimnisvolle, purpurfarbene Blume, die ich bereits erwähnte. Ich glaube, sie entspringt aus dem Blut der Indianer wie die Hyazinthe aus dem des Lieblings von Apollo[44].

Als die Damen unserer Gastgeberfamilie in Oregon nach all den Mühen des Bauens und Siedelns zum ersten Mal in dieses Gebiet kamen, öffneten sie neugierig einen der Mounds und fanden darin drei der Verstorbenen – nach indianischer Art waren sie dort sitzend bestattet worden.

Eine derselben Damen knetete eines Wintermorgens ihren Brotteig, als sie direkt vor dem Fenster einen Hirsch sah. Mit teigbedeckten Händen eilte sie hinaus, rief nach den anderen, und gemeinsam stürzten sie sich auf das Tier, dem keine Zeit zum Entkommen blieb.

---

44 Die auffallende Schönheit des jungen Hyakinthos, so heißt es in einem der Mythen um ihn, erregte die Liebe von Apollo, der ihn aus Versehen mit einem Diskus traf und tötete. Aus dem Blut, das dabei vergossen wurde, ließ der trauernde Apollo eine Blume sprießen, deren Blätter den Klagelaut AI nachbilden.

Hier (am Kishwaukie) begegneten wir einem zerlumpten, barfüßigen Gentleman mit hell leuchtenden Augen – scheinbar der intellektuelle Müßiggänger, das wandelnde Will's Coffee-House[45] des Ortes. Er erzählte uns viele amüsante Schlangengeschichten, auch, dass er selbst gesehen habe, wie siebzehn kleine Schlangen behände in den Leib der Mutter zurückgeglitten seien, weil sich ein Eindringling näherte.

Am Abend erreichten wir Belvidere, eine aufstrebende Stadt im Boone County. Dort befindet sich das mittlerweile geplünderte Grab von Big Thunder[46]. Zu dieser späten Stunde freuten wir uns darüber, ein wirklich gutes Hotel zu entdecken.

Nach einer zweitägigen, sehr gemächlichen Tour mit vielen Umwegen gelangten wir schließlich nach Chicago. Dort endete eine Reise, von der sich zumindest eine Person der Gruppe gewünscht hätte, sie würde immerfort so weiter gehen.

Ich habe mir keine besondere Mühe gemacht, die Geografie zu beschreiben. Ich hatte weniger das Gefühl, mich auf einer bestimmten Route oder von Station zu Station zu bewegen, sondern die Landschaft kam mir wie ein Garten vor, mit Hütten, Hainen, Blumenwiesen und einem stattlichen Fluss, der durch sie hindurch fließt. Ich besaß keinen Reiseführer, führte kein Tagebuch und weiß auch nicht, wie viele Meilen wir täglich zurücklegten, wie viele insgesamt. Was ich aus der Reise gewann, war der poetische Eindruck des Landes in seiner Gesamtheit; das ist alles, was ich vermitteln wollte.

Die Erzählung hätte durch pikante Anekdoten und private Geschichten interessanter ausfallen können. Und obwohl das Leben wirklich so war, hemmt Höflichkeit die Feder. Ich weiß, dass jene, die die Fremde so freundlich empfingen, es für schlechten Lohn hielten, wenn sie ihre Offenheit zum Anlass nähme, zu viele teleskopische Blicke – und seien sie auch der interessierten Bewunderung geschuldet – auf Privates zu richten.

Für viele dieser Geschichten bin ich auch einem Freund verpflichtet, dem sie rechtmäßiger gehören als mir, einem jener seltenen Wesen, die gleichermaßen in der Natur wie unter Menschen zu Hause sind. Er konnte von allem erzählen, was läuft, schwimmt, fliegt oder einfach nur wächst, er besitzt diese tiefe Vertrautheit mit den Dingen, die sich in forschender Anteilnahme wie spielerischer Durchdringung zeigt. Sehr erfrischend war für mich sein natürliches Wissen, die ungeschriebene Poesie, durch die sich das tägliche Leben an einen starken und ein-

---

45 Will's Coffee-House, Londons berühmtestes Kaffeehaus im 17. Jahrhundert; Treffpunkt von Literaten wie John Dryden, Samuel Pepys.
46 Big Thunder, vermutlich ein Sohn des Sioux-Häuptlings Little Crow, der 1841, auf dem Kriegspfad, von den Chippewa getötet wurde.

fühlsamen Geist wendet – ein großer Kontrast zu der subtilen Analyse und dem angestrengten Philosophieren; von beidem hatte ich viel zu viel erfahren. Aber ich werde keinen Versuch machen, sein Wissen zu verpflanzen. Ich hoffe nur, dass es anderen ebenso nützt wie mir – in der Region, in der es entstanden ist und in die es gehört.

Am Abend unserer Rückkehr nach Chicago war der Sonnenuntergang von einer solchen Herrlichkeit und Stille, wie wir es im Westen noch nicht erlebt hatten. Die Dämmerung, die folgte, war genauso schön; sanft, pathetisch, gelassen. Als ich kurz darauf erfuhr, dass Allston[47] an diesem Abend gestorben war, erschien es mir, als hätte es eine Verbindung zwischen dem prachtvollen Schauspiel und seinem Tod gegeben; zumindest weckte es ähnliche Gefühle – ein himmlisches Tor, das sich hinter einem paradiesischen Schauspiel schloss.

Leb wohl, du sanfte, prächtige Einsamkeit!
Ihr feenhaften Fernen, du herrlicher Wald,
Mit ruhelosen Pfaden, wie Poussin sie kannte,
Auf die er auch den Blick aller Betrachter lenkte;
Ich gehe – und wenn ich mein erwartungsvolles Herz
Nie mehr in deinen tiefen Zauber tauchen darf,
So kann dies Herz doch immer sagen:
Sei nicht so anspruchsvoll; du hast einmal gelebt;
Hast, was zu deiner Stimmung passt, betrachtet,
Die leidenschaftlich süße Flut des ganzen Daseins,
Wo nichts die kühne, aber sanfte Welle hemmte,
Wo nichts die volle Liebe abwies, die es gab.
Ein Segen, zärtlich, schwebt über dem Land
Wie der Gedanke einer jungen Mutter, liebevoll, gelassen,
Und durch sein Leben wurde unser Leben neu geboren.
Noch einmal Lebewohl – ein trauriger, ein süßer Abschied;
Und wenn ich dich nie mehr betrachten darf,
In anderen Welten werde ich nicht müde, den Rosenkranz
Zu sprechen, dessen Perlen ich hier zählte;
Und die goldlockige Hoffnung wird freudig lauschen,
Und Liebe wird ihn aus dem Griff der Angst befreien,

---

47 Washington Allston (1779–1843), US-amerikanischer Maler und Dichter, Vorreiter der romantischen Landschaftsmalerei in den USA. – Margaret Fullers Reisegefährtin Sarah Clarke war eine seiner Schülerinnen.

Und kritischen Gorgonen wird, wenn sie die Fabel hören,
Aus ihrem steinernen Auge eine Träne tropfen,
Wenn ich auch nur ein Echo deines Zaubers fasse –
Und so leb wohl – ein dankbar trauriges Lebwohl!

»Am Abend unserer Rückkehr nach Chicago war der Sonnenuntergang von einer solchen Herrlichkeit und Stille, wie wir es im Westen noch nicht erlebt hatten.«

Kapitel IV

Noch einmal Chicago

»Doch niemand fragte; warum auch,
wo es so viel zu bewundern gibt.«

Chicago war für mich interessant geworden, nun, da ich es als Portal zu einer so schönen Szenerie erfahren hatte. Meine Liebe für Land und Leute war geweckt, und ein wenig betrübt schaute ich auf den See. Ich würde mich bald schon einschiffen und zurücklassen müssen, was mir gerade zu gefallen begann.

Für den See war es jedoch die richtige Zeit. Der Julimond, fast voll, ging Nacht für Nacht über diesem majestätischen Gewässer auf, an einem wolkenlosen Himmel. Es herrschte eine übermäßige Hitze, man konnte das Leben nur bei Nacht genießen, da war die Luft jedoch so köstlich und so kühl wie in einem Orangenhain. Dann fiel das volle Mondlicht auf das sanft gewellte Wasser, das dadurch grenzenlos erschien, und stillte jede Sehnsucht nach irgendetwas anderem.

Ein Gedicht, das ich kurz darauf von einem Freund aus Massachusetts erhielt, verriet, dass der Julimond dort ebenso herrlich leuchtete, und es verdient, an dieser Stelle eingefügt zu werden.

TRIFORMIS[48]

I.

So rein das blendende Weiß ihrer Stirn,
So flink und klar ihre strahlenden Augen,
In deren Lichterschatz
Noch unerschlossene Geschicke liegen –
Von Gedanken verdrängt solch verborgene Fülle,
Jedes funkelnde Lächeln eine Spur,
Ich konnte nur staunen, über alles lieben;
Ehrfürchtig schaute ich, von fern.
Ich sah sie an, wie ich den Mond ansah,

---

48 Ein Gedicht des amerikanischen Theologen und Schriftstellers James Freeman Clarke (1810–1888), im Original TRIFORMIS DIANA. Wie Margaret Fuller gehörte er zum Kreis der Transzendentalisten und galt als einer der führenden Intellektuellen und Reformer Neuenglands. Er ermöglichte Margaret Fuller den Zugang zur Harvard-Bibliothek. Gemeinsam lernten sie Deutsch. Mit Ralph Waldo Emerson (1803–1882) und William Ellery Channing (1818–1901) gab Clarke 1852 die MEMOIRS OF MARGARET FULLER OSSOLI heraus.

Sah sie am Dämmerhimmel schimmern,
Die jungfräuliche Sichel, die bald sinkt,
Späht durch die Blätter, ehe sie entflieht,
Unberührte Diana, dämmrig wandernd,
Während der Wald noch sein Abendlied singt.

II.

Wir trafen uns wieder. O freudiges Treffen!
Ihr ganzer Glanz galt mir allein,
Wie milde Luft ihr mildes Grüßen,
So allumfassend, musikalisch, frei.
Durch romantische Schneisen im Wald,
Auf romantischem Pfad gingen wir,
Ich badete in ihrem schwesterlichen Lächeln,
Atmete ihre Schönheit im Gespräch.

So zieht die gestirnte Kynthia durch den Himmel,
Erfüllt die Erde mit Melodien,
Und lässt sich doch herab,
Den matten, schläfrigen Endymion zu küssen,
Füllt unsere wachen Seelen mit Glückseligkeit,
Macht lange Nächte allzu schön.

III.

O schöne Frau Luna, doch so wechselhaft,
Warum muss deine Fülle jemals schwinden?
O Liebe! Freundschaft! Warum muss
Dein süßes Licht so bald schon wieder weichen?
Tief in der Nacht erwache ich, erschrecke,
Denn durch die trübe Finsternis
Starrt Hekate, ganz rot – ein unheilvoller Blick –
Zu mir herein, füllt aber nie den Raum.

Musik der Stunden meiner Kindheit!
Du Lichtgestalt auf Mannes Weg!
Dein schöner Einfluss wirkt nicht länger
Auf meine Seele, bei Tag oder bei Nacht.
O sonderbar! Während im Haus und auf der Straße

Ich deine Hand berühre, deine Anmut treffe,
Sollten Klüfte von polarem Eis
Die leiseste Berührung von Geist und Herz verhindern!
Doch deine ganze Liebe ist gewichen,
Und umso lieber lasse ich all deine Schönheit ziehen.

Da ich mir schon diese Verse entliehen habe, will ich hier auch einen Brief wiedergeben, den ich zu dieser Zeit erhielt, und Auszüge aus Briefen eines früheren Reisenden, den es durch eine andere Gegend führte als mich und die das Land in verschiedener Hinsicht ausgezeichnet beschreiben.

»Auch Ihr liebt die Prärie, flüchtige Reisende einer Sommerstunde; *ich* aber besaß nur dort den wilden Wald, die weiten Wiesen, habe nur dort mein Haus gebaut und den lieben langen Tag die besinnlichen Schatten der großen Wolken betrachtet, ihre vergänglichen Brauntöne, das unberührte Gras. Der Frühling hat die langgestreckten, sanften Fluren mit goldgelben Blumen überzogen, sie in ein Meer verwandelt, zu golden, um die Hitze zu überleben. Und mit so mancher dieser gelben Glocken vergoldete er unseren grenzenlosen Pfad, der in die sanfte Dünung der beschwingten Fläche sank, das Brachland säumte und auch die steilen Ufer quirliger Flüsse nicht mied. Der weiße Blütenschnee verstreute sich dazu so ausgelassen, dass die ganze weite Ferne wie ein Spiegel schimmerte, der nichts anderes als den Himmel reflektierte, und das Gestöber hemmte unseren Schritt. Oh, wie viele herrliche Tage gibt es doch in der Prärie! ...

Nach mühevollen Stunden – die Zeit schien einen Ring aus glühendem Metall um die Schläfen zu pressen – fand man ein paar kühle, angenehme, rasch vergehende Momente, der eiserne Ring lockerte sich, und der fiebrige Puls kam zur Ruhe. Dies geschah auch dort, wo die blühende Natur keine Verwüstung erfährt, mitten im wild wachsenden Wald, auf traumhaften, von Bienen umsummten, melodisch murmelnden Ebenen, die in dunstigen Fernen verschwimmen, als stünde dort an jenem tiefen, warmen Horizont das märchenhafte Schloss unserer Träume, mit seinen Springbrunnen, seinen Bildern, all seinen steinernen Fabelwesen. Wir könnten ewig über diese sonnigen Weiten streifen, die laue Luft atmen, das so harmonisch ineinander übergehende, einfallsreiche und doch so besinnliche Land betrachten, über uns der weite Himmel, vor uns ein Horizont, so verspielt und herrlich wie ein junger Gott.

Ich war ein Gefangener in eurer Mitte, ein pflichtloser Sommergast, meine Ketten die Vergangenheit und die Zukunft, Dunkelheit und Treibsand. Schwach wie ich war, erhielt ich aus der Ferne ein süßes Zeichen einer unbestechlichen, bewundernswerten und eindringlichen Natur, aber war ich darum weniger schwach? Ich blieb ein Gefangener und ihr, Ebenen, die Gitter meiner Zelle.

Doch niemals, oh niemals, schöne Ebenen, empfand ich etwas anderes für euch als tiefe Dankbarkeit, ihr seid herrlich, groß und majestätisch, während ich in diesem Landstrich kaum ein Recht besaß. Nun bleibt ihr mir, wohltuende Bilder ungestörter Harmonie an jenem längst vergangenen Tag, schlicht in eurer Gelassenheit, stark in eurer unerschütterlichen Ruhe und dabei stets melodisch und sprunghaft, wie die Fußspur eines Kindes.

Ach, dass die Ebenen das Herz des Dichters, an dessen Leier niemals eine Saite fehlte, dem die Sterblichkeit, gütiger, als es ihre Art ist, einen in aller Zartheit unberührten Tag gewährte, dass diese Ebenen sein Herz durchdringen und ihm als Lied entströmen mögen. Und ihr, dunkelgrüne Wälder, unter deren gleichmäßigem Schild die braunen Hirsche springen, so wie der Fluss unter den Lanzen seiner Wogen tanzt – gekrümmte Säbel, stählern schimmernde Kreise, wo ein verspielter Sonnenstrahl die Brust der Ringeltauben zum Blitzen bringt und Klänge, Töne einer überirdischen Musik die milden Lichtungen durchziehen –, sollten eure Tiefen nicht in das Herz des Dichters dringen – sollte er mit ihnen nicht seine eigene vereinen?«

Wie dieser Brief Einblick in das Herz des Dichters gab, weisen die folgenden auf das Auge des Malers.

Springfield, Illinois, 20. Mai 1840
»Gestern Morgen verließ ich Griggsville, den Rucksack auf dem Rücken, setzte meine Reise den ganzen Tag zu Fuß fort und fand an diesem herrlichen Land eine so neue und große Freude, dass ich Euch davon berichten muss. Erinnert Ihr Euch, wie wir einmal sagten, für uns wären die Bäume nie hoch und die Felder nie grün genug. Jetzt sind die Bäume einmal hoch genug und herrlich anzuschauen, und ein regelmäßiger Teppich aus zartestem Grün bedeckt die wunderbaren Felder, deren weiche Scholle sich über Meilen bis zum Horizont erstreckt. Aber von vorn. Griggsville liegt auf einer Anhöhe am Westufer des Illinois River. Zwischen dem Ort und dem Fluss zieht sich eine lange Reihe von Klippen hin, hundert Meilen nach Norden und hundert nach Süden. Der Fluss fließt in einem breiten Bett. Der Morgen war mild und regnerisch, und ich wanderte auf die Klippen zu. Der Wald, der sie bedeckt, ist nicht so dicht und unwegsam wie unsere Wälder. Die Bäume stehen aufrecht und in einem solchen Abstand zueinander, dass man auch überall hindurchreiten kann. Die Kuppen der Hügel sind meist baumlos mit grünen Wiesen, wie unsere Weiden.

Das ganze Land erscheint mir in allem wie eines, das von einem zivilisierten Volk sorgsam kultiviert wurde, ein Volk, das samt der Arbeit seiner Hände plötzlich von der Erde verdrängt wurde, wodurch das Land wieder der Natur zufiel. Die Einöde ist nicht wild, ihr fehlt die trostlose, steinerne Einsamkeit, die mir in unserem Land zusetzt. Sie ist nie abweisend. Hier gibt es keine isolierten Höhen, keine gottverlassenen Plätze, alles ist sanft, freundlich, einladend – alles ist zugänglich. Über vier oder fünf Meilen folgte ich dem gewundenen, hügeligen Weg, wobei ich mindestens ein Dutzend neuer Arten wilder Blumen zählte, keine scheuen, zurückhaltenden Pflänzchen wie die unseren, sondern kühne, farbenprächtige Blumen, die den Boden im Überfluss bedecken. Eine sehr häufige Blume hier ähnelt unserer Kardinals-Lobelie, auch wenn ihr Rot nicht ganz so tief ist, eine andere der Nachtviole oder dem Phlox, ein wenig kleiner und in verschiedenen Farben, weiß, blau und violett. Hübsche weiße Lupinen findet man ebenso wie weiße und violette Veilchen. Die Weinreben und Schlingpflanzen sind herrlich. Ich folgte dem Weg, bis ich zur Prärie kam, die sich auf beiden Seiten des Flusses eröffnet. Von allen Schönheiten dieser Gegend ist sie die eigentümlichste, die wunderbarste. Stellt Euch eine weite, sanft ansteigende, leuchtend grüne Wiese vor, die sich nach allen Seiten hin erstreckt, hinter den Hügeln, die ich beschrieben habe, vor ihnen, überall, die in einen Gürtel aus hohen, fein proportionierten Bäumen mündet, die auf diesem fruchtbaren Boden machtvoll in die Höhe wachsen. Ein ungeahntes Bild von Überfluss und Frieden. Irgendwo grast ganz gewiss eine riesige Herde meist weißer Rinder, jedes der Tiere mit einem weithin sichtbaren Brandzeichen. Alles sieht aus wie von Menschenhand geschaffen, doch man entdeckt keine Spur eines Menschen, abgesehen vielleicht von einer verborgenen Hütte am Rande der Prärie. Als ich den Fluss erreichte, setzte ich über, um die Jacksonville-Eisenbahn zu nehmen, stellte aber fest, dass kein Zug mehr ging und verbrachte die Nacht daher in einem Farmhaus.«

Hier scheint mir der richtige Platz für das Gespräch zwischen dem einsamen alten Mann und dem jungen Reisenden zu sein.

EINSAMER
Mein Sohn, vor Müdigkeit scheinst du erschöpft,
Hast dich den ganzen Tag auf staubigem Weg gequält,
Müde und bleich und mit unstetem Schritt
Hierhin und dorthin schwankend – strebst du,
Verlorenes zu finden, oder welche dunkle Sorge sucht dich heim?
Bist du müde, dann ruh aus, bist du hungrig, dann iss.

REISENDER
Lieber noch, Vater, will ich dich fragen,
Was ist es, das ich suche, das mir fehlt?
So viele Tage, dass ich meines Vaters Haus verließ,
Getrieben von unsäglichem Verlangen,
Das wie der Wind jetzt leise murmelt,
Es lockte mich mit seiner süßen Stimme
Durch dichtbelaubte Wälder, tiefe Täler,
Und floh doch stets vor mir. Mit einem Klang,
Stärker als harscher Sturm, ergriff es mich,
Zwang mich, vor seiner Macht zu fliehen. Doch weiter,
Gefesselt von verwunschenem Band, such ich die Quelle.
Manchmal ist es ein Etwas, das ich irgendwie verlor,
Lang schon bekannt, bevor ich meinen Schritt
Zu dieser schönen, weiten, flachen Erde lenkte.
Manchmal ist es ein Geist, noch unbekannt,
aus dessen vagen Zügen mir die teure Wonne
der hochfahrenden Idee zu lächeln scheint,
Die mich manchmal befällt. Als würden ihre Züge
Den meinen ähnlich sehen, nur schöner,
Wie jene einer Schwester in einer weit entfernten Welt,
Die mich willkommen heißt. Und wenn ich glaube,
Mich der Gestalt zu nähern, sie zu fassen, ist sie schon fort,
Und eine Böses prophezeiende, gespenstische Vision tritt auf,
Mir Einhalt zu gebieten, um nicht mit übergroßer Neugier
Nach den Geheimnissen der fernen Welt zu fragen,
Deren Schatten mich verfolgt. – Doch auf die Wellen drunten
Schaute ich nun, gewärmt vom Sonnenuntergang,
Der seine goldenen Strahlen bis zu meinen Füßen sandte,
Es schien ein Pfad zu einer anderen Welt zu sein,
Ich blickte rund um mich, ob mir mein Geist ein Zeichen gäbe,
Ihm zu folgen

EINSAMER
All das sind Träume nur, mein Sohn. Ja, ebenso träumte auch ich
Und wurde ebenso getäuscht. Du musst noch lernen,
Einen anderen langen, ruhelosen Traum zu träumen.
Den Traum des Lebens. Und du wirst denken, du erwachst,

Und hältst die Schatten für Substanz, für Hass und Liebe,
Tausch und Handel, Freude, Leid und Tanz,
Und auch dies ist ein Traum.

REISENDER
Oh, wer kann sagen,
Wo die Grenze liegt? Welche sicheren Dinge,
Die täglich unsere Sinne täuschen, sich auflösen
Vor einer inneren Macht, während schattenhafte Formen
Zu purer Wirklichkeit erstarren, sich des Menschen Kraft
Und seinem Willen widersetzen. Die Formen kann ich sehen,
Sie mögen mich durch alle Ewigkeit begleiten,
Mich segnen oder mich verfluchen durch unentwegte Gegenwart,
Indes der Mann, den ich am letzten Abend traf,
Wo ist er jetzt? Er ging an mir vorbei, entzog sich meinem Blick,
Doch diese werden immer bei mir bleiben.
Der junge Mann ruhte sich aus beim alten letzte Nacht,
Und ernst und heiter, lachend und in Tränen aufgelöst,
Ließen sie Stunden im Gespräch vergehen. Der Morgen kam,
Der Träumer machte sich auf seinen einsamen Weg;
Und seufzte, als er die Hand des alten Mannes drückte,
War dies denn auch nichts anderes als ein Traum?

Weiter ging es mit der Prärie.

»Sie erstreckte sich über zwanzig Meilen, nicht eben, sondern hoch und hügelig, und wenn man nach einem leichten Anstieg auf eine Anhöhe kam, eröffnete sich ein über alle Maßen herrlicher Blick. Soweit das Auge reichte, nichts als die grüne, hügelige Landschaft und in der Ferne kleine Haine, alle freundlich und gepflegt, aber alle unbewohnt. Diese Szenarien waren wirklich überwältigend und würden Euch bestimmt genauso beeindruckt haben wie mich. Ich empfinde hier ein Gefühl von Unermesslichkeit, wie ich es inmitten hoher Berge vergebens suchte. Berge reihen einen Eindruck an den anderen, bis alles Erregung ist, Überraschung, Wunder, Entzücken. Hier dagegen gibt es weder Entzücken noch Enttäuschung, sondern nur erfüllte Erwartung. Ich fühlte mich schon immer mit der Ebene verbunden. Die römische Campagna ist eine Prärie. Und Peoria liegt ganz zauberhaft am Illinois River. Ich freue mich an allem hier so sehr, dass ich voller Superlative bin wie die italienische Sprache. Was nicht heißt, dass ich nicht genügend Schwächen finden könnte, falls Ihr mich fragen solltet, was mir nicht gefällt.«

Doch niemand fragte; warum auch, wo es so viel zu bewundern gibt. Das Folgende spricht jedoch von der Schattenseite.

»Weit lieber als die Prahlerei über den raschen Fortschritt hier ist mir das feste Gewebe eines langsamen und bedächtigen Wachstums. Ich kam nicht umhin, so zu denken, als ich neulich mit E., den ich an Bord des Schiffes traf, über diese Dinge sprach. Er haderte mit Boston wegen der dortigen Langsamkeit, sagte, der Ort sei schlecht für einen jungen Mann. Er könne sich dort nicht richtig zur Geltung bringen, könne die Ergebnisse seiner Anstrengungen nicht so deutlich sehen wie hier. – Natürlich konnte er das nicht. Er kommt hierher, wie ein Yankee-Farmer, mit all dem Wissen, das unser harter Boden und dessen mühselige Kultivierung ihm gegeben haben, und wen wundert es, dass er über die Arbeit seiner eigenen Hände staunt, wenn er auf einen Boden wie diesen hier trifft. Doch obwohl er mehr Morgen bestellt, füttert er nicht so viele Münder. Die Pflanzen, die er züchtet, haben keine so ausgezeichnete Form, das Gemüse hat keinen so feinen Geschmack. Er wird gleichgültiger, bebaut das Land nachlässiger, ist kein so guter Farmer mehr. Stimmt das etwa nicht? Es fällt mir ständig auf. In einem neuen Land hinterlassen die Hände eines Mannes kaum Spuren von Schönheit. Man holzt Waldbäume ab, um Zäune zu bauen.«

Das Malerischste, was man von Chicago aus landeinwärts sehen konnte, waren die Wagenreihen der Hoosier[49]. Diese schlichten Farmer, das erste nennenswerte Produkt des Bodens, fahren im Schritttempo daher, übernachten in ihren Wagen und ernähren sich ausschließlich von dem, was sie bei sich haben. In der Stadt verhalten sie sich genauso und brauchen daher kein luxuriöses Hotel für Logis und Kost. Dort machen sie den Eindruck von fremdem Landvolk und unterscheiden sich deutlich von den vielen Deutschen, Holländern und Iren. Schön ist es, ihnen auf dem Land zu begegnen, wenn sie sich darauf vorbereiten, die Nacht im Freien zu verbringen, die Pferde ausschirren, sich unter den Bäumen niederlassen und ihr Abendessen genießen.

Schön ist es auch, über den See zu blicken und die großen Dampfer zu beobachten, die stampfend von ihrer Reise zurückkehren. Nachts vor allem ist das Auf und Ab ihrer Lichter sehr majestätisch.

---

49 Als Hoosier werden die Bewohner des US-Bundesstaates Indiana bezeichnet. In den 1840er Jahren war die Bezeichnung weithin verbreitet durch John Finleys populäres Gedicht THE HOOSIER'S NEST (1833).

Bevor die beliebtesten Schiffe, die *Great Western* und die *Illinois*, ablegen, drängen viele Menschen aus dem Süden und dem mittleren Westen in die Stadt, um sich einen Platz an Bord zu sichern. In diesen hellen Mondnächten hörte ich den vertrauten Singsang der Franzosen vermischt mit dem rauen Dialekt der Hoosier.

Am Hoteltisch sah man täglich neue Gesichter und hörte neue Geschichten. Und jeder, der viele Bekannte hat, kann davon ausgehen, im Laufe weniger Tage hier manch einem von ihnen zu begegnen.

Unter denen, die ich traf, war Mrs. Z., die Tante einer früheren Schulkameradin. Sobald die Mahlzeit beendet war, lief ich voller Ungeduld auf sie zu, um nach Neuigkeiten von Mariana zu fragen. Die Antwort bestürzte mich. Mariana, so lebensvoll, war tot. Die energiereichste und schillerndste Gestalt, der ich je begegnet war, hatte die Erde verlassen. Der Kreis jugendlicher Verbindungen war dort zerbrochen, wo er am stärksten schien. Was ich jetzt von der Geschichte dieses Lebens erfuhr und woran ich mich selbst noch erinnern konnte, will ich in dieser kurzen Schilderung zusammenfassen.

Im Internat, in das man mich, ein naives, stolzes und schüchternes Kind, viel zu früh geschickt hatte, sah ich in den Reihen der fröhlichen und hübschen, heiteren oder ernsten Mädchen nur eines, das meine Neugier erregte und mein junges Herz berührte. Das war Mariana. Sie hatte väterlicherseits spanisch-kreolisches Blut, war aber zu ihrer Tante, Mrs. Z., an die Atlantikküste geschickt worden, um dort zur Schule zu gehen.

Die Tante hatte sie hauptsächlich bei sich zu Hause behalten. Dazu besuchte Mariana eine Tagesschule. Da Mrs. Z. dann aber für eine Weile nach Europa reiste, wurde das Mädchen vorübergehend der Barmherzigkeit eines Internats anvertraut.

Dort erwies sie sich als seltsamer Vogel – eine einsame Schwalbe, die allein keinen Sommer machen konnte. Anfangs waren ihre Kameradinnen von ihrer Art fasziniert, von ihrer Liebe zu wildem Tanz und spontanem Gesang, von ihren leidenschaftlichen und geistreichen Ausbrüchen. Sie war immer neu, immer überraschend und für eine gewisse Zeit bezaubernd.

Nach einer Weile hatten sie es jedoch satt. Sie konnten sich nie darauf verlassen, dass Mariana sich ihren Vorhaben anschloss – die erwartete aber von ihnen, dass sie ihren eigenen Plänen bedingungslos folgten. Sie war sehr liebevoll, ja schwärmerisch in ihrer Zuneigung und forderte von ihren Freundinnen dieselbe Hingabe, zu der sie bereit war.

Ihr Charakter zeigte aber Züge von Hochmut und Willkür. Hinzu kam eine Liebe zur Einsamkeit, was mitunter dazu führte, dass sie sich ganz und gar zurückzog. In solchen Zeiten verlangte sie völliges Verständnis. Zugleich erwartete sie, bei ihrem Auftauchen wieder willkommen zu sein. Sie verdarb den anderen nicht die Stimmung, zählte aber stets auf deren Nachsicht.

Sie hatte einige exzentrische Gewohnheiten, die anfangs faszinierten, ihren Kameradinnen aber im Laufe der Zeit missfielen. Von Natur aus verfiel sie in denselben Erregungszustand, der den tanzenden Derwischen des Orients nachgesagt wird. Wie diese drehte sie sich so lange um die eigene Achse, bis allen vom Zusehen schwindlig war, während ihr eigener Verstand sich nicht verwirrte, sondern zu großartigen Taten beflügelt wurde. Hielt sie schließlich inne, dann deklamierte sie fremde oder eigene Verse, spielte viele Rollen, mit seltsamen Vorgaben und merkwürdigen Refrains, die mit mystischer Kraft auf ihre Phantasie zu wirken schienen, wodurch sie ihr Publikum derartig in der Hand hatte, dass es sich fast ungewollt vor Lachen krümmte oder in Tränen ausbrach. Wenn ihre Kraft nachließ, drehte sie sich erneut, bis sie sich wieder ausreichend entzündet hatte, um ihr einzigartiges Drama fortzusetzen, bei dem sie Figuren aus ihrer Kindheit auftreten ließ, ihre Kameradinnen und Bekannten – und diese Szenen mit Phantasien verwob, die jenseits von Gut und Böse, von Himmel und Erde waren.

Wie man sich denken kann, war diese Erregung nicht gut für sie. Sie überfiel sie meist am Abend, und dann konnte sie nicht schlafen. Sie lag nachts wach und überlistete ihre Unruhe durch scherzhafte Erfindungen, mit denen sie auch ihre Kameradinnen unterhielt.

Dazu war sie eine Schlafwandlerin, der einzige Aspekt, der ihre Erzieherinnen, die diesem eigentümlichen Wesen ansonsten mit demselben tiefen Unverstand begegneten, der bei Betreuern junger Menschen üblich ist, ein wenig beunruhigte. Sie zogen einen Arzt zu Rate, der sagte, sie würde es überwinden, und ihr eine Milchdiät verordnete.

Mit der Zeit verstärkte sich die Überreiztheit dieser feurigen und zu früh stimulierten Natur zusehends durch die Regeln und die engstirnige Routine des Internats. Sie erfand unentwegt Mittel, um sie zu durchbrechen. Ihr Geschmack wäre den Kameradinnen grotesk erschienen, hätten sie nicht durch einen Anflug von Genialität und eine Kraft, die sie nie verließ, eine gewisse Scheu vor ihr empfunden. Sie hatte ein Faible für Kostüme und ausgefallene Kleider, immer gab es irgendeine Schärpe oder irgendwelche Tücher, die sie sich um den Leib schlang, etwas so Eigenartiges in ihrer Frisur, in ihrer Aufmachung, dass die penible Lehrerin es nicht wagte, sie ohne sorgfältige Kontrolle und Korrektur ins Freie zu schicken. Die Effekte dieses Eingriffs verloren sich für gewöhnlich, kaum dass sie an die frische Luft trat.

Im Theaterspiel entdeckte man schließlich ein Ventil für sie. Ein Stück folgte auf das andere. Die Proben und die anschließenden Aufführungen waren ein Vergnügen, das zu ihr passte. Sie spielte natürlich die Hauptrollen, die meisten guten Vorschläge und Arrangements stammten von ihr, und eine Zeit lang herrschte sie unumschränkt und triumphierte.

Für die Vorstellungen hatten die Mädchen ihre natürliche Gesichtsfarbe mit künstlichem Rot aufgefrischt. Sie genossen es – es war etwas Besonderes. Mariana trennte sich aber auch nach dem Spiel nicht von dem karminroten Näpfchen. Sie legte ihr Rouge so regelmäßig auf wie der junge Morgen seine Röte.

Als man sie anstarrte und verhöhnte, sagte sie zunächst, sie dachte, sie sehe so hübscher aus, aber nach einer Weile wurde sie trotzig. Sie reagierte nicht mehr auf die Sprüche und schminkte sich einfach weiter.

Das ärgerte die Mädchen, wie sich die Welt im Allgemeinen über alles Exzentrische ärgert, mehr als über das Laster oder die Bosheit. Untereinander redeten sie so lange und häufig darüber, dass sie Lust bekamen, dieser mitunter amüsanten, meist jedoch provokanten Nonkonformistin ein für alle Mal einen Denkzettel zu verpassen. Mit Erlaubnis der Lehrerin heckten sie eines Abends voller Schadenfreude einen Plan aus, der am nächsten Tag beim Abendessen zur Ausführung kommen sollte.

Eine von Marianas Besonderheiten war ihre große Abneigung gegen das Zeremoniell der gemeinsamen Mahlzeiten. Sie dauerten ihr zu lange, sie fand es ermüdend, sich zu einem bestimmten Zeitpunkt an den Tisch zu setzen und zu warten, bis jede einzelne an solch einer langen Tafel, an der es außerdem kaum zum Gespräch kam, bedient wurde. Von Tag zu Tag fiel es ihr schwerer, sitzen zu bleiben oder überhaupt erst hinzugehen. So oft wie möglich entschuldigte sie sich mit der bequemen Ausrede, sie habe Kopfschmerzen, und war so gut wie nie fertig, wenn es zum Essen läutete.

Heute erklang die Glocke, als sie auf dem Balkon stand, verloren in die schöne Aussicht. Ich habe sie später sagen hören, dass sie in ihrem Leben selten so glücklich gewesen sei – und sie war eine, die das Glück als stillen Rausch empfand. Es war ein begnadeter Sommertag. Die Schatten großer weißer Wolken betupften die fernen Hügel für einige Momente mit Purpur, nur um sie dann noch goldener zurückzulassen. Das hohe Gras der weiten Felder wogte im mildesten Wind. Der Himmel war makellos blau und Marianas Herz erfüllt vom selben Ton purer Zufriedenheit.

Unvermittelt durchbrach die Essensglocke ihre harmonische Stimmung. Zuerst durchfuhr sie der übliche Gedanke: Ich werde nicht gehen, ich will nicht gehen; dann folgte das *Muss*, zu dem der Alltag selbst Schmetterlinge und Vögel zwingen kann. Widerstrebend zog sie sich um und dachte gar nicht mehr daran, ihr Rouge aufzulegen.

»Meine Liebe für Land und Leute war geweckt,
und ein wenig betrübt schaute ich auf den See.«

Als sie sich im Speisesaal an ihren Platz setzte und von einem der Mädchen gefragt wurde, ob sie ihr auftun könne, hob sie die Augen und sah, dass auf jeder ihrer Wangen ein kreisrunder, grellroter Fleck prangte. Sie blickte zum nächsten Mädchen – dasselbe Bild! Dann wanderte ihr Blick langsam die ganze Reihe entlang: Überall dasselbe und jedes Gesicht von unterdrücktem Lachen verzerrt. Sie begriff die Sache sofort und betrachtete nacheinander die Kameradinnen auf ihrer Tischseite. Jede hatte bei dem Streich mitgespielt. Die Lehrerinnen bemühten sich, ernst zu bleiben, aber sie sah, dass sie ihre Freude an dem Spaß hatten. Auch die Bediensteten konnten sich ein Kichern nicht verkneifen.

Als Warren Hastings[50] in der Westminster Hall vor Gericht gestellt wurde, als der Methodistenprediger[51] durch die Reihe der Männer ging, von denen ihn ein jeder mit einem Backsteinbrocken oder einem faulen Ei begrüßte, hatte er die Krise in gewisser Weise voraussehen können, und es wird ihm nicht so schwer gefallen sein, ihr die Stirn zu bieten. Unser kleines Mädchen war nicht darauf vorbereitet, sich plötzlich einer Welt gegenüberzusehen, die sie verachtete und angesichts ihrer Schmach triumphierte.

Sie hatte unter ihren Kameradinnen wie eine Königin geherrscht; sie hatte deren Leben mit ihrer Lebhaftigkeit durcheinandergewirbelt und sie verschwenderisch mit ihrer Gunst bedacht. Nicht ein einziges Mal war ihr der Gedanke gekommen, dass eine derart Auserwählte nicht geliebt werden könnte. Jetzt fühlte sie, dass sie nur ein aufregendes Spielzeug gewesen war in den Händen derer, an deren Zuneigung sie nie gezweifelt hatte.

Mariana zeigte sich der Situation dennoch gewachsen, sie war vom selben Geist, der die berühmte Römerin von ihrer tödlichen Wunde sagen ließ: »Paetus, es schmerzt nicht.«[52] Sie wurde nicht bleich – sie bewahrte die Fassung. Scheinbar gelassen beendete sie ihr Abendessen. Sie sprach mit ihren Tischnachbarinnen, als hätte sie keine Augen im Kopf.

Der Hohn der Feindinnen wurde dadurch nur noch angefacht. Sobald sie den Tisch verlassen durften, liefen sie alle unter fröhlichem Rufen davon, wobei sie sich sarkastisch lachend nach Mariana umblickten, die allein zurückblieb.

Sie ging auf ihr Zimmer, verschloss die Tür und fiel zu Boden, von heftigen Krämpfen geschüttelt. Als Kind hatten diese Krämpfe manchmal ihr Leben be-

---

50 Warren Hastings (1732–1818), Generalgouverneur in Britisch–Ostindien, wurde wegen krimineller Machenschaften und Fehlverhaltens des Amtes enthoben und vor Gericht gestellt. Zwar wurde er freigesprochen, verlor aber durch die Prozesskosten sein ganzes Vermögen.
51 Methodistenprediger waren im 18. Jahrhundert oft der Willkür gewalttätiger Mobs ausgesetzt.
52 Mit diesen Worten erdolchte sich Arria (gest. 42 n. Chr.), die Frau des zum Selbstmord verurteilten römischen Senators Caecina Paetus, ihrem Mann zum Vorbild.

droht, in späteren Jahren war sie ihnen entwachsen. Die Schulstunden begannen, und sie zeigte sich nicht. Ein kleines Mädchen, das man zu ihrem Zimmer schickte, erhielt keine Antwort. Die Lehrerinnen erschraken und brachen die Tür auf. Sie und alle Gefährtinnen empfanden bittere Reue angesichts des Zustands, in dem sie sie fanden. Einige Stunden lang herrschte schreckliche Angst. Schließlich wurde die erschöpfte Natur erlöst und fiel in einen tiefen Schlaf.

Mariana ging als verändertes Wesen aus der Sache hervor. Sie reagierte weder auf das Bedauern und die Entschuldigungen der Gefährtinnen noch auf die ernsten und freundlichen, aber verständnislosen Kommentare ihrer Lehrerin. Sie sprach nicht über das, was sie bedrängte, und der giftige Pfeil drang tief in sie ein. Was sie quälte, war dieser Gedanke: Nicht eine, nicht eine einzige, die in der Stunde der Not auf meiner Seite stand, nicht eine, die sich geweigert hatte, während des Gerichts Partei gegen mich zu ergreifen. Sie erinnerte sich an liebe Worte und Umarmungen, die sie in der Vergangenheit kaum beachtet hatte. Nun heizten sie ihre bangen Gedanken an. Sie kam nicht hinter den Sinn dieser ausnahmslosen Niedertracht, dieser glühenden Feindseligkeit. Und Mariana, für die Liebe geboren, hasste jetzt die ganze Welt.

Die Veränderung, die diese Gefühle in ihrem Verhalten und ihrer Erscheinung hervorriefen, machte auf den unbedarften Beobachter aber nicht unbedingt diesen Eindruck. Ihre Überschwänglichkeit und Wildheit hatten sich gelegt, ihr Erfindungsgeist schien gedrosselt. Ihre Kleidung war angepasst, ihr Auftreten dezent. Sie schien sich nun hauptsächlich für ihre Studien und die Musik zu interessieren. Sie bemühte sich nicht mehr um ihre Gefährtinnen, diese bemühten sich nun aber um sie, zum Teil aus Reue und schlechtem Gewissen, zum Teil, weil sie ihnen jetzt wirklich lieber war, da sie sie nicht mehr tyrannisierte und verwirrte. Und hier senkt sich ein schwarzer Schatten auf ihr Leben, der einzige Makel in Marianas Geschichte.

Wie es Mädchen, die wenige Gesprächsthemen haben, gern tun, redeten sie mit ihr über einander. Der Dämon ergriff von ihr Besitz, und spontan, ohne Vorsatz und ohne absichtsvolle Falschheit begann sie, unter ihnen Zwietracht zu säen. Sie schürte die Flammen des Neids und der Eifersucht, die ein kluges, klares Wort von dritter Seite meist für immer erstickt. Durch einen Blick oder eine scheinbar harmlose Antwort streute sie die Samen des Zwistes, bis es in dem Kreis, in dem sie sich bewegte, kaum noch Einträchtigkeit oder aufrichtige Nähe gab. Sie konnte einfach nicht anders als zu herrschen, ihre Natur traf auf die der anderen wie Feuer auf Ton.

Genau zu dieser Zeit kam ich in das Internat und sah Mariana. Sie faszinierte mich sofort, ich war ein gefühlvolles Kind und hatte wegen meiner schlechten

Gesundheit früh angefangen, Romane zu lesen, bis ich keinen Blick mehr für das gewöhnliche Braun und Grün des Lebens besaß. In der Heldin eines dieser Romane, der von der Braut eines Banditen[53] erzählte, erkannte ich Mariana. Bestimmt hatte die Banditenbraut genau solches Haar, eine genauso seltsame, lebhafte Art und genau solche funkelnden Augen. Auch ihr Schicksal war es, von allen anderen außer ihrem Geliebten »missverstanden« zu werden. Aber Mariana sollte mehr Glück haben als sie, denn ich war fest entschlossen, bis dieser Geliebte erschien, selber das kluge und feinfühlige Wesen zu sein, das ihr vollkommenes Verständnis entgegenbrachte.

Das war allerdings keine leichte Aufgabe. Bot ich an, ihr ein Taschentuch zu bringen, dann ging sie lieber auf ihr Zimmer, um sich selber eines zu holen. Sie mochte es nicht, wenn jemand während des Klavierspiels ihre Noten umblätterte. Zog ich meinen Stuhl zu ihr heran, dann rückte sie fort, als wollte sie mir Platz machen. Der Wildblumenstrauß, den ich schüchtern neben ihren Teller legte, blieb dort zurück.

Nach einigen Wochen hatte mich meine Sehnsucht, ihre Zuneigung zu gewinnen, fest im Griff, und als ich sie eines Tages allein beim Eingang traf, fiel ich auf die Knie, küsste ihre Hand und rief: »Oh, Mariana, lass mich dich lieben und versuche doch auch, mich ein bisschen zu lieben.« Aber mein Idol entriss mir die Hand, lachte wilder, als es die Braut des Banditen je vermocht hätte und lief auf ihr Zimmer. Danach verhielt sie sich mir gegenüber nicht nur kalt, sondern abweisend. Ich fühlte mich verschmäht und wurde sehr unglücklich.

So vergingen etwa vier Monate, bis sich eines Nachmittags etwas Außergewöhnliches zusammenbraute. Bestürzung und Ratlosigkeit standen vielen der älteren Mädchen ins Gesicht geschrieben. In den Ecken wurde getuschelt.

Nach dem Abendgebet bat uns die Rektorin zu bleiben, und mit ernster, trauriger Stimme rief sie Mariana nach vorn, und forderte sie auf, sich zu den Anschuldigungen zu äußern, die gegen sie erhoben wurden.

Mariana folgte der Aufforderung und lehnte sich gegen den Kaminsims. Acht der älteren Mädchen traten vor und beschuldigten sie, leider nur zu Recht, der Verleumdung und Lüge.

Mein Herz wurde schwer, als eine nach der anderen stichhaltige Beweise vorbrachte, und ich erkannte, dass sie zu gewichtig waren, um widerlegt zu werden. Ich konnte den Gedanken an diese zweite Schmach meines Idols kaum ertragen. Ihre erste war mir nur zugeflüstert worden, die Mädchen redeten nicht gern davon.

---

53 Die englische Romanschriftstellerin Louisa Sidney Stanhope (ca. 1806–1827), bekannt für ihre historischen Romane und Schauerromanzen, die sogenannten »Gothic novels«, schrieb 1807 den Liebesroman THE BANDIT'S BRIDE.

Und doch muss ich gestehen – dies ist der Reiz, den Stärke auf sanftere Naturen ausübt –, dass in meinen Augen keine dieser Krisen Mariana etwas anhaben konnte.

Zunächst verteidigte sie sich wortreich und selbstsicher. Als ihr dann aber klar wurde, dass sie der Wahrheit nicht länger ausweichen konnte, warf sie sich zu Boden, schlug ihren Kopf mit aller Gewalt gegen die eiserne Feuerstelle und wurde bewusstlos fortgetragen.

Die Anwesenden erschraken. Jetzt, da sie sie vielleicht getötet hatten, fragten sie sich, warum sie den früheren Vorfall nicht als Warnung verstanden und sich einer Natur, die zu jedem Extrem fähig war, behutsamer genähert hatten. Unter dem Schluchzen ihrer Gefährtinnen kam sie nach einer Weile mit leisem Stöhnen wieder zu sich. Ich kniete an ihrem Bett und hielt ihre kalte Hand. Eines der Mädchen, das am tiefsten getroffen war, entzog sie mir, um Mariana um Verzeihung zu bitten und ihr zu sagen, dass es unmöglich sei, sie nicht zu lieben. Mariana blieb stumm.

Weder in dieser Nacht noch während der nächsten Tage war ein einziges Wort aus ihr herauszubringen. Sie rührte auch kein Essen an, sondern wandte sich ab, wenn man es ihr brachte, oder wenn sich jemand aus irgendeinem Grund näherte. Sie gab kein Zeichen. Die Lehrerin sah, dass sie von einem schlimmen Nervenfieber befallen war, und dass sie immer mehr verfiel. Sie wusste nicht, was sie tun sollte.

Inzwischen war es zu einer neuerlichen Revolution im Gemüt des leidenschaftlichen, doch charakterfesten Kindes gekommen. All die Monate über hatte nichts als das Gefühl der Verletzung an ihrem Herzen genagt. Sie hatte sich in dieser Stimmung verfangen und ohne Furcht und Skrupel getan, wozu der Dämon sie trieb.

Im Augenblick der Aufdeckung zog sich die Flut schlagartig zurück, und der Grund ihrer Seele lag offen vor ihren Augen. Wie schwarz, wie befleckt und traurig. Wie eigenartig, wie seltsam, dass sie die Niedertracht und Grausamkeit der Lüge, dass sie die Schönheit der Wahrheit nicht eher erkannt hatte. Jetzt, im Unglück, regte sich die moralische Natur, die zuvor noch nie beherrschenden Einfluss auf sie hatte. »Aber«, dachte sie, »zu spät, die Sünde zeigt sich mir zu spät in ihrer ganzen Missgestalt, und von Sünde beschmutzt will ich nicht, kann ich nicht leben. Die Triebfeder des Lebens ist zerbrochen.«

So vergingen langsam ihre Stunden in jener dunklen Verzweiflung, zu der nur die Jugend fähig ist. Später verspüren die Menschen eher einen dumpfen Schmerz, da jedes Leid, das sie erfahren, sein bleiernes Gewicht in die Vergangenheit senkt, und da bestimmte Charakterzüge immer wieder zu bestimmten Resultaten führen, liegt mit der Zeit dort in der Tiefe eine schwere Last begraben. Nur die Jugend hat die Energie, dem Schmerz fest und unbeirrt ins Auge zu schauen, ihn im Arm zu halten und ans Herz zu drücken wie ein Kind, das zwar tief unglücklich macht, aber das eigene ist.

Die Dame, die sich dieses traurigen Kindes jetzt annahm, hatte es zuvor zwar nie so recht verstanden, es aber immer mit großer Zärtlichkeit betrachtet. Und jetzt, als alle in höchster Not waren, Angst hatten, medizinische Hilfe zu holen, Angst hatten, darauf zu verzichten, schien die Liebe ihr den einzigen Weg zu weisen, um diese verwundete Seele zu heilen.

Eines Nachts brachte sie einen Beruhigungstrunk. Mariana saß da wie immer, das Haar aufgelöst, noch in dem Kleid, das man ihr zuerst angezogen hatte, ihr Blick leer auf die weiße Wand geheftet. Auf die Angebote und Bitten ihrer Pflegerin antwortete sie nicht.

Die Dame brach in Tränen aus, aber Mariana schien es nicht einmal zu bemerken.

Dann sagte die Dame: »Oh, mein Kind, verzweifele nicht, denke nicht, dass ein einziger Fehler ein ganzes Leben zerstört. Ich will dir das Leid meines traurigen Lebens anvertrauen. Dir, Mariana, will ich sagen, was ich für immer in mir begraben wollte.«

Und so erzählte sie ihre Geschichte: Es ging um Schmerz, um Schande, die sie ertrug, nicht für sich selbst, sondern für einen nahen, geliebten Menschen. Mariana kannte die Dame, sie kannte deren Stolz und Zurückhaltung. Sie hatte oft bewundert, wie ihre hübschen, aber nicht mehr jugendlichen Wangen wie die eines Mädchens erröteten, wie sie die blauen Augen bei der geringsten Emotion niederschlug. Sie hatte die stolze Empfindsamkeit ihres Wesens verstanden. Sie blickte in die Augen, die sich jetzt zu ihr erhoben und aus denen die Tränen rannen. Sie hörte die Geschichte bis zum Ende an und streckte ihre Hand dann wortlos nach der Tasse aus.

Sie kehrte ins Leben zurück, doch wie eine, die das Tal des Todes durchschritten hat. Das steinerne Herz war zerbrochen. Das feurige Leben zu Asche verbrannt. Als sie wieder ein wenig zu Kräften gekommen war, rief sie all ihre Gefährtinnen zu sich und sagte: »Ich hätte den Tod verdient, aber ein großzügiges Vertrauen hat mich ins Leben zurückgebracht. Ich werde mich dessen würdig erweisen, nie mehr die Wahrheit verraten oder mich über Verletzungen ärgern. Könnt ihr das Vergangene vergeben?«

Und sie vergaben nicht nur, sondern schlossen die zurückgekehrte Schwester liebevoll und unter Tränen in die Arme. Sie wetteiferten miteinander um demütige Liebesdienste für die Gedemütigte, und als Beispiel für die selbstlose Würde, zu der junge Herzen fähig sind, soll festgehalten werden, dass diese Ereignisse, die vierzig Personen bekannt waren, soweit ich weiß niemals nach außen drangen.

Nicht lange darauf wurde Mariana nach Hause gerufen. Sie ging, ein wunderbar gebildetes Wesen, wenn auch in einer Weise, die sich jene, die sie zum Lernen geschickt hatten, kaum hätten träumen lassen.

Das Gelübde der zurückgekehrten Verlorenen geriet nie in Vergessenheit. Mariana konnte nichts mehr übel nehmen, kein falsches Spiel mehr spielen. Die furchtbare Krise, die sie so früh durchlebt hatte, verhütete wahrscheinlich, dass die Welt viel von ihr hörte. Ein wildes Feuer, wie es so oft zu Streit und Krieg geführt hat, wurde in der Stunde der Reue im Internat gezähmt.

Viele Gefahren standen ihr aber noch bevor, denn sie war eines jener Boote, die sich leicht auf Untiefen wagen und nur schwer auf Wogen reiten.

Die Rückkehr in ihr heimatliches Klima tat ihren inneren Aufwallungen gut. Die kühle Luft des Nordens hatte Nerven strapaziert, die zu empfindlich für solche Rauheit waren. Die südliche Luft wirkte besänftigend, beruhigte. Energie machte dem Empfinden Platz, Charakterstärke der Unruhe.

Zu dieser Zeit begegnete ihr die Liebe, in einer Gestalt, die auch jemanden getäuscht hätte, der weniger anfällig für Täuschungen war.

Sylvain entsprach ihr in Alter, Familie und Stand. Er war keine Schönheit, hatte aber Charakter. In seinen bedächtigen Gesten und dem festen Blick seiner großen braunen Augen lag eine Ruhe, die bereit war, einem Aufflammen von Energie zu weichen, wenn sich der Anlass bot. In Statur, Ausdruck und dem dunklen Teint ließ er an die großen Magnolien denken, die in den Wäldern jenes Klimas zu Hause sind. Wie alles an ihm war auch seine Stimme eher satt und weich als zart oder seicht.

Mariana verliebte sich sofort in ihn, und reizend wie sie war, entflammte ihre Liebe bald die seine. Es ist aber ein Fluch für eine Frau, als erste oder am meisten zu lieben. Dadurch kehrt sie die natürlichen Verhältnisse um, und ihr Herz kann sich niemals, wirklich niemals mit dem zufriedengeben, was folgt.

Mariana liebte als erste und liebte am meisten, weil sie mit der größten Kraft und Vielseitigkeit lieben konnte. Sylvain schien sie zunächst an sich zu ziehen wie die tiefe südliche Nacht einen hellen Stern. Aber es erwies sich als falsch.

Mariana war ein sehr intellektuelles Wesen, und sie brauchte darin Gemeinschaft. Die konnte Sylvain ihr nur in Form von Leidenschaft und Taten geben. Er war kein Denker und besaß wenig Feingefühl. Die Geschenke, die sie ihm liebevoll bereitete, empfing er mit süßem, aber trägem Lächeln; er nahm sie leichten Herzens, und bald entglitten sie ihm. Er liebte es, sie um sich zu haben, liebte die Glut und den Duft ihres Wesens, es lag ihm aber nichts daran, die kleinen geheimen Pfade zu erkunden, auf denen dieses Aroma zustande kam.

Mariana war das lange nicht bewusst. Sie liebte so sehr, dass sie sich alles Übrige vorstellte, und wo sie eine Leere spürte, hoffte sie stets, sie bald durch wachsende Gemeinschaft zu füllen. Als sie entdeckte, dass dies nie der Fall sein würde, dass es einen großen Teil ihres Wesens gab, auf den nichts in ihm antwortete, liebte sie ihn bereits zu sehr, um ihn zu verlassen. Nach langen gemeinsa-

»All diese Bücher las ich in Erwartung einer Kanufahrt
auf dem Lake Superior bis zu den Pictured Rocks.«

men Stunden unter dem südlichen Mond, nach dem süßen Rausch gegenseitiger Liebe fühlte sie noch immer eine leidvolle Einsamkeit und die Zügelung ihrer subtileren Kräfte und fragte sich oft: »Kann ich ihn aufgeben?« Aber das Herz antwortete immer leidenschaftlich: »Nein! Vielleicht bin ich mit ihm unglücklich, aber ohne ihn kann ich nicht leben.«

Und das Erbärmlichste an diesen Konflikten bestand darin, dass der Geliebte, der beste Freund, wenn er denn diese Konflikte überhaupt geahnt hätte, entweder in Lachen ausgebrochen oder sogar empört genug gewesen wäre, um Mariana zu verlassen.

Ach, Schwäche der Starken. Jener Starken, bei denen sich Stärke als Schwäche zeigt. Wie andere Menschen auch musste Mariana Lebensentscheidungen treffen, ehe sie noch dazu in der Lage war. Doch niemand soll sie verurteilen. Diejenigen, die sich nicht so verhängnisvoll geirrt haben, sollten ihrem Schutzengel danken, dass er ihnen mehr Zeit gab, ihre Urteilskraft auszubilden, doch keinem Kind einen Vorwurf machen, wenn es glaubte, es könne nach den Sternen greifen. Mariana, deren Herz zu höchster Liebe fähig war, schenkte sie einem, der in der Liebe nichts als eine Blume oder ein Spielzeug sah, sie band ihr Herz an jemanden, der seines so leicht löste wie die reife Frucht vom Ast fällt. Die Folgen blieben nicht aus. Viele trösten sich für den einen großen Fehler mit ihren Kindern, mit der Welt. Das war Mariana nicht möglich. Ein paar Monate lang genoss sie ihr häusliches Leben, sie war fast glücklich. Dann wurde Sylvain der Sache überdrüssig. Er wollte Geschäfte machen und in die Welt hinaus; vom einen hatte sie keine Ahnung, für das andere fehlte ihr das Geschick. Er suchte in ihr die Herrin seines Hauses; sie wollte ihr Herz zu seinem Zuhause machen. Es gab keinen Kompromiss zwischen zwei so ungleichen Wesen, die sich nur in einem oder zwei Punkten trafen. In allen Momenten wurde ihr qualvoll bewusst,

»... wie Liebe von Leidenschaft
Zu Gleichgültigkeit gerinnt;
Die furchtbare Scham, die täglich brennt,
Nur um noch mehr zu brennen,
Dass sie ihr kostbares Herz fortwarf,
Und auf diese traurige Antwort traf ...«[54]

– bis der Tod dieser Szene schließlich ein Ende setzte. Nicht, dass sie an einem einzigen Stich ins Herz gestorben wäre. So laufen solche Fälle nicht ab. Ich kann

---

54 Aus THE LAY OF THE HUMBLE des englischen Dichters Richard Monckton Milnes (1809–1885).

die Stufen nicht alle im Einzelnen beschreiben, ich konnte sie nicht aus der Nähe verfolgen, und Mrs. Z. war keine so verlässliche Beobachterin oder Erzählerin, als die ich mich während der Schulzeit erwiesen habe. Weitgehend spielte es sich aber folgendermaßen ab.

Sylvain wollte in die Welt hinaus oder die Welt in sein Haus holen. Mariana willigte ein, doch mit unerfülltem Herzen und mangelnder Leichtigkeit spielte sie ihre Rolle schlecht. Das Talent und die Gewandtheit früherer Zeiten hatten nicht das Geringste mit dem zu tun, was die Mitwelt nun von ihr verlangte, um zu gefallen und zu glänzen. Damals bestand ihr Reiz in dem der Muse, der Improvisatorin, deren zündende Phantasie eine spannungsgeladene Atmosphäre erzeugte, der die elektrischen Funken entsprangen. Das war eine Zeit des wilden, ausgelassenen Lebens gewesen. Als ihr Wesen dann zarter und konzentrierter wurde, hätten wahre Liebe oder echter Enthusiasmus immer noch herrliche Talente in ihr zum Vorschein bringen können. Doch in der Liebe war sie zutiefst enttäuscht, und ihr Enthusiasmus kam nicht zur Entfaltung. Sie ließ sich nicht auf neue Lebensformen ein und blieb unausgeglichen – manchmal zu passiv, manchmal zu stürmisch, nie genügend mit dem beschäftigt, was die Menschen um sie herum erfüllte, um eine gemeinsame Ebene zu finden und ihnen das Leben schön zu machen.

So verlor sie täglich an Einfluss auf ihren Mann, der sie mit den sorglosen, strahlenden Damen der Gesellschaft verglich und sich fragte, warum er sie in ihrer Einsamkeit einmal so reizend gefunden hatte.

Wenn sie allein waren, versuchte Mariana immer wieder, ihr Herz zu öffnen, ihre Gedanken auszusprechen. Sie war sich des verborgenen Reichtums in ihrem Inneren bewusst, und es schien ihr manchmal, dass sich Sylvain, könnte sie ihm nur einen Bruchteil davon vor Augen führen, wieder zu ihr hingezogen fühlen und Hand in Hand mit ihr einen neuen Pfad beschreiten würde. Waren sie allein, wollte Sylvain jedoch seine Ruhe haben. Sein Haus war seine Burg. Er liebte keine aufgeregten Szenen. Kleinere Reibereien und Spielchen waren vielleicht erträglich, aber keine ernsthaften Auseinandersetzungen. Er faulenzte, sang, las und schlief gern. Schließlich wurde aus Sylvain der freundliche, aber beschäftigte Ehemann, aus Mariana die einsame und unglückliche Hausfrau. Ständig war er mit seinen Freunden unterwegs, sie machten Ausflüge oder vergnügten sich. Allein zu Hause stellte Mariana fest, dass sie weder in ihren Büchern noch in ihrer Musik mehr Trost fand.

Sie war zu stark, um einem so tristen Feind wie der Verzweiflung kampflos das Feld zu überlassen. Sie schaute in andere Herzen, auf der Suche, dort vielleicht ein Heim zu finden, sollte es auch ein Waisenhaus sein. Dies tat sie vor allem, weil sich die Gelegenheit bot, und es schien unklug, die Rettungsanker nicht

hoffnungsvoll zu ergreifen. Doch sie war niemand, der den Einsatz verdoppelte, sondern mit kassandrischer Kraft schon früh den sicheren Verlauf des Spiels erkannte. Und Kassandra flüsterte, sie gehöre zu denen,

»Von Menschen nicht geliebt, und doch beklagt.«[55]

Und genauso war es auch. Zwischen ihr und diesen Gefährten spielte sich dasselbe ab wie zu ihrer Kinderzeit, wenn auch in anderer Form. Sie konnte sie nicht ruhig empfangen, sondern engagierte sich so sehr in der Beziehung, setzte alles auf die eine Stunde, bis es ihnen zu viel wurde. Wie Fortunio[56], der seine Freunde durch ein Zimtfeuer beglücken wollte, ohne zu ahnen, dass sie den Duft auf Dauer nicht ertragen konnten, so tat es auch Mariana. Was sie zu sagen hatte, das

---

55 Zitat aus Percy Bysshe Shelleys (1792–1822) STANZAS WRITTEN IN DEJECTION NEAR NAPLES.
56 FORTUNIO, Roman von Théophile Gautier (1811–1872). Fortunio, ein Sohn des Orients, erschafft sich im Herzen von Paris ein Paradies aus Purpur, Edelsteinen, Spezereien und Licht, in dem er der Zivilisation entflieht.

wollten sie nicht hören, weniges davon hätte ihnen gefallen, zu vieles überwältigte sie, und sie zogen schließlich die frische Luft der Straße dem duftenden Zimt ihres Palastes vor.

Das war jedoch nicht von Bedeutung. Wären sie geblieben, es hätte ihr nicht geholfen! Sie brauchte einen besseren Weg, ein höheres Ziel. Das wurde ihr nicht klar.

Sie verlor den Appetit, wurde krank, hatte Fieber. Sylvain war besorgt, pflegte sie zärtlich, es ging ihr besser. Doch hier hörte seine Sorge auf, er sah die Krankheit des Geistes nicht, sondern überließ es ihr, aus eigenen Kräften gesund zu werden und ihren Lebensmut wiederzufinden. Einsamer als je zuvor versuchte sie, sich aufzurichten, aber sie wusste noch zu wenig. Die ihrem jungen Leben auferlegte Last war zu schwer. Einen ganzen langen Tag blieb sie allein, und die Gedanken und Ahnungen überstiegen ihre Kräfte. Sie wusste nicht, was sie mit ihnen anfangen sollte, erlitt einen Rückfall und starb.

Ungeachtet dieser Schwäche erscheint sie mir als beeindruckendes Beispiel von Weiblichkeit, geboren, um Licht und Leben in einen Palast zu bringen. Hätte sie mehr von Gott und dem Universum gewusst, sie hätte nicht aufgegeben, wo

»Wie glücklich müssen die Indianer hier gewesen sein! Es ist noch nicht lange her, dass sie vertrieben wurden, Boden und Landschaft weisen viele ihrer Spuren auf. Man muss nur die Grasnarbe abheben, um Pfeilspitzen und indianische Tongefäße zu finden.«

so viele andere erfolgreich waren. Aber Friede sei mit ihr; vielleicht ist sie jetzt in eine größere Freiheit eingetreten, in die Erkenntnis. Mit ihr starb etwas, das mir im Leben wichtig war. Bis auf sie bin ich keiner anderen Banditenbraut begegnet – und selbst sie erwies sich schließlich als Braut eines Kaufmanns.

Sylvain ist wieder verheiratet, mit einem hübschen und fröhlichen Mädchen, das wahrscheinlich nicht sterben wird, ehe die beiden ihre Goldene Hochzeit feiern.

Mrs. Z. hatte einige Aufzeichnungen von Mariana bei sich, die eine Ahnung davon geben, womit sie zuletzt beschäftigt war. Die folgenden Verse scheint sie geschrieben zu haben, als ein schwacher Lichtschimmer auf ihren Weg fiel, doch nur, um die Dunkelheit noch greifbarer zu machen. Sie scheint an die Ballade der schönen Helen von Kirkconnel[57] gedacht zu haben, die sie so gern rezitierte, in einem Tonfall, der selbst dem, aus dessen Herz die Zeilen kamen, einen Schauer über den Rücken gejagt hätte.

»Tod
Öffnet seine süßen, weißen Arme, flüstert Frieden;
Komm, sage deinen Kummer dieser Brust! Sie
Wird sich dir nie verschließen, und mein Herz,
Auch wenn es kalt ist, kann nicht viel kälter sein als das des Menschen.«[58]

»Ich wünscht', ich wär' wo Helen ruht«,
Ein Liebender in alten Zeiten
Drückt seinen Schmerz in stillen Seufzern aus,
Und heißen Tränen aus der kalten Brust.

Doch Trauernder um deine tote Liebe,
Wüsstest du nur, was Herzen leiden,
Wo süße Erinnerungen sich nicht regen,
Und deren Tränen eine Wüstenquelle offenlegen.

Als »in deine Arme die Maid Helen fiel«,
Da starb sie, Trauernder, sie starb für dich,

---

57 Fair Helen of Kirkconnel Lea, eine berühmte schottische Ballade, in einer Sammlung 1802 herausgegeben von dem schottischen Dichter und Schriftsteller Walter Scott (1771–1832).
58 Aus Festus (1839), einer lyrisch-dramatischen Bearbeitung der Faustsage durch den englischen Dichter Philip James Bailey (1816–1902).

Des Todes Schleier konnten nicht verschatten
Das süße Strahlen ihrer liebevollen Augen.

Du warst geliebt, sie liebte dich,
Bis Tod allein all dies erzählen konnte,
Tod tilgte jeden Schatten eines Zweifels,
Tauchte den Stern in seinen kalten Quell.

Auf eine liebe Brust vertraut die scheidende Seele,
Die Erde hat nichts mehr zu geben;
Das Ganze hat erkannt, wer gänzlich liebt,
Der ganz Geliebte, er lebt wirklich.

Doch trostlos Ausgestoßene von diesem Lohn,
Sie welken, sie sinken in einsames Grab,
Alle Herzen verschmähen ihre verborgene Liebe,
Überlassen sie alle der wogenden Flut.

Sie haben niemals Herz an Herz gepresst,
Noch sich die Hand gereicht in heiligem Schwur,
Von einem Vater wurden sie niemals liebkost,
In einer Mutter Auge sahen sie nie den Himmel.

Ein blütenloser Baum und ohne Frucht,
Versiegter Strom, Vogel ohne Gefährte,
Sie leben, aber sind doch nie lebendig,
Sie sterben, ihre Musik blieb ungehört.

»Ich wünscht', ich wär' wo Helen ruht«,
Dort würde ich wohl nicht alleine sein;
Und jetzt, da dieser matte Körper stirbt,
Stöhnt doch der Geist noch immerfort.

Die Liebe ging an mir vorbei, ohne Berührung;
Das Leben brachte keinen vollen Segen,
Und viel zu spät ruft es mich nun,
O, viel zu spät, und viel zu früh schon.

Wenn du das dunkle Rätsel lesen könntest,
Das diesen Stachel lässt in meiner Brust,
Dann glaubte ich, du liebtest wirklich,
Dann wär das Ganze dir bewusst.

Vater, man will mich nicht nach Hause bringen,
Kein Herz ist frei dem armen Kind;
Die ganze Nacht zieh ich in Schnee und Regen;
Vater – war das von dir bestimmt?

Ich werde keine andere Tür mehr öffnen,
Zu suchen, was ich niemals fand,
Von nun an bis zum allerletzten Ende,
Gehe ich allein auf der Erde entlang.

Den trügerischen Ruf will ich nicht hören,
Der bittet, da zu bleiben, auszuruhen,
Denn alle miteinander, ist mir klargeworden,
Sehen in mir nur ihre Beute, ihren Fang.

Sie sind nicht schlecht, das weiß ich wohl;
Ich weiß, dass sie nicht wissen, was sie tun;
Sie sind das Werkzeug eines Zauberbanns,
Dem die verlorene Geliebte folgen muss.

In Tempeln kann sie manchmal Ruhe finden,
In Hainen auch, an menschenleerem Ort,
Senkt dort das Haupt in peinigender Glut,
Kein Schlag weckt sie, verleiht ihr Mut.

Natur ist gütig, und Gott ebenfalls,
Und hätte sie kein solches Herz gehabt,
Nur diesen großen anspruchsvollen Geist,
Die Rolle hätte sie wohl gut gespielt.

Doch dieser Durst, den nichts mehr stillt,
Nur diese freien, grundlosen Gewässer;
Du, Engel meines Lebens, sei bereit,
Und tröste mich in alle Ewigkeit!

Es ist bezeichnend für die Benachteiligung der Frau, dass jemand wie Mariana Grund hatte, so zu schreiben. Einem Mann mit der gleichen Kraft, der gleichen Aufrichtigkeit, nicht mehr! – hätten sich viele Möglichkeiten geboten. Er hätte nicht suchen müssen, das Leben hätte ihn gerufen und ihm nicht erlaubt, ein Opfer seiner Gefühle zu werden. Aber Frauen wie Mariana sind häufig verloren, es sei denn, sie begegnen einem Mann mit einer großen Seele, der sie zu schätzen weiß.

Auch wenn Van Arteveldes Elena[59] sich ihrem Wesen nach von meiner Mariana unterscheidet, so gleicht sie ihr doch in einem Geist, dessen enorme Möglichkeiten in einem Missverhältnis zu den Personen und Ereignissen stehen, auf die sie trifft und die sie über die festgesetzten Bereiche, die das Schicksal der Frau bestimmen, hinaus führen. Van Artevelde war großherzig genug, Elenas ungewöhnliche Natur zu achten und zu schätzen, ohne ihr die Makel und Irrtümer ihrer Vergangenheit vorzuhalten; großherzig genug, sie ohne Vorbehalte aufzunehmen und ihr ein neues Leben zu ermöglichen; Manns genug, ein Liebender zu sein! Aber da solche Männer in jeder Generation allenfalls einmal vorkommen, sollte ihre Gegenwart kein Muss sein, um das Leben zu meistern.

In Chicago las ich erneut den Philip Van Artevelde, und in meiner Erinnerung werden bestimmte Passagen für immer mit dem dunklen, nächtlichen Rauschen des Sees verbunden bleiben. Jede Nacht las ich einige Seiten, dann öffnete ich das Fenster und schaute hinaus. Der Mond stand groß über dem See, der sanfte Wind, das klare Licht und der dunkle Klang harmonierten mit dem Geist des flämischen Helden. Wann wird es in diesem Land einen solchen Mann geben? Denn den hat es nötig; keinen blutarmen Idealisten, keinen groben Realisten, sondern einen Mann, dessen Augen den Himmel lesen, während seine Füße fest auf dem Boden stehen, und dessen Hände stark und geschickt sind im Umgang mit menschlichem Werkzeug. Ein religiöser, rechtschaffener und kluger Mann; ein Mann mit universellen Neigungen, doch selbstbeherrscht; ein Mann, der die Gefühle kennt, ohne ihr Sklave zu sein; ein Mann, für den diese Welt kein bloßes Spektakel, kein flüchtiger Schatten ist, sondern ein großes, ernstes Spiel, das mit Bedacht gespielt werden will, da es um Einsätze von ewigem Wert geht, und der, da sein eigenes Spiel wahr ist, dem, was er durch die Falschheit anderer verliert, nicht nachtrauert. Ein Mann, der sich von der Vergangenheit nährt, doch weiß, dass er von ihrem Honig nur mäßigen Gebrauch machen kann; dessen verstän-

---

59 Philip van Artevelde (1340–1382), flämischer Patriot und Anführer eines Bürgeraufstands in Gent. Elena ist die italienische Frau aus dem Versdrama PHILIP VAN ARTEVELDE (1834) von Henry Taylor (1800–1886), die bei ihrem Versuch, Artevelde im Kampf vor dem Tod zu schützen, selbst von französischen Truppen getötet wird.

diges Auge die Gegenwart ausmisst, weder geblendet von ihren goldenen Verlockungen, noch entmutigt von ihren Risiken. Ein Mann mit Voraussicht, doch weise genug, sich nicht heute durch das verrückt machen zu lassen, was der morgige Tag bringen könnte. Wenn es einmal einen solchen Mann für Amerika gibt, wird der Gedanke, der dieses Land vorantreibt, seinen Ausdruck finden.

Jetzt, da ich Illinois verlassen werde, überkommen mich Gefühle des Bedauerns und der Bewunderung, als würde ich mich von einem Freund trennen, den ich während der Stunden des Zusammenseins, die vielleicht nie wiederkehren, nicht genügend gewürdigt, mit dem ich mich nicht genügend beschäftigt habe. Meine Aufmerksamkeit war fast ausschließlich auf die malerische Schönheit dieses Landstrichs gerichtet, so neu für mich und inspirierend. Aber ich hätte mich mehr für die Organisation dieses großartigen Staates, für die Erziehung seiner Kinder, für deren Perspektiven interessieren sollen.

Gegenwärtig gilt Illinois als Inbegriff für den Vorwurf, als Staat einen fahrlässigen, verschwenderischen Kurs zu verfolgen, wodurch sein Ansehen in der Anfangsphase in Gefahr geriet. Man kann sich aber dort nicht umschauen, ohne zu erkennen, dass reichhaltige Ressourcen vorhanden sind und bei kluger Lenkung bald größere Fehler behoben sein können.

Möge man sich die einfache Maxime zu Herzen nehmen, dass Ehrlichkeit die beste Politik ist! Möge ein Gefühl für die wahren Ziele des Lebens den Ton von Politik und Handel so weit durchdringen, bis öffentliches und privates Ansehen eins werden! Möge der westamerikanische Mann in diesem beschäftigten und aufregenden Leben, dessen Gegenwart ihm all seine Fähigkeiten abverlangt, nicht den besseren Teil seines Wesens vergessen, den man ihm nicht nehmen kann! Möge sich die westamerikanische Frau mit Interesse und Lust der Erziehung der Kinder annehmen, wofür allein sie die Muße hat!

Das ist tatsächlich das große Problem dieses Ortes und dieser Zeit. Wenn die nächste Generation für ihre Arbeit ausgebildet ist, nach dem Wohl aller strebt und auch die Möglichkeiten hat, es zu erreichen, dann können die Kinder der heutigen Siedler der Masse, die durch Einwanderung ständig anwächst, als Vorbild dienen. Und wie sehr ist das nötig, wo diese groben Fremden das beste Streben eines Landes, in dem sie nach Brot und Obdach suchen, so wenig verstehen. Es wäre ein Glück, bei dieser wichtigen Aufgabe zu helfen und einen roten Faden des Bewusstseins in das Schicksal von Illinois zu weben, eine Arbeit, für die sich die Hingabe jedes denkenden Menschen lohnt.

In dem Wenigen, was ich sah, steckte ein großes Maß an Intelligenz, Tatkraft und gutem Willen. Falls die wahren Ziele des Lebens hier wirklich ernsthaft am Herzen lagen, so zeigte sich das aber noch nicht im Ton des Gesprächs.

In meinem Handbuch über Illinois wird ein »Visionär« erwähnt, einer jener Männer, die ich für fähig halte, ein neues und großartiges Land im besten Sinne zu besiedeln – Morris Birkbeck[60] aus England. Nach meiner Rückkehr habe ich seinen Reisebericht gelesen und seine Briefe aus Illinois. Ich sehe da nichts versprochen, was nicht dem Mann gehören kann, der danach zu suchen weiß.

Mr. Birkbeck war ein aufgeklärter Philanthrop, der sich weniger für seine Mitmenschen aufopfern, als ihnen mit allem, was er besaß, was er war und sich wünschte, von Nutzen sein wollte. Er war der Meinung, dass alle Geschöpfe einer göttlichen Liebe glücklich sein sollten und gut. Er erachtete seine eigene Seele und sein eigenes Leben nicht für weniger wertvoll als die Seele oder das Leben eines anderen, sodass sein einziges Mittel, einen gesunden Einfluss auf andere auszuüben, darin bestand, sich selbst gesund zu halten.

Seine Ziele waren insgesamt großzügig. Persönliche Freiheit, Freiheit unter dem Gesetz, aber keine Eigenmächtigkeit, kein Müßiggang, Arbeit für sich, seine Kinder und alle anderen, jedoch mit warmherzigem und poetischem Impetus. Wie anders als die Ziele der meisten neuen Siedler! In ihm glühten schon vor langer Zeit beständig die beiden Überzeugungen, die das Denken und Streben jetzt beherrschen, nämlich »Widersteht nicht dem Bösen«[61] und »Jeder sein eigener Priester und das Herz die wahre Kirche«.

Durch unglückliche Umstände hat seine Glaubwürdigkeit Schaden genommen. Seine Haltung erwies sich nicht als falsch, seine Mittel schienen nicht in schlechtem Verhältnis zu seinen Absichten zu stehen, hätte er die Geldbeträge aus England, die er rechtmäßig erwarten durfte, auch erhalten. Die Verschwendungssucht eines nahen Verwandten, den er beauftragt hatte, diese Mittel einzutreiben, brachte ihn jedoch darum. Seine Wechsel wurden protestiert, sein Kredit ruiniert, bevor er sich noch der Gefahr bewusst wurde.

Trotzdem hätte er vielleicht mit seinen Plänen Erfolg gehabt, wenn auch langsamer und unter schwierigeren Bedingungen. Ihm, dem englischen Farmer, wäre es möglicherweise gelungen, die englische Siedlung zu einem regionalen Modell für allgemein gültige Methoden und gute Planung zu machen, wenn er nicht vorzeitig gestorben wäre.

Ich wollte mit diesen knappen Worten an ihn erinnern, denn die Wertschätzung für seine Persönlichkeit, zu der mich Menschen inspirierten, die ihn gut kannten, verträgt die leichtfertigen Beschuldigungen nicht, die von Mund zu Mund und

---

60 Morris Birkbeck (1764–1825), Abolitionist und Transzendentalist, emigrierte 1817 von England nach Illinois, arbeitete als Farmer und schrieb einflussreiche Bücher als Leitfaden für die Besiedelung der westamerikanischen Prärien.

61 Matthäus 5,39: »Ich aber sage euch: Widersteht nicht dem Bösen, sondern wenn dich einer auf die rechte Wange schlägt, dem biete auch die andere dar.«

»Ein Boot lag einsam da, mit dem Kiel nach oben, halb im Wasser,
halb auf dem Sand, und schwankte mit jeder Welle des Sees.
Es gab dem Strand einen malerischen Reiz – das einzige Bild
der Untätigkeit, das einzige versonnene Objekt weit und breit.«

Buch zu Buch weitergereicht werden. Erfolg ist kein Beweis für das Bemühen eines Menschen. Ich hoffe, dass Illinois diesen Mann, der so gut wusste, was hätte sein sollen, als einen seiner wahren Patriarchen, den Abraham eines verheißenen Landes achten wird.

Er war seiner Zeit zu weit voraus, als dass er sogleich gewürdigt werden konnte, aber allmählich ist sie reif, um seine sanfte Philanthropie und seine klaren, großen Auffassungen zu begreifen.

Ich füge hier ein, was mir ein Freund über seinen Tod berichtete, um den Charakter dieses Mannes in einem ihm angemessenen Bild zum Ausdruck zu bringen.

»Mr. Birkbeck kehrte in Begleitung seines Sohnes Bradford, eines sechzehn oder achtzehn Jahre alten Jugendlichen, vom Regierungssitz zurück, wo er in staatlicher Angelegenheit zu tun hatte. An einer schwierigen Stelle mussten sie einen Hochwasser führenden Fluss durchqueren. Mr. B.s Pferd scheute vor dem Wasser zurück, sein Sohn bot sich an, den Anfang zu machen, Mr. B. folgte. Bradfords Pferd hatte gerade am anderen Ufer Fuß gefasst, als sich der Junge umblickte und sah, dass sein Vater im Wasser mit der Strömung kämpfte, von der er bereits fortgetragen wurde.

Mr. Birkbeck konnte nicht schwimmen, Bradford aber schon. Er sprang vom Pferd und stürzte sich in den Fluss, um den Vater zu retten. Er erreichte ihn noch rechtzeitig, hielt ihn über Wasser und sagte ihm, er solle seinen Kragen packen, er würde mit ihm ans Ufer schwimmen. Mr. B. tat das, und Bradford schwamm mit aller Kraft gegen die Strömung an, um zu einer Stelle zu kommen, wo sie an Land gehen konnten. Unter der Last seiner eigenen Kleidung und dem Gewicht seines Vaters kam er jedoch kaum vom Fleck. Als Mr. B. das bemerkte, löste er sich mit der ihm eigenen Ruhe und Entschlossenheit von seinem Sohn, bedeutete ihm, sich selbst zu retten, und überließ sich seinem Schicksal. Bradford erreichte das Ufer, war jedoch durch den Verlust des Vaters so schockiert, dass er sich nicht von der Stelle rühren konnte. Viele Stunden später wurde er von einigen Reisenden entdeckt, wie er dort am Wasser saß, den Kopf in den Händen, vor Schmerz wie betäubt.

Mr. B.s Leiche wurde gefunden, auf dem Gesicht das süßeste Lächeln, und Bradford sagte: Genauso lächelte er mich an, als er losließ und sich von mir trennte.«

Viele Menschen können bei einer entscheidenden Gelegenheit das Richtige und Beste tun, aber wenige sind in der Lage, mit solcher Bereitschaft und Ruhe sogar ihr Leben zu geben, wenn es das Richtige und Beste ist. Diese kleine Erzählung rührte schon in früher Jugend an meine Vorstellung, und oft erschien vor meinem inneren Auge Mr. B.s Gesicht, heiter lächelnd über dem Strom, der ihn zu einem anderen Sein hintrug.

»Ich beobachtete, wie die verschworenen Stromschnellen gegen den Felsvorsprung anstürmten, um ihn in einer waghalsigen Attacke zu Fall zu bringen, bis sie sich in ihrem übertriebenen Ehrgeiz selbst überschlugen, zur anderen Seite hinabstürzten und als Gischt auseinandersprudelten.«

Kapitel V

Wisconsin

»Diese Stunden gaben mir Impulse,
schufen gedankliche Gewebe,
wie das Leben es kein zweites Mal ermöglicht.«

Ein Territorium, noch kein Staat; seinen Ursprüngen immer noch näher als Illinois.

Die Überfahrt war sehr angenehm. Die großen, eleganten Boote sind so gut ausgestattet, dass jeder Ausflug zum Vergnügen wird. Auf dem See und an den Ufern begegnet man neuen Reizen, fast immer kommen neue, liebenswürdige Menschen an Bord, hübsche Kinder, die herumtollen, Damen, die singen (und falls sie nicht besonders gut singen, gibt es genügend Platz, um ihnen auszuweichen). Man kann hier, im Londoner Sinn, sehr viel vom Leben sehen, wenn man einige Leute kennt, ja selbst, wenn man keine kennt und so taktvoll ist, sich umzuschauen, ohne jemanden anzustarren.

Wir kamen nach Milwaukee, wo wir vierzehn Tage, vielleicht auch länger bleiben wollten.

Milwaukee ist herrlich gelegen. Ein kleiner Fluss mit romantischen Ufern schlängelt sich durch die Stadt. Das Seeufer zeigt sich hier als kühner, achtzig Fuß hoher Felsen. Von seiner Höhe aus hatte man einen prachtvollen Blick auf den See, an dessen Rand sich ein schmaler Pfad entlang zog. Dieser Spazierweg gefiel mir sehr. Über mir der hohe Wall aus reicher Erde, mit seiner baumbestandenen Höhe, vor mir die geriffelten Wellen des Sees, die bis zu meinen Füßen reichten. Im Schatten stehend, konnte ich das hinreißende Farbenspiel, das Schönste, was ein See zu bieten hat, am besten betrachten. Was sich mir hier bot, war jedoch unbeschreiblich.

Ich mochte es, in den Leuchtturm hinaufzusteigen, der auf dem Steilhang thronte, und von dort aus zu beobachten, wie sich die Gewitterwolken über dem See ballten – oder die großen Boote einlaufen zu sehen. Wenn sie sich dem Pier von Milwaukee näherten, machten sie einen Bogen und schienen sich schwerfällig zu verneigen, wie eine Herzoginwitwe, die in eine Gesellschaft kommt, der sie besonderem Respekt zollen will.

Die Boote laufen täglich ein und aus und sorgen immer noch für allgemeine Aufregung, die Leute strömen herbei, um sie zu begrüßen, Pakete und Briefe in Empfang zu nehmen und welche mitzugeben. Sie erschienen mir wie mächtige Boten, deren fürstliche Bewegung eine solche Vorstellung von der Kraft und Fülle des Lebens vermittelte, dass ihnen die Ehre zuteilwurde, Sendungen von König zu König zu befördern. Alle, die einen aktiven Anteil an den Geschäften dieser großen, wachsenden Welt haben, muss es freuen, sie kommen zu sehen. Freuen muss es auch alle, auf die am nächsten Anleger liebe Freunde warten. Denen, die weder Geschäfte betreiben noch Freunde haben, geben sie mitunter ein tristes Gefühl der Bedeutungslosigkeit.

Die Stadt selbst hat durch ihre günstige Lage eine vielsprechende Zukunft. Und es gibt gutes Baumaterial – gelben Sandstein, für das Auge sehr wohltuend. Sie scheint direkt vor einem zu erstehen und ist wirklich eben erst aus einem Dickicht von Eichen und Wildrosen hervorgegangen. Wenige Schritte nur führen einen schon wieder ins Dickicht hinein, und. ich habe sicherlich noch nie so viele Wildrosen von solch wunderbarem Rot gesehen. Von diesem Rot waren der Legende nach die ersten roten Rosen, die die Welt je erblickt hat, als Venus Adonis zu Hilfe eilte und die dornigen Rosenbüsche sie zurückhielten; als sie sich endlich losreißen konnte, fielen Blutstropfen von ihren Füßen auf die weißen Rosen und färbten sie leuchtend rot.

Für die Beschreibung von Tizians Venus und Adonis, die ich hier einfüge, habe ich keine andere Entschuldigung, als dass mir das Gemälde plötzlich in den Sinn kam.

»Dieses Bild besitzt ein perfektes Gleichgewicht von Linien und Formen, sodass es, ›aus welchem Abstand auch betrachtet, wie eine ornamentale Konstruktion erscheint‹ (so heißt es auch von allen Bildern Raffaels). Es erzählt seine Geschichte auf den ersten Blick, auch wenn es wie alle großen Werke durch längere Betrachtung gewinnt.

Auf der einen Seite schlummert der kleine Gott der Liebe, vermutlich als Symbol dafür, dass nur die Liebe des Menschen einer Verkörperung bedarf, da die der Aphrodite vital genug ist. Cupidos Köcher, an einen Baum gehängt, gibt der Szene eine spielerische Leichtigkeit, was die Tragödie des Bruchs einer Beziehung mildert. Die Hunde des Adonis zerren an seiner Hand; er selbst kann sich kaum aus den Armen der Schönheit, die ihn zurückhalten wollen, befreien und hält kurz inne, um sie durch ein nichtssagendes Versprechen zu beruhigen. ›Einen Augenblick, einen kurzen Augenblick, Geliebte, und ich bin wieder da, nur einen Augenblick.‹ Abgesehen vom Ausdruck ungeduldiger Jugend ist Adonis nicht schön. Die Königin der Schönheit wählt nicht Apollo. Venus selbst ist außerordentlich schön, vor allem ihr Körper könnte nicht reizvoller sein, und der sanfte, flehende Blick gibt ihrem Gesicht eine eheliche Empfindsamkeit, die das ganze Bild verklärt. Diese Venus ist nicht so blühend, so ergreifend und lebensvoll wie Shakespeares Venus, wirkt aber schöner auf die Psyche, vielleicht auch auf die Sinne. Es fällt nicht leicht, dieses Bild ohne Empörung zu betrachten, da es in einer Hinsicht so wahr ist. Warum müssen Frauen immer versuchen, das zu halten, das zu bändigen, was sie lieben? Törichte Schönheit; lass ihn gehen; deine Zärtlichkeit hat ihn verdorben. Sei weniger lieblich – weniger weiblich; gib deine Phantasie auf, dich ganz zu geben; hör auf, so gut zu lieben, und jeder Herkules wird unter deinen Mägden am Spinnrad sitzen, wenn du es so willst. Lass ihn gehen; du kannst ihn nicht halten. Setz dich allein auf diese Bank und denke – anstatt daran zu denken, wie bald er wiederkommen wird – einmal daran, dass du ihn nicht besser lieben solltest, als er dich liebt, die Zeit ist reif.«

Nur kurz darauf hörte die arme Königin die verängstigten Hunde, begriff, in welcher Gefahr sich der tollkühne Jäger befand, und färbte, während sie durch den Wald eilte, die Rosen rot.

Aber kehren wir von den griechischen Inseln nach Milwaukee zurück. Eines Tages gingen wir auf der Suche nach einem Wasserfall, der von einer Schlucht aus zu sehen sein sollte, am Flussufer entlang, als wir Musik hörten und eine ausgelassene Truppe erblickten, die am gegenüberliegenden Ufer auf eine Zielscheibe schoss. Die Kapelle spielte nach jedem Schuss, alles in allem eine hübsche Szene.

Bei diesem Spaziergang stießen wir auf zwei der ältesten und knorrigsten Hemlocktannen, die wohl je einem Maler Modell gestanden haben. Es waren übrigens die einzigen, die wir hier gesehen haben; sie erschienen uns wie Veteranen eines früheren Geschlechts.

In Milwaukee wie in Chicago gibt es viele liebenswürdige Menschen, die aus allen Teilen der Welt hierherkommen. Für einen Ansässigen dürften diese Begegnungen sehr reizvoll sein – jeder, dem er begegnet, bringt die unterschiedlichsten Geschichten und Themen mit. Und einigen sah ich an, dass sie offenbar aus den feinsten Kreisen des Landes hierher verpflanzt worden waren. Der amerikanische Westen bietet genügend Verlockungen für Leute aller Art – den Enthusiasten und den Cleveren, den Naturforscher und den Liebhaber, der reich sein muss, um seiner Geliebten etwas bieten zu können.

Ein gewaltiger Strom an Auswanderern bewegt sich auf diese Gegend zu. Während der warmen Jahreszeit kommen tagtäglich jede Menge armer Flüchtlinge in schmutziger, zerschlissener Landestracht. Sie übernachten in primitiven Baracken, in einem bestimmten Viertel der Stadt, dann ziehen sie weiter ins Landesinnere – die Mütter halten die Säuglinge im Arm, die Väter führen die Kleinkinder an der Hand, alle sind sie auf der Suche nach einem Zuhause, wo die Arbeit ihrer Hände sie erhalten kann.

An einem Morgen machten wir uns wie sie auf den Weg und reisten einen ganzen Tag lang ins Landesinnere – sehr einladend, wenn auch der Teil, den ich sah, für mich nicht mit der Gegend um den Rock River vergleichbar war. Reiche Felder, gut für den Anbau von Getreide, wechselten mit Eichenhainen; die Landschaft hatte markante Züge, sie war abwechslungsreich und heiter, aber mir fehlten dieser majestätische Schwung, diese grenzenlose Weite, diese himmlischen Felder, es war nicht die gleiche Welt.

Wir reisten auch nicht auf die gleiche vergnügliche Weise, sondern saßen in einer feinen Kutsche, die aus Angst vor einem Achsenbruch keinen Umweg nehmen durfte. Die Hauptsorge des gewissenhaften Kutschers bestand darin, seine Pferde nicht zu ermüden, und er brannte nicht darauf, wegen einiger Wildblumen über Äcker zu holpern oder aus purer Neugier auf das, was einem vielleicht begegnen könnte, einen unbekannten Waldpfad einzuschlagen. Alles war angenehm, aber fast ebenso zahm wie in Neuengland.

Reizend war allerdings der Ort, an dem wir schließlich Halt machten. Er lag in der Nähe einer Seenkette und direkt am Ufer eines wunderschönen kleinen Flusses, dem Bark River, der rasch und bernsteinfarben glänzend durch Felder, enge Täler und eine nahezu idyllische Hügellandschaft strömte.

Das kleine Blockhaus, in dem wir wohnten, mit seinem Blumengarten, störte die Landschaft nicht mehr als eine Locke, die über eine schöne Wange fällt. Die Gastfreundschaft in diesem Haus kann ich nicht anders als fürstlich nennen. Es war die grenzenlose Gastfreundschaft des Herzens, die zwar keine Wunderlampe besitzt, um dem Gast einen Palast herbeizuzaubern, ihm aber durch die ihm bis ins letzte gewährte großmütige Freizügigkeit eine noch viel größere Freude bereitet.

Herrlich waren die Sonnenuntergänge, die wir in diesem Flusstal erlebten. Leider erschien zu einer bestimmten Stunde, nicht anders als beim Rock River, der Leibhaftige, der alle Freiheit genießt, die Glücklichen dieser Welt zu provozieren, in Gestalt eines Mückenschwarms, der unseren körperlichen und damit auch unseren geistigen Frieden zerstörte.

An einem der Tage, die wir dort verbrachten, machten wir Damen morgens in Begleitung unseres Gastgebers eine Tour zu den Schönheiten der angrenzenden Seen – Nemahbin, Silver und Pine Lake. Am Ufer des Nemahbin befand sich früher eines der schönsten indianischen Dörfer. Unser Gastgeber erzählte, dass er einmal unten an der Böschung im Gras lag, als er einen hochgewachsenen Indianer bemerkte, der auf dem Hügel stand und Ausschau hielt. Er blieb zunächst reglos liegen, neugierig, wie lange die Gestalt wohl in ihrer statuarischen Haltung verharren würde. Schließlich verlor er die Geduld, bewegte sich und verursachte dabei ein leises Geräusch. Der Indianer wurde auf ihn aufmerksam, stieß ein wildes Schnauben der Entrüstung und Qual aus und ging davon.

Welche Gefühle müssen ihr Herz in solchen Momenten zerreißen! Ich frage mich, wie sie es fertigbringen, den weißen Mann nicht auf der Stelle zu erschießen.

Die Macht des Schicksals ist jedoch auf Seiten des Weißen, und der Indianer spürt es. Unser Gastgeber erzählte weiter, wie er einmal mit einem indianischen Guide durch die Wildnis reiste. Er hatte eine Flasche Branntwein bei sich, den er ihm in kleinen Schlucken geben wollte, doch einmal auf den Geschmack gekommen, verlangte der Indianer alles auf einmal. »Ich wollte das nicht«, sagte Mr. –, »denn einmal betrunken, hätten seine Dienste als Guide rasch ein Ende. Er bestand aber darauf und versuchte schließlich, mir die Flasche zu entreißen. Ich war nicht bewaffnet, im Gegensatz zu ihm, der außerdem doppelt so stark war wie ich. Ich wusste aber, dass ein Indianer dem Blick eines weißen Mannes nicht standhalten kann und fixierte ihn. Er ertrug es für einen kurzen Moment, dann senkte er die Augen und ließ die Flasche los. Ich nahm sein Gewehr und schleuderte es weit fort. Nach einer Pause sagte ich ihm, er solle es holen und ließ es ihn behalten. Von da an war er für den Rest des Weges fügsam, beinahe servil.«

So liebenswürdig und liberal dieser Gentleman ansonsten auch war, er zeigte die Abneigung, die der weiße Mann schon bald dem Indianer gegenüber empfindet, den er missbraucht: die Abneigung des Täters gegenüber seinem Opfer, das er gedemütigt hat. Nachdem er davon erzählt hatte, wie er den Indianer beim Blick auf seine frühere Heimat beobachtete,

»das Schwierigste für menschliche Gefühle«,

was, wie man erwarten könnte, bei dem jetzigen Besitzer des schönen Hügels, in dem sich die Gebeine der Toten des Vertriebenen befinden, die Asche seiner Hoffnungen, ein zartes Mitgefühl – ja, Reue – hervorrufen würde, bemerkte er: »Man kann sie nicht davon abhalten, zu ihren alten Stätten zurückzukehren. Ich wünschte, man könnte es. Es sollte ihnen nicht erlaubt sein, *unser* Wild zu vertreiben.« UNSER Wild – lieber Himmel!

Derselbe Gentleman zeigte bei einer geringfügigen Gelegenheit den wahren Geist des Jägers, oder vielleicht sollte ich sagen, des Menschen, der irgendeiner Art von Jagd nachgeht. Er zeigte uns einige Geweihe und sagte: »Dieses hier gehörte einer majestätischen Kreatur, das kleine da einer Schönheit. Ich hatte lange auf der Lauer gelegen, bis ich sie endlich herankommen hörte. Vorsichtig hob ich den Kopf, als sie durchs Unterholz brachen. Der erste war ein prachtvoller Bursche. Und dann sah ich den anderen, das schönste, anmutigste Tier, das mir je begegnet war – in seinem Blick lag etwas so Sanftes und Flehendes. Ich legte sofort auf ihn an, zielte und schoss. Wie Ihr seht, ist das Geweih nicht besonders ausladend; er war noch jung, aber das schönste aller Geschöpfe!«

Während unserer morgendlichen Fahrt überraschten wir die Gentlemen beim Fischen. Sie winkten uns fröhlich zu und ruderten ans Ufer, um uns zu zeigen, welch reiche Beute sie gemacht hatten. Keine Enttäuschung, keine langweilige Arbeit. Auf der Landzunge, von der aus wir sie zuerst erblickten, lebte eine zufriedene Frau, die einzige, von der ich hier draußen hörte. Sie war Engländerin und bemerkte, sie habe in ihrem eigenen Land so viel Leid gesehen, dass die Strapazen in diesem ihr so gut wie gar nichts ausmachten. Aber die anderen – selbst unsere liebenswürdige Gastgeberin – hatten das Gefühl, ihre Arbeit stehe in keinem Verhältnis zu ihren Kräften, zu ihrer Ausdauer; und während ihre Ehemänner und Brüder das Land beim Jagen oder Fischen erkundeten, sahen sie sich auf ein tristes und mühevolles häusliches Leben begrenzt. Aber ich denke, das muss nicht mehr lange so bleiben.

Am Nachmittag fuhren wir an den Seeufern entlang, durch eine reizvolle Landschaft; hübsche, weite Wälder, dazwischen zarte Wasserläufe mit kleinen Landzungen, die kühn in sie hineinragen. Es war sehr malerisch, aber weder beeindruckend noch eigen.

Alle Wälder rufen Bilder in uns hervor. Der europäische Wald mit seinen großen Lichtungen und den grünen, sonnigen Senken lässt natürlich an den gerüsteten Ritter auf seinem stolzen Ross oder die gold- und perlengeschmückte Jungfrau denken, die auf ihrem Schimmel neben ihm galoppiert; die grünen Wiesen an den müden Pilger, den Kopf auf dem Ranzen, der neben einer Quelle ruht. Unser Geist, der mit solchen Gestalten vertraut ist, bevölkert mit ihnen die Wälder Neuenglands, dort, wo das Sonnenlicht auf einen langgestreckten Feldweg trifft, wo eine gerodete Lichtung ruhig genug daliegt, um den Bäumen ein freundliches Aussehen zu geben und die freistehenden Stämme in Licht zu baden, unberührt genug, um die mit Blumen übersäte Wiese in ein samtiges Kissen zu verwandeln. Die westamerikanischen Wälder beschwören andere Balladen. In den indianischen Legenden gibt es oft den Hauch wilder Einsamkeit, so wie in der, die Mr. Lowell[62] in seinem jüngsten Buch nachgedichtet hat. Aber diese wilden Wälder habe ich nicht gesehen; nur solche, die kleine Romanzen von Liebe und Leid erzählen können, wie etwa diese hier:

---

62 James Russell Lowell (1819–1891), US-amerikanischer Dichter, Essayist und Diplomat. Margaret Fuller bezieht sich auf sein Gedicht A CHIPPEWA LEGEND.

Ein Mädchen saß unter dem Baum,
Die Tränen rannen über ihre Wangen,
Sie seufzte schwer.

Vom Wald heraus ins klare Licht,
Ein Jäger schritt mit fröhlichem Gesang,
Er blickte kühn und hell.

Er sieht das Mädchen, sorglos macht er Halt
Und fragt sie sanft »Was weinst du denn?«,
»Ich lieb dich ja; hab keine Angst.«

Nimmt ihre Hand und führt sie fort;
Was wartete sie nicht an jenem Ort,
Er war nicht ihr Erwählter.

Er zieht ihren Kopf an seine Brust,
Nicht ihr Zuhause, sie hat es gewusst,
Doch ach! Sie war verzweifelt.

Die heiligen Sterne schauten traurig nieder,
Der Mond verschwand und runzelte die Stirn,
Die diamantene Krone so betrübt zu sehen.

Ein Hirsch bricht aus dem Busch hervor,
Der Jäger greift nach seinem Speer,
Ruft »Mädchen, warte auf mich hier.«

Sie sieht ihn in die Nacht entschwinden,
Der Schrecken reißt sie aus dem Schlaf,
Er war ja nicht ihr wahrer Ritter.

Gunhilde ging im Traum nur fehl;
Ein vorgestelltes Unheil fiel sie an,
Die vorgestellte Schuld beklagte sie dann.

Der Gedanke bei Tag macht den Traum in der Nacht:
Sie ist des Ritters nicht wert,
Ihr inneres Bild erstrahlt nicht hell.

Erträgst du nicht die Einsamkeit,
Kannst du des Drachen Gift nicht trotzen,
Erringst du nicht den reichen Lohn.

Das Mädchen seufzt noch schwerer jetzt,
Weit bittere Tränen brennen in den Augen,
Die Blume ihres Herzens liegt im Staub, zerquetscht.

Am Ufer des Silver Lake erblickten wir ein Indianercamp. Ein Regenschauer drohte sich an, aber wir beschlossen, es uns anzusehen, ehe er uns überfiel. Zu Fuß überquerten wir ein breites Feld und trafen dann auf die Indianer, die zwischen den Bäumen an einer Böschung lagerten. Kaum waren wir dort, begann es in Strömen zu regnen, es donnerte heftig, und wir mussten in ihren Wigwams Schutz suchen. Sie waren sehr klein, da sie nur der vorübergehenden Nutzung dienten, und wir drängten uns mit den Bewohnern zusammen. Etliche von ihnen waren krank, sie lagen auf zerlumpten Matten oder direkt auf dem feuchten Boden. Aber alle zeigten sie die ihnen eigene liebenswürdige Höflichkeit gegenüber dem Fremden in Not; und obwohl es offensichtlich war, dass der Besuch, der ihnen Unannehmlichkeiten bereitete, nur der dreistesten Neugier geschuldet sein konnte, machten sie es uns so bequem, wie es ihre extreme Armut zuließ. Sie schienen zu glauben, dass wir sie nicht berühren wollten. In dem Wigwam, in dem ich untergekommen war, beharrte ein krankes Mädchen darauf, beiseite zu rücken, um mir ihren trockenen Platz zu überlassen; eine Frau mit dem süßen, melancholischen Blick ihres Volkes hielt die Kinder und die nassen Hunde sogar vom Saum meines Kleides fern.

Draußen schwelten ihre Feuer, und von hölzernen Gestellen hingen schwarze Kessel, die im Regen dampften und brodelten. Ein alter Indianer, der einen theatralischen Eindruck machte, stand mit verschränkten Armen da und schaute zum Himmel, von dem der Regen prasselte und der Donner hallte; etwas Französisch-Römisches umgab ihn, das heißt eher etwas Romanisches als Römisches. Die aufgeregten Ponys galoppierten durch den Wald rund um das Camp, hielten manchmal unvermittelt inne und streckten ihre klugen, wenn auch verwunderten Gesichter herein, als wollten sie ihre Herren fragen, wann denn dieser schreckliche Lärm ein Ende hätte, nur um gleich darauf wieder loszustürmen.

Schließlich brachen wir auf, durchnässt, aber um eine bildhafte Erinnerung reicher. In einem Haus, wo wir einkehrten, um trocken zu werden, erzählte man uns, dass diese nomadische Schar vom Stamm der Potawatomi, die entweder aus Heimweh oder aus Not zurückgekehrt war, unter größter Armut litt. Die Frauen waren erst kurz zuvor gekommen, um ihre Stirnbänder, mit denen sie ihr Haar in beinahe griechischer Art zu einem Knoten schlingen, gegen Essen einzutauschen. In der Tat schienen sie weder Nahrung, Utensilien, Kleidung oder Decken zu haben; nichts als den Erdboden, den Himmel und ihre eigene Kraft. Kein Wunder, dass sie das Wild vertrieben!

Einen Teil derselben Schar hatte ich bereits in Milwaukee bei einem wilden, grotesken Bitt-Tanz gesehen. Die Tänzer waren bunt bemalt und trugen einen Federkopfschmuck. »Indianer ohne Farbe sind arme Blässhühner«, bemerkte ein Gentleman, der lange unter ihnen gelebt hatte und sie wirklich mochte. Und ich mag, welchen Einfluss die Farbe auf sie hat; sie erinnert an die vergnügten Phantasien der Natur. In Milwaukee waren sie in Begleitung eines Häuptlings, die schönste indianische Gestalt, die mir je begegnet ist, über sechs Fuß groß, aufrecht, mit düsterem, aber würdevollem Gang und großer Geste. Ein tiefroter Umhang fiel ihm in lockeren Falten von den Schultern bis zu den Füßen. Er schloss sich dem Tanz nicht an, sondern schritt langsam durch die Straßen. Ein schöner Anblick, kein französisch-römischer, sondern ein echter Römer. Er sah unglücklich aus, aber teilnahmslos unglücklich, als fühlte er, dass es nichts nützte, aufzubegehren oder sich zur Wehr zu setzen.

In der Nähe dieser Seen besuchten wir auch eine sehr interessante fremde Siedlung. Hier schien es Menschen zu geben, die »die Rechte und Pflichten« ihres neuen Lebens begriffen hatten; und wenn sie ihnen treu bleiben, werden sie daraus großen Nutzen ziehen, für sich und auch für andere.

Wie traurig und niederschmetternd muss die Situation für den Enthusiasten sein, der in der Hoffnung an diese Ufer kommt, das stille Vergnügen intellektueller Erkenntnisse und das reine Glück gegenseitiger Liebe als Teil dessen zu finden, was ihm hier begegnet. Er ist der Herzlosigkeit der besseren Kreise entflohen, nur um hier dem vulgären Mob zu begegnen; er hat die Einsamkeit gewählt, aber es ist eine öde, eine triste Einsamkeit. Inmitten der Fülle der Natur wird es ihm wegen kleiner, doch unüberwindlicher Hindernisse lange Zeit nicht gelingen, für irgendeine Annehmlichkeit zu sorgen oder sich ein Heim zu schaffen.

Kommt er dagegen gewappnet mit der nötigen Geduld, um die Zauberformeln zu erlernen, nach denen es die neuen Drachen verlangt (und das kann nur vor Ort geschehen), so wird er schließlich von dem versprochenen Schatz nicht enttäuscht werden, und der Pöbel nimmt die Gestalt einzelner Menschen an – sie

mögen zwar grob sein, haben aber ein gutes Gemüt und ein freundliches Wesen. Die Einsamkeit wird sich bald beleben, und auf dem reichen Boden entsteht zu guter Letzt auch ein Heim.

Eines, auf das wir stießen, befand sich in genau diesem Übergangsstadium. Beim Näherkommen schien es das reine Paradies zu sein, das die Erde auch heutzutage noch für ein Paar bereithält, das entschieden ist, die banalen Freuden der Welt für eine innigere Verbindung zueinander und zur Schönheit aufzugeben. Der wilde Weg führte durch tiefe, idyllische Wälder zu den noch wilderen, noch idyllischeren Ufern des herrlichsten Sees. Sein Wasser schimmerte in der Morgensonne, auf ihm glitten einige Indianer in ihren leichten Kanus dahin. Auf einer der beschaulichen Anhöhen, von denen ich schon häufiger gesprochen habe, stand ein kleines Landhaus, unter Bäumen, die sich zu ihm herabneigten, als fühlten sie noch ihre Verwandtschaft mit dem hölzernen Dachfirst. Blumen wogten im Wind, Vögel flatterten umher, alles verströmte die Süße einer glücklichen Abgeschiedenheit, alles lud dazu ein, den Bewohnern zuzurufen: »Seid gegrüßt, ihr Glücklichen!«

Doch als wir das Haus dieser Menschen betraten, die offensichtlich mit Schönheit, Talenten, Liebe und Mut gesegnet waren, sahen die Dinge eher traurig aus. Krankheit, Tod, Sorge und Mühsal waren zu ihren Begleitern geworden. Sie hatten sie noch nicht niedergerungen, aber ihr fröhliches Lächeln bereits in ein ernstes verwandelt. Es schien, als wären Hoffnung und Freude der Auflösung gewichen. Wie viele Möglichkeiten steckten in ihnen, die woanders so wertvoll wären, an diesem Ort jedoch ganz nutzlos waren. Mit kultiviertem Benehmen und Bildung kann man in dieser Welt und vor Feldarbeitern nicht glänzen; man könnte ebenso gut Heliotropium für einen Ochsen anbauen. Ochsen und Heliotropium sind beide gut, aber nicht füreinander.

Die Leute hier bewahrten noch einige der alten Vergnügungen: Bücher, Stifte und Gitarre. Dort, wo einen Waschtrog und Axt aber fortwährend in Atem halten, gibt es dafür weder genügend Zeit noch Fingerfertigkeit.

Im Wohnraum saß der Hausherr, vermutlich schon sehr lange. Er hatte sich auf dem Schiff den Fuß verletzt und musste sein Land durch einen Verwalter bestellen lassen. Seine schöne junge Frau war seine einzige Gesellschaft, sie pflegte ihn und hielt zugleich Haus und Farm in Ordnung. Wie gut sie ihre harten und ungewohnten Pflichten erfüllte, zeigte sich in allem, was ihre Fürsorge genoss; alles, was zum Haus gehörte, war einfach, aber schön gestaltet. Der Kranke, der sich mit einem unbequemen Holzstuhl begnügen musste (sie hatten niemanden dazu bewegen können, aus der Stadt einen Sessel mitzubringen), sah so vornehm aus, als hätte ihn der Kammerdiener eines Herzogs angekleidet. Er war von nordischem Blut, hatte klare, tiefblaue Augen, ruhige Gesichtszüge, in denen sich der Charakter des Soldaten, des Gelehrten und des Weltmanns in gleichem Maße spiegelte. Vielleicht waren diese unterschiedlichen Einflüsse für den vollblütigen Ausdruck verantwortlich, der bei Amerikanern nie zu sehen ist, vielleicht hatte er ihn aber auch von einem Geschlecht geerbt, das mit jeder dieser Disziplinen vertraut war. Er unterschied sich sehr, aber nicht unangenehm von seiner Frau, deren leuchtender Teint und dunkle, sanfte Augen darauf schließen ließen, dass sie aus einem sonnigeren Klima stammte. Er machte den Eindruck, als könne er lange und geduldig dort sitzen, in seinen Gedanken leben und seine Zeit abwarten; sie, als könne sie aus Zuneigung alles ertragen, als spüre sie aber das Gewicht jedes Augenblicks, der dahinging.

Als wir das Album mit Zeichnungen und Versen betrachteten, die von einem gebildeten und herzlichen sozialen Kreis zeugten, den sie in ihrer Heimat zurückgelassen hatten, war nicht zu übersehen, dass die junge Frau wohl manchmal eine Schwester brauchte, der Ehemann einen Gefährten, und beide vermissten bestimmt oft jene Funken, die aus der Verbindung verwandter Geister sprühen.

Jedem Menschen ist eine Position zu wünschen, die in gewissem Maße seiner Ausbildung entspricht. Mr. Birkbeck war ein geborener Farmer, aber diese Leute sind Kinder der gehobenen Gesellschaft und der Stadt. Vielleicht haben sie die Kraft, auszuharren, aus ihren Augen strahlte liebevoller Mut, und sollte das der Fall sein, werden sie bestimmt zu wahren Kennern des Landes und können ihrer Umgebung wichtige Impulse geben. Das erweckt in ihnen vielleicht das Gefühl, die harte Unabhängigkeit des neuen Siedlerlebens nicht zu teuer bezahlt zu haben. Aber im Allgemeinen gedeihen Damaszener-Rosen nicht im Wald. Lieber würden wir dort auf ein geeigneteres und abgehärtetes Gewächs stoßen.

Meine Einstellung solchen Ausländern gegenüber unterscheidet sich von der gegenüber Amerikanern. Ich halte es für unentschuldbar, wenn amerikanische Männer und Frauen ihre Kinder nicht so erziehen, dass sie für die Wechselfälle des Lebens gerüstet sind. Das ist die Bedeutung unseres Sterns, dass hier, wo alle Menschen frei und gleich sind, ein jeder aus eigenen Kräften auf Freiheit und Unabhängigkeit vorbereitet sein sollte, wohin auch immer ihn die wechselhafte Woge unseres mächtigen Stroms tragen mag. Europas Stern stand jedoch unter einem anderen Zeichen, und Schicksale zu mischen, tut keinem gut. Der Araberhengst wird keinen Pflug ziehen, und der Ackergaul lässt sich nicht beim Turnier reiten. Aber der Mensch bleibt ein Mensch, wohin er auch immer geht, und einer, der an seinem Entschluss festhält, wird etwas Kostbares daraus gewinnen und die Kosten klaglos zahlen.

Bei der Rückfahrt machte der feine Wagen endlich seine Drohung wahr und brach zusammen. Wir kamen in einem Farmhaus unter. Dort herrschte ein angenehmes Leben. Mehrere glückliche Familien hatten sich auf diesem ertragreichen Landgut zu einer natürlichen Gemeinschaft zusammengeschlossen, in der man sich gegenseitig half und ermunterte. Zu Hause, im Westen von New York, waren sie Farmer gewesen, und Männer wie Frauen wussten, wie man arbeitet. Aber selbst hier taten sich die Frauen mit der Veränderung schwer, sie gaben sich jedoch alle Mühe, »denn für die Jugend ist es so am besten«. Ihre Gastfreundschaft war überwältigend, und das Haus quoll über von Frauen und hübschen Kindern, die alle ein Herz und eine Seele schienen.

Nachdem ich erschöpft nach Milwaukee zurückgekehrt war, verbrachte ich ein oder zwei Tage mit Lesen. Das Buch, das ich dabei hatte, stand in starkem Gegensatz zu dem Leben um mich herum. Die Vision einer exaltierten und empfindsamen Existenz, die in die nächste Sphäre vorzudringen schien – ein merkwürdiger, eigenwilliger Kontrast zu dem spontanen, instinktiven, so gesunden und bodenständigen Leben, wie ich es hier beobachten konnte. Es handelte sich um ein deutsches Buch mit dem Titel Die Seherin von Prevorst. Eröffnungen über das innere Leben des Menschen und über das Hereinragen einer Geisterwelt in die unsere. Mitgetheilt von Justinus Kerner.[63]

Das Buch erschien vor etwa zwölf Jahren in Deutschland; es traf dort auf ebenso viel Bewunderung, wie es Stürme an Spott und Hohn auslöste. Bis noch vor ein oder zwei Jahren sah ich es in keiner englischen Publikation erwähnt. Dann weckte ein scherzhafter, aber keineswegs sarkastischer Bericht im *Dublin Magazine* meine Neugier, und ich besorgte es mir, um es zu lesen, sobald ich ein paar freie Tage haben würde – was nun auf dieser Reise der Fall war.

Der Autor, Dr. Kerner, genießt in seiner Heimat als Arzt und Denker hohes Ansehen, wird aber immer mit Versenkung, Wunder und Mystik in Verbindung gebracht. Er war mir nur durch zwei oder drei kurze Gedichte in der Katholischen Literatur-Zeitung bekannt, die ich für das feine Gespür bewunderte, das sie für die Schönheit von Symbolen zeigten.

In diesem Buch gibt er die mentale und physische Biographie eines der bemerkenswertesten Fälle heftiger nervöser Erregtheit, die die heutige Zeit, die sich sehr dafür interessiert, bislang vorgelegt hat – mit all den Phänomenen der

---

63 Friederike Hauffe (1801–1829), die Tochter eines Revierförsters, wurde bekannt als Seherin von Prevorst. Um 1825 wurden bei ihr Symptome einer »Dämonen- und Geisterbesessenheit« festgestellt. Der Oberamtsarzt Justinus Kerner (1786–1862) behandelte sie bis zu ihrem Tod und veröffentlichte ihren Krankenbericht in Romanform (1829). Er wurde ein Bestseller seiner Zeit.

Hellseherei und der Empfänglichkeit für magnetische Einflüsse. Auf Wunsch vieler, die durch den oder jenen Hinweis darauf aufmerksam geworden sind, will ich hier einige Darstellungen aus dieser Biographie einfügen.

Das Buch, ein dicker, schwerer Band, verfasst mit wahrer deutscher Geduld, manch einer würde sagen Umständlichkeit, ist bislang wahrscheinlich nicht in andere Sprachen übersetzt worden. Was meine eigene geistige Haltung zu diesen Themen betrifft, so soll sie durch einen kurzen Dialog zwischen verschiedenen allegorischen Persönlichkeiten, die mich durch eine Portion freundlichen Vertrauens und kritischer Sicht ehren, und mir selbst, in der Rolle der *Freien Hoffnung*, zum Ausdruck kommen. Die anderen treten als *Alte Kirche*, *Gesunder Menschenverstand* und *Innere Gelassenheit* auf.

Gesunder Menschenverstand. Ich wundere mich, dass du dich für solche Beobachtungen oder Experimente interessierst. Siehst du denn nicht, wie unmöglich es ist, sie mit irgendeiner Exaktheit zu betreiben, wie vollkommen unmöglich es ist, sie irgendwie einzuschätzen – außer, man betreibe sie selbst –, wenn schon das geringste Fünkchen an Leichtgläubigkeit, an aufgeregter Phantasie, ganz zu schweigen von vorsätzlicher oder leichtsinniger Irreführung das ganze Ergebnis verdirbt. Selbst wenn wir die Möglichkeit zulassen, ein paar klärende Einblicke in einen höheren Seinszustand zu gewinnen, was wollen wir damit anfangen? Um uns herum ist so vieles, was wir weder verstehen noch nutzen. Unsere geistigen Fähigkeiten und Instinkte sind für unsere gegenwärtige Sphäre nur halb entwickelt. Beschränken wir uns doch darauf, bis diese eine Lektion gelernt ist. Seien wir doch natürlich, bevor wir uns mit dem Übernatürlichen abmühen. Immer wenn ich so etwas sehe, möchte ich weglaufen, unter einem grünen Baum liegen und mir den Wind um die Nase wehen lassen. Das ist mir Wunder und Rätsel genug.

Freie Hoffnung. Mir auch. Nichts ist wahrer als Wordsworths Glaube, auf den Carlyle[64] so viel Wert legt, dass wir nur das Wunder eines jeden einzelnen Tages betrachten müssen, um uns jeden einzelnen Tag mit Gedanken und Bewunderung zu erfüllen. Aber wie werden unsere geistigen Fähigkeiten dafür geschärft? Eben durch das Erfassen der unendlichen Erträge eines jeden Tages.

Wer sieht die Bedeutung der entwurzelten Blume auf dem gepflügten Feld? Der Pflüger, der nicht über den Feldrain hinaus schaut, der nicht vom Boden aufblickt? Nein – aber der Dichter, der dieses Feld in seinem Verhältnis zum Univer-

---

64 Thomas Carlyle (1795–1881), schottischer Essayist und Historiker, berühmt geworden durch seine dreibändige Geschichte der Französischen Revolution (1837).

sum betrachtet und öfter zum Himmel blickt, als zu Boden. Nur der Träumer wird Wirklichkeiten verstehen, auch wenn es wahr ist, dass sein Träumen in keinem Missverhältnis zu seinem Wachsein stehen darf!

Ein Geist, der durch das Dasein selbst stark erregt wird, dehnt sich in das aus, was der französische Weise[65] den »aromalen Zustand« nennt. Aus der so wiedergewonnenen Balance formt er die Hypothese, unter deren Banner er seine Fakten sammelt.

Lange bevor diese zarten Versuche unternommen wurden, das, was man derzeit als animalischen Magnetismus bezeichnet, als Wissenschaft zu etablieren, beschäftigten sich die Menschen bereits mehr oder weniger mit diesem vitalen Prinzip – dem Prinzip von Flux und Influx, der Dynamik unserer geistigen Mechanik, der elektrischen Leitfähigkeit des Menschen. Die poetische Beobachtung war rein, ihr freier Lauf wurde nicht beeinflusst, im Gegensatz zu der allzu häufigen mutwilligen Manipulation der verborgenen Quellen des Lebens, denn es ist Manipulation, wenn man nicht geduldig und mit strenger Wahrhaftigkeit vorgeht. Es ist aber durchaus möglich, dass grobe oder gierige Bergleute gutes Erz zutage fördern. Und es gibt einige, die mit der richtigen Einstellung arbeiten, geduldig und genau in ihrem Urteil, ohne voreilige Schlüsse zu ziehen. Sie spüren dort ein Mysterium, das sie nicht voreilig benennen wollen, bis sie es in seiner Realität erkennen können: Solche können ebenso lernen wie lehren.

Da ich äußerst sensibel bin für die jähen Offenbarungen, die Brüche im gewohnten Dasein, die durch den Anblick des Todes, die Berührung der Liebe, die Überflutung durch Musik verursacht werden, habe ich, soweit ich mich erinnere, nie das erlebt, was man einen normalen Tag nennt. Alle meine Tage werden vom Übernatürlichen gestreift, denn ich spüre das Drängen verborgener Ursachen und die Gegenwart unsichtbarer Mächte, manchmal auch eine Gemeinschaft mit ihnen. Ich brauche den Hellseher nicht zu fragen, ob »eine Geisterwelt in die unsere hinein reicht«. Was die konkreten Beweise angeht, möchte ich meinen Geist jedoch nicht durch vorschnelles Aufnehmen der Strömungen beeinträchtigen. Der Geist ist eben keine Schnellstraße, sondern ein Tempel, und seine Tore sollten nicht achtlos offen stehen. Es wäre aber Sünde, wenn Trägheit oder Kälte das ausschließen würden, was zum Eintreten berechtigt ist; und ich frage mich,

---

65 Gemeint ist der französische Gesellschaftstheoretiker Charles Fourier (1772–1837). Das Werk, auf das Fuller Bezug nimmt, ist die THÉORIE DES QUATRE MOUVEMENTS ET DES DESTINÉES GÉNÉRALES (1808); [dt. THEORIE DER VIER BEWEGUNGEN UND DER ALLGEMEINEN BESTIMMUNGEN. Hg. von Theodor W. Adorno. Europäische Verlagsanstalt, Frankfurt/M. 1966]. Fourier nimmt ein eigenes Prinzip an, das er als Aroma bezeichnet. Es umfasst all das, was die Physik als unwägbare Flüssigkeiten bezeichnet. Er weist der aromalen Bewegung ihre Stelle zwischen der instinktiven und der organischen Bewegung zu.

ob in den Augen der reinen Vernunft die grundlose, vorschnelle Ablehnung kein größeres Zeichen von Schwäche ist als der grundlose, vorschnelle Glaube.

Zur Erläuterung zitiere ich hier am besten einen Mann, alt an Jahren, aber jung im Herzen, dessen langes Leben im Zeichen jener entschiedenen Anpassung der Mittel an die Zwecke stand, durch die sich praktische Weisheit auszeichnet. Er schrieb an sein Kind: »Ich habe zu lange gelebt und zu viel gesehen, um ungläubig zu sein.« Dieser Gedanke ist ebenso großmütig wie die Offenheit, mit der er geäußert wurde, statt belehrender Sprüche, kleinlicher Ratschläge und moderner Beispiele. Ähnliches wurde von Sokrates berichtet, als er seinen Schülern auftrug, »Asklepios einen Hahn zu opfern«[66].

Alte Kirche. Du bist immer so geistreich und wortgewandt, Freie Hoffnung, dir bleibt gar keine Zeit, um zu sehen, wie oft du dich irrst und vielleicht sogar sündigst und lästerst. Der Schöpfer hat unserem Wissen absichtlich bestimmte Grenzen gesetzt, hat uns absichtlich eine bestimmte Probezeit gegeben, der unsere Fähigkeiten angepasst sind. Durch wilde Spekulation und maßlose Neugier überschreiten wir seinen Willen. Das kann gefährliche, wenn nicht verhängnisvolle Folgen haben. Wir verschwenden unsere Kräfte, werden morbide, visionär und sind nicht mehr in der Lage, positive Gebote zu befolgen und positive Pflichten zu erfüllen.

Freie Hoffnung. Ich halte es kaum für möglich, die Resultate einer begrenzten menschlichen Erfahrung mehr zu überschreiten als diejenigen es tun, die meinen, sie könnten den Ursprung und das Wesen der Sünde, das endgültige Schicksal der Seelen und den gesamten Plan des Schöpfers diesen Ergebnissen entsprechend festlegen. Ich denke, dass jene, die deine Ansicht vertreten, sich selbst weder erforscht haben noch wissen, auf welchem Boden sie stehen.

Ich akzeptiere keine durch menschliches Ermessen festgelegte Grenze menschlicher Fähigkeiten. »Es ist dafür gesorgt«, ich sehe es, »dass die Bäume nicht in den Himmel wachsen«[67], aber ich bin der Meinung, je kraftvoller sie danach streben, desto besser. Es soll nur ein starkes, kein einseitiges oder unentschlossenes Streben sein. Der Baum soll seine Wurzeln nicht vergessen.

Solange das Kind darauf besteht, zu erfahren, wo seine verstorbenen Eltern sind, solange sich fröhliche Augen unter einem mysteriösen Druck, der zu schwer auf dem Leben lastet, mit Tränen füllen, solange immer wieder dieser Impuls ersteht, der den römischen Kaiser[68] dazu bewog, sich in einem Ton so berührender Sanftheit an seine Seele zu wenden, ein Impuls, der sich vor dem Denken auflöst

---

66 »Wir schulden Asklepios einen Hahn.« Sokrates' letzte Worte, an Kriton gerichtet, nachdem er das Gift getrunken hatte. (Siehe Platon: PHAIDON 118a. Übersetzung von Friedrich Schleiermacher).
67 Goethe, AUS MEINEM LEBEN – DICHTUNG UND WAHRHEIT, Bd. 3, 1814, Frontispiz.
68 Anspielung auf die »Selbstbetrachtungen« des römischen Kaisers Mark Aurel (121–180), in denen er sein Weltbild im Dialog mit sich selbst auseinanderlegt.

wie die Rauchsäule vor dem Auge, solange kenne ich kein Forschen, nach dem es den Menschen drängt, das ihm durch menschlichen Beschluss verboten sein soll. Bei jedem Forschen, solange es nicht von einem reinen, demütigen Geist getragen wird, tastet der Mensch im Dunkeln oder stolpert über sich selbst.

Innere Gelassenheit.[69] All das mag wohl wahr sein, aber wozu diese Anstrengung? Was von weither gebracht wird, ist teuer erkauft. Wo wir doch wissen, dass alles in jedem steckt und das Außergewöhnliche im Gewöhnlichen, warum das Kleinkind mimen und darauf bestehen, mit dem Mond zu spielen, wenn es auch eine Blechschale tut! Unsere tiefe Unwissenheit ist eine Kluft, die wir nur nach und nach auffüllen können, aber der gewöhnlichste Plunder hilft ebenso wie Seide. Als der Gott Brahma auf Erden war, machte er sich daran, ein Tal zu füllen, aber er hatte nur einen einzigen Korb, um Erde zu holen. So geht es uns allen. Keine Sprünge, keine Anstöße werden uns nützen, nur durch geduldige Kristallisation ist der Gleichmut der Weisheit erreichbar. Sitz zu Haus, und die Geisterwelt schaut mit mondhellen Augen zum Fenster herein; lauf hinaus, um sie zu finden, und Regenbogen und goldener Kelch sind verschwunden, und du bist wieder das armselige Kind, das du warst. Der beste Teil der Weisheit ist eine geistige Besonnenheit, eine reine und geduldige Wahrhaftigkeit, die nichts aufnimmt, was sie nicht auf Dauer beherzigen kann. Unsere Studie sollte im Verhältnis zwei zu eins stehen: zwei Drittel Ablehnung und ein Drittel Zustimmung. Und angesichts der unterschiedlichsten Verblendungen und Illusionen dieser Welt der Gefühle kann ein vernunftbegabtes Wesen nichts Besseres tun, als standhaft zu bleiben, Unsinn zu vermeiden und die Pflichten zu erfüllen, die auf seinem Weg liegen – wobei es sich in jedem Moment der ursprünglichen Wahrheit bewusst ist, die sich jedoch in keiner Tatsache zeigen, ja nicht einmal hindurchscheinen wird, wenn es ihr mit übermäßiger Hoffnung zusetzt. Ich glaube, Teil unserer Lektion ist, der Farce formal zuzustimmen und unser Leben und Wirken mitten im Absurden zu führen, ohne dass es uns ein Lächeln entlockt und schon gar kein gequältes. Die Arbeit wird von der Gesamtheit getan, wenn auch nicht von jedem Einzelnen.

Freie Hoffnung. Du bist sehr weise, mein Freund, und ich respektiere dich, aber ich finde in deiner Theorie oder deinem Schema wenig Raum für die lyrischen Inspirationen oder das geheimnisvolle Flüstern des Lebens. Mir scheint es verrückter, sich niemals zu verlieren, als sich oft betören zu lassen; besser verwundet, ein Gefangener, ein Sklave, als ständig in Rüstung zu gehen. Was den

---

69 Diese Figur ist eindeutig Fullers Freund, der Dichter Ralph Waldo Emerson (1803–1882). Nachdem sie auf den Stoiker Mark Aurel angespielt hat, bringt er ein echt stoisches Argument (Gelassenheit im Angesicht einer lächerlichen Welt).

»Der wilde Weg führte durch tiefe, idyllische Wälder
zu den noch wilderen, noch idyllischeren Ufern des herrlichsten Sees.
Sein Wasser schimmerte in der Morgensonne,
auf ihm glitten einige Indianer in ihren leichten Kanus hin und her.«

Magnetismus betrifft, so ist das nur eine Frage der Phantasie. Manchmal braucht man eben solch ein Feld, auf dem man vagabundieren kann, und wenn es einen höheren Namen trägt, mag die Trance des Pythagoras letzten Endes den kindlicheren Delirien der Seherin von Prevorst vergleichbar sein.

Was getan wird, interessiert mich mehr, als was gedacht oder vermutet wird. Keine Gegebenheit ist pur, aber jede Gegebenheit enthält die Säfte des Lebens. Jede Gegebenheit ist ein Klumpen, aus dem ein Amarant oder eine Palme wachsen kann.

Besteige nur die schneebedeckten Gipfel, wo die Quellen entspringen, wo die Luft dünn ist, wo man dem Himmel nah kommt, von wo aus man einen eindrucksvollen Blick über die Landschaft hat. Ich sehe ebenso große Nachteile wie Vorteile in dieser erhabenen Position. Ich ginge lieber zu Fuß durch alle möglichen Orte, selbst auf die Gefahr hin, im Wald ausgeraubt, beim Überqueren des Flusses halb ertränkt und auf der Straße mit Staub bedeckt zu werden.

Ich würde im Einklang mit dem lebendigen Herzen der Welt schlagen und alle Stimmungen, sogar die Marotten und Phantasien der Natur verstehen. Ich wage es, auf den Geist der Interpretation zu vertrauen, um schließlich beim Guten zu enden – durch den Irrtum die Wahrheit zu ermitteln.

Ob das der beste Weg ist, fällt nicht ins Gewicht, wenn es der ist, den der individuelle Charakter weist.

Für eine wie mich wäre es vergebens
Von glitzernden Höhen hinabzusehen;
Ich kann die Wahrheit nur erkennen,
Erprobt im feurigsten Lebensglanz.
Gedanken werden niemals keimen,
Bis Tau der Liebe sie zum Leben bringt.

Lasst mich in meiner Ära stehen, mit all dem Wasser, das um mich herum fließt. Wenn es auch manchmal über mir zusammenschlägt, muss es mich zuletzt doch tragen, denn ich suche das Universelle – und dies muss das Beste sein.

Der Geist lenkt zweifellos jede Bewegung meiner Zeit: Wenn ich nach dem Wie suche, werde ich es finden, genauso, als wenn ich mich mehr mit dem Warum beschäftigte.

Was auch immer ist, ist richtig[70], wenn nur die Menschen stetig bemüht sind, es zu verwirklichen, indem sie den Plan verstehen und erfüllen.

---

70 So endet Alexander Popes (1688–1744) Gedicht AN ESSAY ON MAN: EPISTLE I, verfasst zwischen 1733 und 1744: »One truth is clear, Whatever is, is right.«

Darf ich nicht auch eine Aufgabe haben, bei meiner Gastfreundschaft und meinem Mitgefühl? Wenn ich mitunter Gäste bewirte, die nicht mit Goldmünzen zahlen können, den »schönen Rosennobeln«[71], ist das doch besser, als die Chance zu vertun, nichtsahnend Engel zu bewirten.

Euch, meine drei Freunde, halte ich von Herzen in Ehren. Besonders dich, Gesunder Menschenverstand, denn gehst du nicht selber irgendwo hin, so hinderst du doch keinen anderen daran, sich auf den Weg zu machen. Du bist wirklich liberal. Du, Alte Kirche, bist von Nutzen, weil du die Bildnisse der alten Religion im Gedächtnis bewahrst und den Ton des reinen Spenser'schen[72] Gefühls wiederbelebst, das unser Zeitalter in seiner kindlichen Hast zu ersticken droht. Aber du machst einen Fehler, wenn du andere zensierst und sie gemäß deiner Doktrin einschränken willst. Du, Innere Gelassenheit[73], erfüllst ein priesterliches Amt. Käme nur ein besseres Verständnis für die Talente anderer und eine einfühlende Sympathie für deren Wesen hinzu, besäßest du mehr Liebe oder ahnungsvollen Geist (beide würden dir die nötige Erweiterung und Empfindsamkeit geben), dann hättest du meinen ganzen Zuspruch. So wie es ist, muss ich dir aber mitunter widersprechen und mich dir widersetzen, was auch andere tun sollten, denn durch deinen Einfluss neigst du dazu, uns von unserem vollen, freien Leben abzuhalten. Wir müssen zufrieden sein, wenn du uns kritisierst, und uns freuen, wenn du zustimmst; immer zum Guten ermahnt durch dein ganzes Wesen und manchmal durch dein Urteil. Und daher will ich hier nicht nur in meinem eigenen Interesse, sondern auch in dem etlicher anderer von der Seherin von Prevorst berichten.[74]

»Auf den fast sechshundert Meter hohen Waldhöhen der Löwensteiner Berge in Württemberg liegt in romantischer Abgeschiedenheit, inmitten von Wäldern und Hügeln, das Dorf Prevorst.

Es zählt etwa vierhundertfünfzig Einwohner, die meisten von ihnen sind Holzfäller, Köhler oder sammeln Waldsamen. Wie bei Bergbewohnern im Allgemeinen, handelt es sich auch hier um einen kräftigen Menschenschlag. Die meisten erreichen ein hohes Alter, ohne je an Krankheiten gelitten zu haben. Krankheiten der Talbewohner, wie kaltes Fieber zum Beispiel, kennen sie nicht. In ihrer

---

71 Rosennobel, eine Goldmünze, die in England unter Edward IV 1465 geprägt wurde.
72 Gemeint ist der englische Dichter Edmund Spenser (1552/53–1599), bekannt vor allem durch sein episches Gedicht THE FAERIE QUEENE.
73 Hier führt Margaret Fuller einen Dialog mit ihrem Freund Ralph Waldo Emerson fort, der auch in ihren Briefen und in anderen Schriften dokumentiert ist.
74 Fuller, die Deutsch konnte, übersetzte für ihren Bericht Teile von Kerners Werk, die hier auf Grundlage des Originals und sprachlich leicht bearbeitet wiedergegeben werden. Die Sprüche und Verse von Friederike Hauffe sind getreu Kerners Original zitiert.

frühen Jugend sind sie jedoch Angriffen auf ihre Nerven ausgesetzt, die man bei solch gesunden Menschen nicht erwartet. Bei den Kindern in einem nahe bei Prevorst gelegenen Ort zeigte sich mehrfach und epidemisch eine dem Veitstanz ähnliche Krankheit. Wie Magnetische konnten sie voraussehen, wann der Anfall nahte, und waren sie auf den Feldern, so eilten sie nach Hause und fielen dort in Paroxysmen, die eine Stunde und länger dauern konnten. Jedes Mal erwachten sie wie aus magnetischem Schlaf, ohne sich an das Vorgefallene erinnern zu können.

Andere Symptome zeigen, dass die Einwohner dieser Region für magnetische und siderische Einflüsse sehr empfänglich sind.

Auf dieser Berghöhe, und zwar eben in dem Dorf Prevorst, wurde 1801 eine Frau geboren, bei der sich von früher Kindheit an ein besonderes inneres Leben zeigte. Friederike Hauffe, ihr Vater war der Revierförster dieser Waldgegend, wurde schon durch die Lage und Einsamkeit des Ortes sehr einfach erzogen. Gewöhnt an die schneidende Bergluft und lange, kalte Winter, wurde sie weder in Kleidung noch Bettstatt verzärtelt. Sie wuchs blühend und lebensvoll heran, während ihre Geschwister bei gleicher Erziehung an Gicht litten. Bei ihr entwickelte sich jedoch ein besonderes Ahnungsvermögen, das sich in ihren Träumen zu erkennen gab. Ging sie etwas stark an, wurde ihr Gemüt von Vorwürfen erregt, ebenso wurde sie von warnenden oder prophetischen Träumen ergriffen.«

Noch im Kindesalter gaben ihre Eltern sie zur geistigen Erziehung zu ihrem Großvater Johann Schmidgall nach Löwenstein.

Hier entdeckte man ihre Sensibilität für magnetische Einflüsse und Geistererscheinungen, die ihre Großeltern, wie uns der gute Kerner versichert, heftig beklagten und mit allen Kräften zu unterdrücken suchten. Wie es scheint, hatte aber auch der Großvater einen Geist gesehen, und da es nachweislich Erklärungen zu den Räumen gab, in denen die kleine Friederike Geister wahrnahm, und zu den Stätten, an denen die Präsenz menschlicher Gebeine sie erschauern ließ, sei die Frage erlaubt, ob der indirekte Einfluss nicht mächtiger war als die Unterdrückung dieser Art von Empfindsamkeit.

Mit wahrhaft deutscher Unbefangenheit wird von dem Ort berichtet an dem die eindrucksvollen Besucher erschienen; einmal handelt es sich um »ein Gemach im Schloss zu Löwenstein«, lang verlassen, à la Radcliffe[75], dann wieder um »eine verlassene Küche«[76].

---

75 Die englische Schriftstellerin Ann Radcliffe (1764–1823) war zu ihrer Zeit eine der populärsten Vertreterinnen der *Gothic Novel*, des Schauerromans.
76 Um Kerner Gerechtigkeit widerfahren zu lassen: Bei ihm heißt es: »So war in dem Schlosse zu Löwenstein ein Gemach (eine verlassene Küche) …«

Diese »ernste, unglückliche Gabe« störte das kindliche Gemüt des Mädchens jedoch nicht, lebhafter als die meisten ihrer Freundinnen erfreute sich Friederike des Lebens. Ihre einzige Beschwerde war eine extreme Reizbarkeit des Augennervs, die zwar ohne Entzündung einherging, sie aber mitunter in die Einsamkeit ihres Zimmers verbannte. Wie Dr. K. bemerkt, »vielleicht nur eine Vorbereitung … auf die Entwicklung eines geistigen Auges im fleischlichen …«

Als ihre Eltern erkrankten, kehrte Friederike in das einsame Prevorst zurück. Kummer und Nachtwachen an den Krankenlagern erregten ihr Gefühlsleben und steigerten ihre Veranlagung zu ahnungsvollen Träumen und zur Wahrnehmung von Geistern.

Zwischen ihrem siebzehnten und neunzehnten Lebensjahr, wo ihr von außen nur Angenehmes begegnete, war dieses innere Leben nicht so aktiv, und sie unterschied sich von anderen Mädchen ihrer Umgebung nur durch ihr geistigeres Wesen, das sich vor allem in ihren Augen zeigte, und durch eine größere Lebhaftigkeit, die jedoch nie die Grenze von Tugend und Anstand überschritt.

Sie besaß auch nichts von der für ihr Alter so üblichen Sentimentalität, und erwiesen ist, dass sie nie eine Beziehung hatte oder an Liebeskummer litt, wie grundlos behauptet wurde.

Mit neunzehn Jahren wurde sie von ihrer Familie mit Herrn H. verlobt. Seine Rechtschaffenheit und die sichere Versorgung, die er ihr bieten konnte, machten die Verbindung wünschenswert.

Doch sei es, dass sie die Jahre des Leidens, die ihr bevorstanden, voraussah, sei es durch verborgene Gefühle, von denen wir wirklich nur wissen, dass sie keiner anderen Liebe galten – Friederike versank in eine ihrer Familie unerklärliche Schwermut. Sie weinte tagelang, schlief über Wochen kaum, und so trat das Gefühlsleben, das in ihrer Kindheit so übermächtig gewesen war, erneut und mit aller Kraft in Erscheinung.

An ihrem Hochzeitstag wurde T.[77], der Stiftsprediger von Oberstenfeld, zu Grabe getragen, ein Mann von über sechzig Jahren, dessen Predigten, Lehren und Charakter (er war die Güte selbst) großen Einfluss auf ihr Leben hatten. Mit anderen folgte sie dem Sarg zum Friedhof. Ihr Herz, das zuvor so schwer gewesen war, wurde plötzlich leicht und froh, als sie am Grab stand. Sie blieb lange dort und genoss ihren neuen Frieden, und als sie fortging, war sie ruhig, doch allen Angelegenheiten dieser Welt gegenüber gleichgültig. Hier begann die Zeit – die sich noch nicht als Krankheit ausdrückte – ihres besonderen inneren Lebens, das nun nicht mehr zum Stillstand kam.

---

77 Der Prediger Johann Gottlieb Tritschler (1757–1821), zu dem Friederike Hauffe eine tiefe Zuneigung empfand.

Später, im somnambulen Zustand, sprach sie in Versen – kurze, einfache Reime, die eine kindliche Anmut haben – von diesem Tag. Der Verstorbene war ihr oft als Lichtgestalt erschienen, die sie vor bösen Geistern schützte.

»Was mir einst dunkel war,
Das seh' ich jetzt mit Augen klar,
Es war in jenen Stunden,
Als ich mich ehlich hab' verbunden,
Da stund ich ganz in dich versenkt,
Du Engelsbild auf deinem Grabeshügel.
Gern hätt' ich mit dir tauschen mögen,
Gern dir mein irdisch Glück geschenkt,
Das sie mir priesen als des Himmels Segen.
Ich aber bat auf deinem Grabe
Gott um die einz'ge Gabe:
Dass dieses Engels Flügel
Mich möcht' fortan
Auf heiße Lebensbahn
Mit Himmelsruh' umwehn. –
Da stehst du Engel nun, erhöret ist mein Flehn.«

Nach ihrer Heirat zog sie mit ihrem Mann nach Kürnbach, einem Ort an der Grenze zwischen Württemberg und Baden. Er liegt in einer Niederung, düster, von Hügeln umschlossen, alle irdischen und atmosphärischen Verhältnisse sind denen von Prevorst und seiner Umgebung entgegengesetzt.

Menschen mit elektrometrischer Empfindsamkeit werden oft durch den Ortswechsel geheilt oder verfallen gerade dadurch in Krankheiten. [Der Sekretär] Papponi (von dem Amoretti[78] schreibt), ein Mann mit eben solch einer Empfindsamkeit, wurde durch einen Ortswechsel von seinen konvulsivischen Anfällen erlöst. Pennet[79] hingegen konnte in einem Wirtshaus in Kalabrien nur Ruhe finden, nachdem er sich vollständig in einen isolierenden Mantel aus Wachstuch gehüllt hatte. Durch die große Sensibilität für siderische und imponderable Einflüsse, die sich im Laufe der Zeit so deutlich in der Seherin manifestierte, wirkte sich der Ortswechsel wahrscheinlich sehr ungünstig auf sie aus. Später erwies sich, dass

---

78 Der italienische Gelehrte Carlo Amoretti (1741–1816), Augustinermönch, Konservator der Biblioteca Ambrosiana und Mineraloge, veröffentlichte seine naturwissenschaftlichen Versuche und Erkenntnisse zum Rutengehen 1805 in dem Buch DELLA RADDOMANZIA OSSIA ELETTROMETRIA ANIMALE – RICERCHE FISICHE E STORICHE.
79 Ein Wünschelrutengänger und Quellenfinder.

die Krämpfe, an denen sie litt, zunahmen, je tiefer sie von den Berghöhen, wo ihr magnetischer Zustand sich steigerte, herabkam.

Aber auch psychische Einflüsse richteten sich nun gegen sie. Sie hatte sich schon früher von der Außenwelt zurückgezogen, befand sich aber nun an einem Ort, wo sie als Ehefrau und Haushälterin eines gewerbetreibenden Mannes gefordert war. Immer wieder musste sie ihre innere Heimat verlassen, um für eine äußere zu sorgen, die ihr nicht entsprach.

Sie ertrug das sieben Monate, auch wenn sie in die innere Einsamkeit floh, so oft die äußeren Verhältnisse es zuließen. Länger war es ihr jedoch nicht möglich, die innere Wahrheit durch eine äußere Aktion zu verdecken, »der Körper unterlag solchem Zwang, und der Geist rettete sich in die inneren Kreise«.

Eines Nachts träumte sie, dass sie erwachte, neben sich den Leichnam des Priesters T. Gleichzeitig beratschlagte ihr Vater mit zwei Ärzten, wie ihr bei einer schweren Krankheit, die sie befallen hatte, zu helfen sei. Sie rief: »Der tote Freund heilt mich, ich brauche keinen Arzt.« Ihr Ehemann, der sie im Schlaf rufen hörte, weckte sie auf.

Dieser Traum war das Vorzeichen eines heftigen Fiebers, das sie am anderen Morgen befiel. Es dauerte vierzehn Tage an, gefolgt von Konvulsionen und Krämpfen. Hier begann ein Zustand körperlichen Leidens und geistiger Erhöhung, der die restlichen sieben Jahre ihres Lebens währte.

Es scheint, dass sie in den ersten Stadien ihrer Krankheit sehr unvernünftig behandelt wurde. Wie üblich in Fällen, in denen man sich keinen anderen Rat wusste, ließ man sie zur Ader, und wie üblich wurde die kurzfristige Erleichterung mit erhöhter Nervosität, mit noch stärkerem Leiden bezahlt.

Magnetische Einflüsse anderer Menschen hatten ihr häufig helfen können, sie wurden jedoch ohne Rücksicht auf den Charakter und die Verfassung derjenigen eingesetzt, die man mit ihr in Kontakt brachte. Wahrscheinlich schadeten sie ihr letztlich genauso wie der Blutverlust. Schließlich wurde sie extrem schwach und verlor jede eigene Kraft; ihr Leben schien ganz von künstlichen Maßnahmen und dem Einfluss anderer abzuhängen.

Beispiellos ist dabei die Geschichte von einer Frau aus der Nachbarschaft, die sie ein oder zweimal besuchte, offenbar in der instinktiven Absicht, ihr Schaden zuzufügen. Sie ließ sich auch nicht davon abbringen, Friederikes Neugeborenem Milch einzuflößen, worauf auch das Kind in heftigste Krämpfe verfiel.

Diese dämonische Kraft, die der antike Aberglaube den Canidias, den Hexen, zuschreibt, wirkt sich auch unterschwellig auf gewöhnliche Menschen aus. Wir sehen, wie es manche Menschen durch einen beängstigenden Impuls zu anderen hinzieht, die sie mit Sicherheit stören und quälen können. Das lässt sich häufig

»Eben deshalb war es herrlich, einer Landschaft zu begegnen, in der die Natur noch ihr mütterliches Lächeln trägt und nicht nur denen Raum verspricht, die mit Eigenschaften begabt oder geschlagen sind.«

unter Kindern beobachten und sogar in den engsten Beziehungen zwischen Erwachsenen, die sich selbst noch nicht in der Hand haben und auch von keiner besseren Macht gelenkt werden.

Es gibt eine bemerkenswerte Geschichte über einen Wunderdoktor, der Friederike mit Amuletten behandelte. Auch hier zeigt sich eine Parallele zum Handeln solcher Personen im gesellschaftlichen Alltag. Es ist ein Ausdruck der Macht, die ein ordinäres, selbstbezogenes Wesen über eine zarte, poetische, in sich jedoch noch nicht gefestigte Natur ausübt; nach außen hin gibt diese einer Macht nach, die sie innerlich ablehnt.

Eine bewegende Passage erzählt von einem Moment in den ersten Jahren, in dem es ihr besser zu gehen schien, sodass sie an einem Abend Besuch von Freundinnen empfangen konnte. Sie wurden fröhlich und begannen zu tanzen; Friederike hingegen blieb traurig und nachdenklich. Als der Tanz endete, war sie ins Gebet versunken. Eine ihrer engsten Freundinnen, die dies beobachtete, brach in Lachen aus. Das griff sie so an, dass sie kalt und starr wurde wie eine Tote. Eine Zeit lang hörte man sie nicht mehr atmen; als sie schließlich Luft holte, war es ein Röcheln. Man legte ihr Senfpflaster auf, badete ihre Füße und Hände. Sie kehrte zwar ins Leben zurück, aber nur in einen Zustand großen Leids.

Als ihren Schutzgeist, der sie manchmal magnetisierte oder aus ihrer Umgebung Dinge entfernte, die ihr schädlich waren, erkannte sie ihre Großmutter – was der verbreiteten Meinung entspricht, dass bestimmte Merkmale in der dritten Generation wieder zum Vorschein kommen.

Nun traten noch größere Wunder auf; das Zweite Gesicht, zahlreiche und unterschiedliche Heimsuchungen durch Geister und so fort.

Das Folgende soll im Zusammenhang mit gängigen Theorien und Experimenten Erwähnung finden:

»Ein Freund, der zu jener Zeit oft bei ihr war, schrieb mir (Kerner): Wenn ich mit meinem Finger ihre Stirn zwischen den Augenbrauen berührte, sagte sie jedes Mal etwas, das sich auf den Zustand meiner Seele bezog.«

Einige dieser Sprüche lauteten:

»Bewahre deine Seele so, dass du sie in den Händen trägst.«

»Wenn du kommst in die geräuschvolle Welt, so halte den Herrn recht fest in deinem Herzen.«

»So dich Jemand irre machen will von deinem inneren Gefühl, so flehe um Gnade zu Gott.«

»Lass dir das Licht, das in dir aufkeimt, nicht unterdrücken.«

»Denke oft an das Kreuz Jesu, gehe hin und umfasse es.«

»So wie die Taube in der Arche Noah ihre Wohnung fand, so wirst auch du die Wohnung finden, die dir der Herr dein Gott bescheret hat.«

Als sie in Kerners Obhut kam, war sie bereits seit fünf Jahren in diesem Zustand und so schwach, dass man sie nur mit Mühe am Leben halten konnte.

»Zu dieser Zeit fiel sie jeden Abend in einen magnetischen Schlaf und machte sich selbst Verordnungen, die niemand derer, die um sie waren, noch länger befolgte.

Nun zog man auch mich zu Rate. Ich hatte diese Frau selbst nie zuvor gesehen, aber viel Falsches oder Entstelltes über ihren Zustand erfahren. Ich muss bekennen, dass ich die schlechte Meinung der Welt über ihre Krankheit teilte; dass ich riet, keine Rücksicht mehr auf ihren magnetischen Zustand und ihre selbstbezogenen Anweisungen zu nehmen; zu verbieten, ihr bei Krämpfen die Hand aufzulegen; keine Menschen mit stärkeren Nerven mehr zu ihrer Unterstützung in ihre Nähe zu lassen; kurz, alles nur Mögliche zu tun, um sie aus ihrem magnetischen Zustand hinauszuführen, sie dabei mit Vorsicht, aber ausschließlich mit herkömmlichen ärztlichen Mitteln zu behandeln.

Diese Ansichten wurden auch von meinem Freund Dr. Off aus Löwenstein geteilt, der sie nun danach behandelte. Mit schlechten Ergebnissen. Blutflüsse, Krämpfe, Nachtschweiße hielten an. Ihr Zahnfleisch wurde skorbutisch und blutete unentwegt, sie verlor all ihre Zähne. Von stärkenden Arzneimitteln bekam sie das Gefühl, als würde sie aus dem Bett gezogen. Eine Furcht vor allen Menschen befiel sie, des Nachts oft tödliche Schwäche. Ihr war der Tod zu wünschen, doch er kam nicht. Ihre verzweifelten Verwandten wussten nicht mehr, was noch mit ihr zu tun sei, sie brachten sie, fast gegen meinen Willen, zu mir nach Weinsberg.

Als sie hier ankam, war sie ein Bild des Todes, völlig verzehrt, unfähig, sich zu erheben. Alle drei bis vier Minuten musste ihr ein Löffel Suppe gereicht werden, andernfalls verfiel sie in Ohnmacht und Starrkrampf. Ihr somnambuler Zustand wechselte mit Fieber, Durchfall und Nachtschweiß. Jeden Abend um sieben Uhr verfiel sie in magnetischen Schlaf. Dann breitete sie die Arme aus und befand sich von da an in einem schauenden Zustand; doch erst, wenn sie die Arme wieder auf der Brust gekreuzt hatte, begann sie zu sprechen.« (Kerner erwähnt, dass auch ihr Kind mit gekreuzten Armen und Füßen schlief.) »Nun waren ihre Augen geschlossen, ihre Gesichtszüge ruhig und verklärt. Als sie am ersten Abend nach ihrer Ankunft in diesen Schlaf verfiel, rief sie nach mir, doch ich ließ ihr ausrichten, dass ich jetzt und in Zukunft nur in wachem Zustand mit ihr sprechen würde.

Als sie wach war, ging ich zu ihr und erklärte ihr kurz und ernst, dass ich nicht auf das, was sie im Schlaf spräche, hören würde, und dass ihr somnambuler Zustand, der zum Kummer ihrer Familie nun schon so lange andauerte, ein Ende haben müsse. Dieser Erklärung ließ ich ernste Appelle folgen, um in ihr den festen Willen hervorzurufen, die exzessive Tätigkeit ihres Gehirns zu unterdrücken, die ihr ganzes System in Unordnung brachte. In ihrem schlafwachen Zustand wurde nun keine wie auch immer geartete Bemerkung mehr an sie gerichtet. Man ließ sie unbeachtet liegen. Ich setzte ein homöopathisches Heilverfahren fort.

Jegliche Medizin hatte jedoch die gegenteilige Wirkung von dem, was ich erwartete. Sie litt nun weniger an Krämpfen und Somnambulismus, war aber völlig erschöpft und verfiel. Es schien, als sei das Ende ihrer Leiden nah. Für meine Heilmethode war es zu spät. Die magnetischen Erfahrungen in ihren ersten Krankheitsjahren waren so stark gewesen, sie hatte kein Leben mehr, die Kraft ihrer Organe war gänzlich erschöpft. Sie lebte nur noch durch die von anderen entlehnte Kraft. In ihren nun selteneren magnetischen Trancezuständen suchte sie unentwegt nach den wahren Mitteln zu ihrer Heilung. Es war berührend, wie sie sich dazu in ihr Innerstes zurückführte. Der Arzt, der ihr mit seiner Apotheke so wenig helfen konnte, musste oft beschämt neben ihrem inneren Arzt stehen und erkennen, dass dessen Mittel die zweckmäßigeren waren.«

Nach einigen Wochen fragte Kerner sie schließlich in ihrem Schlaf, was er für sie tun solle. Sie verordnete sich eine magnetische Behandlung, die auch wirklich anschlug. Dann beschrieb sie eine Maschine, die sie zu ihrer Genesung anfertigen lassen wollte. Sie hatte diese Maschine bereits in einem frühen Stadium ihrer Krankheit beschrieben, zu jener Zeit aber keine Beachtung gefunden. Durch die magnetische Behandlung ging es ihr besser. Sie war zwar immer noch sehr schwach, lebte aber fast zwei Jahre in Weinsberg, allerdings eher in der magnetischen und hellsichtigen inneren Welt als in der äußerlich menschlichen.

Wie die Bekanntschaft mit ihr den Arzt beeinflusste, beschreibt er folgendermaßen:

»Während der letzten Monate ihres Aufenthalts auf der Erde blieb ihr nur noch das Leben einer Sylphe. Ich wollte kein Tagebuch über eine Krankengeschichte führen, sondern über die geistigen Phänomene solch eines fast körperlosen Lebens berichten. Dies mag Licht auf die Zeit werfen, wo auch unsere Psyche ihre Flügel entfalten wird, frei von körperlichen Banden und den Hemmungen von Raum und Zeit. Ich gebe reine Tatsachen; jeder Leser mag sie auf eigene Weise deuten.

Handbücher über den tierischen Magnetismus und andere Schriften haben für diese Erscheinungen schon Theorien genug aufgestellt. Ich kenne sie alle. Ich werde hier keine erwähnen, sondern nur hie und da durch den Verweis auf ähnliche Beispiele zeigen, dass die Phänomene in diesem Fall an viele andere erinnern, an denen nichts Ungewöhnliches ist, sondern die fest in unserer Natur gründen. Solche Erscheinungen können das alltägliche Leben nicht oft genug, und sei es nur für Augenblicke, als weckende Blitze aus der höheren Welt durchzucken.

Frau H. war auch vor meiner magnetischen Behandlung in einem so tiefen somnambulen Leben, dass sie tatsächlich nie im wachen Zustand war, selbst wenn es so schien. Oder anders gesagt: Sie war die ganze Zeit wacher als andere Menschen; denn es ist sonderbar, diesen Zustand, der gerade das hellste Wachen ist, Schlaf zu nennen. Man sollte besser sagen, dass sie sich im Zustand des Inneren befand.

In diesem Zustand und durch die permanente Beanspruchung ihrer Nerven hatte sie ihre ganze organische Kraft verloren. Lebenskraft erhielt sie nur, wenn sie ihr von stärkeren Nervengeistern übertragen wurde, vor allem über deren Augen und Fingerspitzen. ›Die Luft- und Nervenausströmung anderer‹, sagte sie, ›bringt mir das Leben, das ich brauche. Sie fühlen es nicht. Die Ausströmungen, von denen ich lebe, würden sie auch verlieren, wenn meine Nerven sie nicht an sich zögen. Aber nur so kann ich noch leben.‹

Sie versicherte uns oft, dass andere durch sie kein Leid erlitten. Es lässt sich aber nicht bestreiten, dass Menschen durch längeren Umgang mit ihr geschwächt wurden, dass ihre Glieder zitterten. Sie fühlten auch eine Schwäche in den Augen und in der Herzgrube. Aus ihr blutsverwandten Menschen konnte sie mehr Kraft ziehen als aus anderen, und als sie schwächer wurde, nur noch von solchen, wahrscheinlich wegen einer natürlichen Affinität des Temperaments. Nervenschwache oder Kranke konnte sie nicht um sich haben, durch diese wurde sie nur schwächer.

Ebenso ist zu bemerken, dass Blumen ihre Schönheit in der Nähe von Kranken bald verlieren und dass sie unter der Berührung oder Pflege bestimmter Personen leiden.

Dass die Anwesenheit anderer Menschen auf die Seherin wie ein Lebenselixier wirkte, dass sie, wurde sie längere Zeit allein oder auch nur bei schwächeren Menschen gelassen, selbst immer schwächer wurde, ist eine Wahrheit und Tatsache, die auch andere Ärzte bezeugen können.

Aus der Luft schien sie einen besonderen ätherischen Nährstoff zu ziehen; selbst bei heftigster Winterkälte konnte sie nicht ohne ein offenes Fenster sein.*

Der Geist der Dinge, von dem wir keinen Begriff haben, war für sie fühlbar und wirkte auf sie ein; besonders war dies der Fall beim Geist der Metalle, der

---

* In unserer Nähe fand im letzten Winter ein Mann, der wie die Seherin unter Krämpfen litt und schließlich daran starb, dann Erleichterung, wenn die Fenster geöffnet blieben, auch wenn die Kälte seinen Pflegern sehr zusetzte.

Pflanzen, der Tiere und der Menschen. Unberechenbare Materie, selbst die verschiedenen Farben des Lichtstrahls, wirkten unterschiedlich auf sie. Ihr Gespür für Elektrizität ging weit über das unsere hinaus. Ja, was unglaublich ist, selbst das geschriebene Menschenwort war für sie fühlbar.**«

Die Experimente mit diesen Dingen werden in den verschiedenen Kapiteln des Buches detailliert beschrieben.

»Aus ihren Augen strömte ein ganz eigenes geistiges Licht, das selbst jene beeindruckte, die sie nur kurz sahen. Sie war in jeder Beziehung mehr Geist als Mensch. Will man sie mit einem Menschen vergleichen, so kann man sagen, sie war ein Mensch im Augenblick des Sterbens, zurückgehalten zwischen Leben und Tod, der schon mehr in die Welt blickt, die vor ihm liegt, als in die, die sich hinter ihm befindet.

Sie war oft in Zuständen, wo Menschen, die wie sie die Fähigkeit gehabt hätten, Geister zu sehen, ihren eigenen Geist erblickt hätten, frei von seinem Körper, der ihn nur noch als ein leichter Flor umschloss. Sie sah sich selbst oft außerhalb ihres Körpers, sah sich doppelt. Sie sagte dann: ›Mir scheint, als sei ich außer mir, ich schwebe über meinem Körper und denke an ihn als etwas, das mir nicht gehört. Das ist aber kein angenehmes Gefühl, weil ich meinen Körper immer noch empfinde. Wenn meine Seele nur stärker an den Nervengeist gebunden wäre, dann würde sie sich auch fester an die Nerven binden, aber das Band meines Nervengeistes löst sich immer mehr.‹

Sie unterscheidet zwischen dem Geist als reine Intelligenz; der Seele als dem Ideal jedes Individuums; und dem Nervengeist, der Triebkraft seiner zeitlich begrenzten Existenz.

Von diesem Gefühl der doppelten Identität spricht mir oft ein Kranker, der von einem Nervenleiden verzehrt wird. Es befällt ihn beim Erwachen. Blake[80], der Maler, dessen Leben fast ebenso aus einer Reihe von Trancen bestand wie das unserer Seherin, stellt Geister in seinen Entwürfen zur Auferstehung so dar, als würden sie auf dieselbe Art von ihrem Körper aufsteigen oder über ihm schweben.«

Oft schien sie fast von ihrem Körper frei zu sein und kein Gefühl mehr für sein Gewicht zu haben.

** Vergleichbare Tatsachen werden in letzter Zeit untereinander geltend gemacht und, obwohl »unfasslich«, geglaubt.
80 Der englische Dichter, Naturmystiker und Maler William Blake (1757–1827) soll bereits als Kind das Zweite Gesicht und Visionen von Engeln und Propheten gehabt haben, die er in seinem bildnerischen und lyrischen Werk verarbeitete.

»Künstliche Bildung oder Dressur hatte Frau H. nicht. Sie hatte keine fremde Sprache gelernt, wusste weder etwas von Geschichte, Geographie oder Physik, besaß auch kein sonstiges Wissen, das man ihrem Geschlecht nun in den Instituten vermittelte. Bibel und Gesangbuch waren, besonders in den langen Jahren ihrer Leiden, ihre einzige Lektüre gewesen. Ihr sittlicher Charakter war tadellos. Sie war fromm, ohne Frömmelei. Selbst ihr langes Leiden und die spezielle Art dieses Leidens erkannte sie als Gnade Gottes.«

Wie sie es in den folgenden Versen zum Ausdruck bringt:

»Erhabener Gott, wie groß ist deine Güte,
Du schenktest mir den Glauben und die Liebe,
Das hält mich fest in meiner Leiden Not.
In meines Kummers Nacht
Ward ich so weit gebracht,
Zu wünschen Ruhe mir im bald'gen Tod.
Dann aber kam der mächtig starke Glaube,
Die Hoffnung kam, es kam die ew'ge Liebe,
Sie schlossen mir die ird'schen Augenlider.
O Wonne!
Tot liegen meine Glieder,
Wann in dem Innersten ein Licht entbrennet,
Das keiner in dem wachen Leben kennet,
Ist es ein Licht? nein! eine Gnadensonne.«

Aus dem Empfinden ihrer langen Leiden schrieb sie, immer in magnetischer Trance, Gebete in Versen, von denen ich hier eines wiedergebe:

»Vater, erhöre mich!
Erhöre mein Beten und Flehen!
Vater, ich rufe zu dir,
Lasse dein Kind nicht vergehen!
Sieh meinen Schmerz,
Meine Tränen,
Flöße mir Hoffnung ins Herz:
Stille mein Sehnen!
Vater, ich rufe zu dir,
Habe Erbarmen!
Nehme doch etwas von mir,

Der Kranken, der Armen.
Vater, ich lasse dich nicht,
Wenn auch Krankheit und Schmerz mich verzehren,
Wenn ich des Frühlings Licht
Seh' nur im Nebel der Zähren,
Vater, ich lasse dich nicht!«

»Da ich selbst Verse schrieb«, fährt Dr. Kerner fort, »fiel die Behauptung leicht, Frau H. habe dieses Talent durch meine magnetische Einwirkung. Sie verfasste diese kleinen Verse jedoch schon, bevor sie in meine Behandlung kam. Nicht ohne tieferen Sinn war Apollo der Gott der Dichtkunst, der Prophetie und der Medizin. Schlafwachen entwickelt die Kraft zu sehen, zu heilen und zu dichten. Wie herrlich die Alten doch das innere Leben verstanden haben, wie klar erscheint der Gott in ihren Mysterien.

Galen[81] verdankt seinen nächtlichen Träumen einen Teil seines medizinischen Wissens.«

Und weiter:

»Von vielen Seiten wurde Frau H. verleumdet, das wusste sie wohl. Als sie eines Tages so viele dieser Lästerungen hören musste und davon sehr angegriffen war, nahmen wir an, sie würde sich nachts im magnetischen Schlaf darüber äußern, aber sie sagte nur: ›Sie können meinen Körper angreifen, nicht meinen Geist.‹ Im Bewusstsein der Unschuld war ihr Geist über solche Beleidigungen erhaben, bewahrte seine Ruhe und beschäftigte sich nur mit spirituellen Dingen.«

Im schlafwachen Zustand schrieb sie einmal:

»Wenn man Böses von mir redet,
Lügen glaubt und Lügen spricht,
Und euch's in die Ohren flötet,
Glaubt ihr's oder glaubt ihr's nicht?«

Und Kerner antwortete ihr darauf:

»Uns erscheinst du gut und rein,
Mögen andre anders denken,

---

[81] Galenos von Pergamon (zwischen 128 und 131–zwischen 199 und 216), ein vorwiegend in Rom tätiger griechischer Arzt und Anatom, begriff den Menschen als eine Leib-Seele-Einheit, beeinflusst vom Spirituellen wie von der Materie.

Unsern Glauben kann nichts lenken,
Als der eigne Augenschein.«

»Zu meinem tiefen Kummer drängten die verschiedensten Menschen unentwegt, sie zu sehen. Wenn wir ihnen den Zutritt zum Krankenzimmer verwehrten, rächten sie sich durch Lügengeschichten.

Sie begegnete allen mit gleicher Freundlichkeit, selbst wenn es ihr körperlichen Schmerz bereitete, und oft verteidigte sie gerade jene, die sie diffamierten. Gute wie böse Menschen kamen zu ihr. Sie fühlte deutlich das Schlechte in einem Menschen, verurteilte aber nie, hob gegen keinen Sünder einen Stein, sondern es gelang ihr zuweilen in manchen, die sie um sich duldete, den Glauben an ein geistiges Leben zu wecken und sie zu bessern.

Schon Jahre, bevor man sie zu mir brachte, war die Erde mit ihrer Atmosphäre und alles, was auf ihr und um sie ist, die Menschen nicht ausgenommen, für sie nicht mehr. Sie brauchte mehr als einen Magnetiseur, mehr als eine Liebe, eine Ernsthaftigkeit, eine Einsicht, etwas, das schwerlich im Vermögen irgendeines Sterblichen liegt – sie bedurfte eines anderen Himmels, einer anderen Nahrung, einer anderen Luft, als diese Erde zu geben vermag. Sie gehörte der Welt der Geister an, lebte bereits dort, selbst schon ein halber Geist. Sie gehörte zum Zustand nach dem Tode, in dem sie schon mehr als zur Hälfte war.

Möglicherweise hätte sie im zweiten oder dritten Jahr ihrer Krankheit noch dazu gebracht werden können, in dieser Welt zu bestehen, im fünften war keine Behandlung mehr dazu in der Lage. Aber Fürsorge half, sie zu einer größeren inneren Harmonie und Klarheit zu bringen. Sie verlebte in Weinsberg, wie sie oft sagte, die reichsten und glücklichsten Tage ihres Lebens, und ihr Aufenthalt hier bleibt immer ein Lichtpunkt für uns.

Ihr Körper schien nichts weiter als ein Schleier um ihren Geist. Sie war klein, ihre Gesichtszüge orientalisch, ihr Auge hatte den stechenden Blick eines Sehers, verstärkt noch durch den Schatten ihrer langen, dunklen Wimpern. Sie war eine Lichtblume, die nur noch von Strahlen lebte.«

Eschenmayer[82] schrieb folgendes von ihr in seinen Mysterien:
»Ihr natürlicher Zustand war ein milder, freundlicher Ernst, immer gestimmt zur Andacht und zum Gebet, ihr Auge hatte etwas Geisterartiges und blieb un-

---

82 Der deutsche Arzt Carl August von Eschenmayer (1768–1852) beschäftigte sich als naturphilosophischer Mediziner intensiv mit tierischem Magnetismus. Zusammen mit Justinus Kerner untersuchte er Friederike Hauffe und veröffentlichte seine Erkenntnisse 1830 in dem Buch MYSTERIEN DES INNEREN LEBENS. ERLÄUTERT AUS DER GESCHICHTE DER SEHERIN VON PREVORST.

geachtet der vielen Leiden immer rein und klar. Ihr Blick war durchdringend, schnell konnte er sich mitten im Gespräch verändern, wurde wie Funken sprühend und auf eine Stelle geheftet – immer ein Zeichen, dass eine fremde Erscheinung ihn fesselte –, gleich nachher fuhr sie wieder im Gespräch fort. Ihr leibliches Leben ließ, wie ich sie schon das erste Mal sah, keine lange Dauer erwarten, und auf keinen Fall eine solche Restitution, dass sie alle die äußeren Einflüsse wieder hätte ertragen lernen. Sie war, wie Kerner sich sehr wahr ausdrückt, ein im Sterben begriffenes, aber durch magnetische Kraft an den Leib zurückgehaltenes Wesen. Geist und Seele schienen oft wie geteilt, und der Geist schien oft in anderen Regionen zu weilen, während die Seele noch an den Leib gebunden war.«

Ich habe diese Passagen zitiert, da sie das Verhältnis zwischen dem Arzt und der Seherin, ebenso wie ihren Charakter, auf wunderbare Weise zum Ausdruck bringen.

Dieses Verhältnis scheint von einzigartiger Güte und dankbarem Respekt gewesen zu sein, einfach und rein, aber keineswegs eines, von dem wir eine außergewöhnliche Erweiterung des Geistes erwarten sollten. Die Erregung ihres Gemüts durch Klima und Landschaft, durch den Einfluss von Traditionen, dem sie offensichtlich ausgesetzt war, und eine hohe angeborene Empfänglichkeit brachten in ihr die Keime des poetischen Schaffens und der Wissenschaft zur Entfaltung.

Ich sage poetisches Schaffen, denn meiner Meinung nach waren die Geister, die sie sah, Projektionen ihrer selbst in die objektive Realität. Der Hades, den sie sich vorstellte, ist in der Tat begründet, denn in ihn gelangen Seelen, die ihre Möglichkeiten auf ein besseres Leben verwirkt haben, sich allein und verlassen fühlen und Hilfe bei noch unwissenden und voreingenommenen Menschen suchen, die ihnen vielleicht in ihren natürlichen Kräften weit unterlegen sind. Nachdem sie ihre Chance auf den direkten Zugang zu Gott verpasst haben, suchen sie nach Vermittlung durch die Gebete von Menschen. In Kolorit und Kleidung dieser Geister und ebenso in ihrer Art und Weise des Sprechens gibt es vieles, das rein phantastisch erscheint – lokal gefärbt und eigenartig.***

Für mich verkörpern diese Unterredungen einzig Prophezeiungen ihres Geistes. So betrachtet, sind sie spirituelle Tatsachen von großer Schönheit, die den Zustand der Seele nach ihrer Trennung vom Körper beleuchten. Ihre sanfte Geduld mit ihnen, ihr ständiger Verweis auf eine höhere Sache, ihre pure Freude, wenn sie im Licht des durch Streben erlangten Glücks weiß wurden, verdiente einen mehr als halb befreiten Engel.

***Die weiblichen Geister tragen alle Schleier und zwar gerade so, wie es von den italienischen Dichtern, von denen Friederike Hauffe jedoch nichts wissen konnte, bewundert wird.

Was die Geschichten über geistige Korrespondenz betrifft und visionäre Visiten bei solchen, die noch in dieser Welt verhaftet sind, zum Beispiel ihre Vorahnung vom Tod ihres Vaters und die Verbindung mit ihm in seinen letzten Augenblicken, so sind das wahrscheinlich Tatsachen. Menschen, die durch die Stärke ihrer Empfindung dazu neigen, sich leicht von äußeren Eindrücken und Gewohnheiten zu lösen, die sich auf ihre geistigen Impulse zu verlassen wagen, sind mit so etwas vertraut.

Ihre Erfindung einer Sprache scheint eine natürliche Bewegung des Geistes zu sein, wenn er sich selbst überlassen ist. Die Sprache, die wir für gewöhnlich verwenden, ist so ungelenk, durch Ewigkeiten konventionellen Gebrauchs so abgenutzt, dass wir uns danach sehnen, sie in allen tiefen Zuständen des Seins durch eine einfache und ursprüngliche zu ersetzen. Die meisten Menschen nutzen eine mehr oder weniger klare Sprache aus Blicken, Lauten und Symbolen – diese Frau versuchte, in der langen Muße ihrer Einsamkeit und durch ihren auf sich selbst bezogenen Geist eine Sprache aus Buchstaben und Wörtern zu erschaffen. Dies erscheint mir nicht als eine Gabe von außen, sondern als etwas, das ihrem eigenen Geist entwachsen ist.

Ihre Erfindung einer Maschine, von der sie eine Zeichnung anfertigte, ihre Fähigkeit, ihren Lebens- und Sonnenkreis richtig darzustellen, sind – ebenso wie das mit beiden korrespondierende mathematische Gefühl für ihre Existenz – wichtige geistige Faktoren. Sie beschreiben ihre Geschichte und veranschaulichen die Position der Mathematik gegenüber der Welt des kreativen Denkens.

Jede Gegebenheit der geistigen Existenz sollte auf ähnliche Weise dargestellt werden können. Ihre Kreise haben für mich keine sonderliche Bedeutung: Wir leben alle in solchen. Alle, die sich selbst beobachten, haben das gleiche Gefühl von Genauigkeit und Harmonie in den Umwälzungen ihres Schicksals. Wenige achten jedoch auf das Einfache und Unveränderliche in den Umtrieben ihres Geistes, und sehr wenige suchen nach Mitteln, sie für andere verständlich zum Ausdruck zu bringen.

Goethe hat diese Dinge in seinen WANDERJAHREN aufgegriffen, wo er von Makarie spricht: Auch eine Person, die für ihre körperliche Schwäche durch einen konzentrierten und scharfen Geisteszustand und daraus resultierende Erleuchtungen entschädigt wird, da sie mit der Sternenwelt verbunden ist. Wenn Makarie von einem Gefühl für diese größeren Umlaufbahnen ergriffen wurde, schien sie denen, die ihr auf Erden nahestanden, krank zu sein; war sie selbst schwächer, doch besser an die Kleinigkeiten und Veränderungen des irdischen Lebens angepasst, meinten die anderen, es ginge ihr gut. Makarie kannte die Sonnen- und Lebenskreise, das Leben von Geist und Seele ebenso wie die Försterstochter aus Prevorst.

»Lasst mich in meiner Ära stehen, mit all dem Wasser, das um mich herum fließt. Wenn es auch manchmal über mir zusammenschlägt, muss es mich zuletzt doch tragen, denn ich suche das Universelle – und dies muss das Beste sein.«

Deren Fähigkeit, kleine Verse zu verfassen, war eine ihrer geringsten Gaben. Viele sensible Menschen haben dieses Talent, alle können es haben. Es ist ganz einfach so, dass eine bestimmte Überhöhung des Gefühls auch auf die Ausdrucksweise wirkt, so wie ein Lied sich von der gesprochenen Sprache unterscheidet. Verse dieser Art erfordern nicht notwendigerweise die hohen Fähigkeiten, die den Dichter auszeichnen – die schöpferischen Kräfte. Viele und gute Verse sind rein persönlich oder volkstümlich. Balladen, Hymnen, Liebesverse haben oft nicht den Anspruch, als Gedichte zu gelten und sich, außer durch eine größere Passion und Konzentration des Ausdrucks, von gewöhnlicher Prosa zu unterscheiden.

Die Verse der Seherin sind von einfachstem Charakter: das natürliche Gewand der Seufzer oder Sehnsüchte eines einsamen Herzens. Sie verwendet die kürzesten Worte, die üblichsten Reime, ihre Verse berühren uns allein durch ihr Wesen und ihre Wahrheit.

Am interessantesten finde ich ihr Verhältnis zu Mineralien und Pflanzen. Ihre Eindrücke korrespondieren mit vielen Formen des Aberglaubens.

Die Haselnuss ließ sie sofort wach werden und gab ihr mehr Kraft – daher war die Hexe, die einen Stab aus Haselnussholz besaß, anderen wahrscheinlich überlegen. Im Hinblick auf die Hexerei soll auch erwähnt werden, dass Dr. K. versichert, die Seherin wäre in bestimmten Geisteszuständen gewichtslos gewesen, sie trieb wie Kork auf dem Wasser. Womit die angemessene und gerechte Verfolgung der Hexerei durch unsere Vorväter bestätigt wäre!

Der Lorbeer übte auf sie den größten magnetischen Effekt aus, die Sibyllen hatten also guten Grund, ihn sich um die Stirn zu winden.

»Eine ausgezeichnete magnetische Wirkung hatte, wie bei den meisten Schlafwachen, der Lorbeer, und es bestätigt sich auch hier wieder die Ursache seines alten Gebrauches im Tempel zu Delphi, wo die Seherin, ehe sie ihre Orakel kundgab, einen Lorbeerbaum schüttelte und sich dann auf einem mit Lorbeerblättern bedeckten Dreifuss niederließ. Im Tempel des Äskulap, wie in anderen auch, wurde der Lorbeer gebraucht, um Schlaf und Traum zu bewirken.«

Trauben hatten denselben Effekt auf sie wie der Wein, der aus ihnen gemacht wird. Von dem Weinbauern, der sie gezogen hatte, wurden ihr nacheinander verschiedene Traubensorten in die Hand gegeben. Er bescheinigt die Genauigkeit ihrer Angaben über den Einfluss jeder einzelnen Traube auf ihren Körper, überzeugt davon, dass er ausschließlich durch die Berührung hervorgerufen wurde.

Sie bestimmte auch pflanzliche Substanzen, die in ihrer Maschine verwendet werden sollten (als eine Art Dampfbad) und eine gute Wirkung auf sie haben würden.

Sie genoss den Kontakt mit Mineralien und zog aus denen, die ihr am liebsten waren, ein Gefühl von konzentriertem Leben. Ihre Eindrücke von Edelsteinen korrespondierten mit vielen abergläubischen Vorstellungen der Alten, die bestimmte Gemmen mit eingravierten Talisman-Figuren für ihre Amulette bevorzugten.

Bei deren feinem Gespür für die Qualitäten, die den Diamanten von jedem anderen Edelstein unterscheiden, schätzten die Alten ihn vor allem als Talisman gegen wilde Tiere, Gift und böse Geister und unterstrichen so den natürlichen Einfluss dessen, was dauerhaft, hell und rein ist. Townshend[83], der die Wirkung von Edelsteinen auf eine seiner schlafwachen Patientinnen beschrieb, sagte, sie liebe den Diamanten so sehr, dass sie ihre Stirn zu ihm hebe, wann immer man ihn in ihre Nähe bringe.

Es ist zu beobachten, dass die Schlafwachen in ihrer Medizin den alten Weisen gleichen, die den Kranken nur Kräutermittel verabreichten. Wenn sie dieses Gespür, das sie auszeichnet, also auch für die Qualitäten von animalischen und mineralischen Substanzen besitzen, gibt es keinen Grund, warum sie nicht Gift als Gegenmittel einsetzen und zumindest homöopathische Dosen an Gift verordnen sollten, um sich selbst und anderen Kranken zu helfen.

Die Seherin schrieb der rechten und linken Hälfte eines jeden Körpers, selbst denen des Mondes, verschiedene Zustände zu. Die linke Hälfte ist die empfindungsfähigere. Preisfrage: Wurde die linke Hand bei allen Völkern deshalb so wenig genutzt, weil sich auf der linken Seite das Herz befindet?

Sie sah auch verschiedene Bilder, wenn sie einen Menschen mit dem linken oder mit dem rechten Auge betrachtete: im linken seinen körperlichen Zustand; im rechten sein wirkliches oder schicksalhaftes Selbst, das ihm oft nicht bewusst war und fast immer verdunkelt oder verfälscht von seiner gegenwärtigen Unwissenheit oder einer Fehlentscheidung. Sie besaß auch die Gabe des Zweiten Gesichts. Sie sah die Särge derer, die kurz vor dem Tod standen. In Spiegeln, Wassergläsern und Seifenblasen erblickte sie die Zukunft.

Wir werden hier an manchen Aberglauben und viele zauberhafte Legenden erinnert; an den geheimen Teich, in dem der Mutige im Zenit der Nacht die Zukunft lesen kann; an die magische Kugel, auf deren klarer Oberfläche Britomart[84] ihre zukünftige Liebe erblickt, nach der sie, als Ritter gerüstet, in einer unwegsamen und feindseligen Welt suchen muss.

---

83 Der englische Dichter und Geistliche Chauncy Hare Townshend (1798–1868) studierte in den 1830er Jahren die Kunst der Hypnose, wurde zu einem der bedeutendsten Hypnotiseure Englands und publizierte neben einer Reihe von Artikeln auch zwei Bücher zu diesem Thema.

84 Britomart, eine jungfräuliche Rittersfrau, ist eine Figur aus Spensers Versepos THE FAERIE QUEENE.

»A looking-glass, right wondrously aguized,
Whose virtues through the wyde world soon were solemnized.
It vertue had to show in perfect sight,
Whatever thing was in the world contayned,
Betwixt the lowest earth and hevens hight;
So that it to the looker appertayned,
Whatever foe had wrought, or friend had fayned,
Herein discovered was, ne ought mote pas,
Ne ought in secret from the same remayned;
Forthy it round and hollow shaped was,
Like to the world itselfe, and seemed a World of Glas.«
The Faerie Queene, Book III

Cornelius Agrippa[85] und andere Magier besaßen solche Spiegel. Die Seifenblase ist eine solche Kugel; man musste allerdings das Zweite oder Doppelte Gesicht haben, um die Bilder in einem so flüchtigen Reflex zu erfassen. Vielleicht ist es eine unbestimmte Erwartung solcher Wunder, warum wir als Kinder so gern mit Seifenblasen spielen. Vielleicht ist es auch nur ein Vorspiel zu der Beschäftigung unseres Lebens, Seifenblasen zu erzeugen, in denen alles zu sehen ist, was »dem Schauenden ansteht«, falls wir sie lang genug schweben lassen oder schnell genug hinschauen können.

Kurzum, hätte diese Biographie keinen anderen Wert, so zeigte sie doch auf höchst interessante Weise, wie der frei schwebende Volksglaube, in dem sich die poetischen Tatsachen mit ihrer wissenschaftlichen Darstellung immer unvollkommen und dunkel andeuten, von neuem in einer einfachen, doch hochgespannten Natur gewachsen ist.

Der schöpferische Geist, der vom Erdklumpen bis zum Menschen alles durchdringt, präsentiert als seinen letzten, höchsten Wurf das menschliche Gehirn. Schon beim niedrigsten Pflanzentier zielte er darauf ab, einige schwache Ansätze sind bereits erkennbar: Doch erst im Menschen hat er den immensen galvanischen Speicher, der von allen Seiten her aufgeladen werden kann, zur Vollendung gebracht – den Motor nicht nur der Wahrnehmung, sondern der Konzeption und des folgerichtigen Denkens, seine rechte Hand die Erinnerung, sein Leben die Vorstellung – die Krone der Natur, die Plattform, von der aus der Geist die Flügel ausbreitet.

---

85 Der deutsche Universalgelehrte Heinrich Cornelius, genannt Agrippa von Nettesheim (1486–1535), setzte sich vor allem mit Magie, Religion, Astrologie und Naturphilosophie auseinander.

Da die Stufung jedoch das schöne Geheimnis der Natur ist und der schöpferische Geist es bei aller Liebe, zu entwickeln und zu transzendieren, nicht weniger liebt, zu mäßigen, zu regulieren und zu harmonisieren, bedeutete es nicht, den Menschen durch die Versetzung in einen höheren Seinszustand für den gegenwärtigen untauglich zu machen. Es bedeutete nicht, seine Verbindungen zu den mineralischen, pflanzlichen und animalischen Bereichen zu zerstören, aus deren Komponenten er sich zu einem großen Teil zusammensetzt, auf denen sein Dasein gründet, denen er Rechnung tragen muss, die er als vernünftiger Kopf eines perfekt angelegten Körpers beherrschen soll. Ihm war es zugedacht, der Historiker, der Philosoph, der Dichter und der König dieser Welt zu sein, nicht weniger als der Prophet der nächsten.

Diese Funktionen sollten in einem Gleichgewicht zueinander stehen und tun sie es nicht, überwiegt entweder die natürliche oder die spirituelle Seite, so haben wir das Gefühl, dass dies Gesetz übertreten wird. Und wenn es den größten Kummer bereitet, zu sehen, wie das Gehirn mit dem Körper verschmilzt, einen Menschen zu sehen, der eher aus Händen und Füßen besteht als aus dem Kopf, sodass man das Gefühl bekommt, er könne mit Anstand wieder auf allen Vieren laufen oder sogar wie eine Schlange kriechen, so ist es ebenso traurig, das Gehirn in einer seiner Funktionen übermäßig oder vorzeitig stimuliert zu sehen, was wir Wahnsinn nennen und was auf seinem Höhepunkt, wie im vorliegenden Fall und bei anderen poetischen und prophetischen Existenzen, das normale Dasein eines Menschen zerstört.

Es wäre uns lieber, der Geist würde weniger weit voraus und dafür sicherer sehen, der Tod erfolgte durch eine sanftere Stufung und das Gehirn würde das animalische Leben regeln und ausdeuten, nicht zerstören. Aus Fällen wie diesem, wo das animalische Leben vorzeitig zerrüttet und das Gehirn vorzeitig beansprucht wurde, bleibt uns sehr viel zu lernen, denn auch wenn die flüchtigen Einblicke den Gesamtblick nicht ersetzen können, so sind sie doch vom selben Licht durchdrungen und richten sich auf dieselbe Szene.

Alle deutschen Geistererscheinungen weisen einen ähnlichen Charakter auf. Ihre Merkmale in den Geschichten hier stimmen mit denen überein, die uns Jung-Stilling[86] und andere übermittelten. Sie sind von tiefer und einfacher Frömmigkeit, wie die Gemälde alter Meister. Sie steht vor uns, diese Frömmigkeit, in einem langen, hochgeschlossenen Gewand, auf dem Kopf eine hausfraulich schlichte Haube, das blaue Auge klar und geradlinig. Hier handelt es sich nicht um schreckliche, finstere

---

86 Johann Heinrich Jung, genannt Jung-Stilling (1740–1817), war nicht nur Augenarzt und Wirtschaftswissenschaftler, sondern auch ein bekannter mystisch-spiritualistischer Schriftsteller.

Erscheinungen mit spanischem Umhang oder italienischem Dolch. Wir fühlen uns bei ihnen fast wie zu Hause und sind ihres guten Glaubens sicher.

Für die Seherin waren sie eine reale Gesellschaft, die sie ständig zu positiven Gedanken inspirierte. Es ist berührend, wie sie sich in den folgenden Versen, die sie kurz vor ihrem Tod in ihr Tagebuch schrieb, an sie wendet, denn es zeigt ihr tiefes Gefühl für ihre Realität. Sie must gespürt haben, dass sie ihnen eine echte Freundin war, auch indem sie Begehren, die sie für falsch hielt, ablehnte und sie an einen Erlöser verwies.

»Lebt wohl, ihr Freunde!
Lebt alle wohl!
Gott segne eure Liebe!
Gott segne eure Güte!
Lebt alle wohl!

Wie soll ich euch denn nennen,
Ihr, die ihr mich betrübt?
Ich nenn' auch euch nur – Freunde;
Ihr habt mich nur geübt.
Lebt wohl! Lebt wohl!

Lebt wohl, ihr meine Lieben!
Bald wird es euch bekannt,
Wie hart mein Schmerz, mein Leiden
War in dem Pilgerland.*
Lebt wohl! Lebt wohl!

Euch darf es nicht betrüben,
Dass meine Leiden gehen!
Lebt wohl, ihr meine Lieben,
Bis auf das Wiedersehn.
Lebt wohl! Lebt wohl!«

In ihrem Tagebuch beschäftigte sie sich sehr viel mit den natürlichen Bindungen, die sie nicht genießen durfte. Sie dachte oft an ihre Kinder und phantasierte, sie

---

* Der Arzt war der Meinung, sie spiele hier auf die Öffnung ihres Leichnams an, zu der es nach ihrem Tod kommen sollte. Das Gehirn war gesund, ihr Körper hingegen wies Spuren großer Krankheit auf.

hätte das Verstorbene im Geisterland heranwachsen sehen. In Trance zauberte jede Anspielung auf sie ein zärtliches Lächeln auf ihr Gesicht.

In anderen aufschlussreichen Gedichten beschreibt sie ihre oft so schönen Visionen, besonders die, die ihrem Tod vorausgingen, beschäftigt sich in wunderbarer Weise mit ihrem Lebenskreis (dieses Gedicht erschien übersetzt im *Dublin Magazine*) und reflektiert ihren irdischen Zustand als einen Zustand der Gefangenschaft. Die Geschichte ihres Lebens, auch wenn sie wie andere solcher Geschichten durch Befangenheit und Vorurteile entstellt wurde, die das Wahre und Schöne nicht richtig zur Geltung brachten, ist ein Poem reiner Musik. Sie zeigt so sanfte und heilige Bilder, dass wir aus vollem Herzen in die Liebe und Dankbarkeit einstimmen, die Kerner und seine Freunde der Seherin gegenüber empfunden haben. Sie war die Freundin ihres besten Lebens. Sie war auf ihre Art eine Heilige Teresa.

Kerners Worte an sie, mit denen er sein Buch schließt, bringen seine zärtlichen Gefühle und seine Bewunderung gegenüber seiner Patientin zum Ausdruck, dem Bauernmädchen, »dem kranken, dem armen«. Es freut uns, wie das Lob »aus dem Mund der Kinder und Säuglinge«[87] in seiner Vervollkommnung Gelehrte und Welterfahrene zu solch einer Verehrung führt.

»Leb' wohl! was ich dir hab' zu danken,
Trag ich im Herzen immerdar.
Es schaut mein Innres ohne Wanken
In geist'ge Tiefen wunderklar.

Wo du auch weilst, im Licht, im Schatten,
Ein Geist bei Geistern weilest du.
O sende, will mein Glaub' ermatten,
Mir liebend einen Führer zu.

Und lebst du bald in höh'rem Bunde
Mit sel'gen Geistern leicht und licht,
Erschein' in meiner Todesstunde,
Mir helfend, wenn mein Auge bricht.

Bald deinem stillen Grab entsteige
Die Blume, der du oft vertraut*,

---

* Die Aufgüsse aus dem Johanniskraut taten ihr sehr gut, und sie verschrieb es häufig auch anderen.
87 Psalm 8,2.

Des Mittlers Leiden stummer Zeuge,
Das heilige Johanniskraut!

Ja! wo ich diese Blum' erschaue,
Blut innen, außen goldner Schein,
In Waldes Nacht, auf lichter Aue,
Werd' ich auch denken deiner Pein.

Leb' wohl! was auch die Menschen sagen,
Mich rühret nicht die Erde an,
Gar leicht kann ihre Schwere tragen,
Wer leicht ihr Nichts erfassen kann.«

Hier noch zwei oder drei andere Bemerkungen, die ich vergessen hatte:

Die kurzen Blicke auf die Geisterwelt haben nichts von der großen oder universellen Bedeutung, nichts von der philosophischen Entsprechung, die in jeder Darstellung der permanenten Verbindung mit ihr, die wir bei Swedenborg[88] oder in Dantes Göttlicher Komödie finden, zu spüren ist. Der Geist der Förstertochter war erhöht und entwickelte sich rasch; noch trug der wilde Kirschbaum aber keine Frucht; sie wurde nicht in eine philosophische oder poetische Ordnung transformiert.

Und doch erinnern viele ihrer naiven Ahnungen an andere Seher mit einem größeren Gestaltungsspielraum. Auch sie begreift dieses Leben als ein Glied in einer langen Kette und meint, dass uns dessen Sinn unmittelbar nach dem Tod in einem einzigen Wort erscheinen wird.

Sie tendiert zum Glauben an den aromalen Zustand und an aufeinanderfolgende Existenzen auf dieser Erde, denn hinter einem Menschen sah sie oft ein anderes Wesen, ob in dessen vorigem oder künftigem Zustand, das weiß ich nicht; hinter einer Frau einen Mann, für den Kampf gerüstet, und so weiter. Ihre Wahrnehmung des Charakters eines Menschen, selbst dessen, den sie nur an ihrem Fenster vorübergehen sah, war richtig.

Kerner wendet sich voller Sarkasmus gegen jene Gelehrten, die ihre Glaubwürdigkeit geringschätzen. Er spricht von solchen »Weisen« als Menschen, deren Gehirn eine Glasplatte sei, unfähig, den elektrischen Funken zu empfangen, unfähig zu glauben, da sie in ihrer geistigen Isolation nicht zur Empfindung dieser Tatsachen in der Lage seien.

---

88 Der schwedische Wissenschaftler, Mystiker und Philosoph Emanuel Swedenborg (1688–1772) bezog sich in seinen Schriften zur Geisterwelt u. a. auf die Lehre von den Entsprechungen.

Ich halte den für geistlos, der weder Bedeutung noch Schönheit in der Geschichte der Försterstochter von Prevorst erblicken kann. Sie wurde nur neunundzwanzig Jahre alt und hatte doch in dieser Zeit einen größeren Teil des Denkraums durchschritten als ihr ganzes Geschlecht vor ihr, in dessen vielen und langen Leben.

Für den Missbrauch ihrer Fähigkeiten, für den alle diese magischen Werkzeuge anfällig sind, fand ich nach meiner Abreise aus Milwaukee ein Beispiel in dem Tagebuch eines ebenso aufrichtigen, doch nicht gleichermaßen inspirierten Mannes, der durch Zeichen und Wunder aus Deutschland in den amerikanischen Westen geführt wurde, ein Beauftragter der Vorsehung, der jedes kleinste Detail seines Lebens mit einer Akribie verzeichnet hat, die weit über die dem Spatzen verheißene Aufmerksamkeit[89] hinausgeht. In diesem Land stützt er sich auf die spirituelle Hilfe eines Mädchens, das einmal eine Pflegerin der Seherin war – scheinbar wurde sie von ihr mit der Fähigkeit zur Trance angesteckt, allerdings nicht mit der Fähigkeit zu ihren Offenbarungen.

Nehmt mir nicht übel, dass ich so viel über Deutschland und den Hades geschrieben habe, während Ihr auf Neuigkeiten aus dem Westen wartet. Hier am Landungssteg sehe ich die Deutschen, die Norweger, die Schweden und die Schweizer von Bord gehen. Wer weiß, wie viel altes, überliefertes Wissen, welche modernen Wunder sie bereits in die Wälder von Wisconsin gepflanzt haben? Sehr bald schon werden ihre Fabeln über den Ursprung der Dinge und die Vorsehung, die sie bestimmt, mit denen der Indianer so vermischt sein, dass die Eichen sie nicht mehr voneinander unterscheiden können – ja, dass sie selber nicht mehr wissen, ob sie eine Runen-, eine Druiden- oder eine Winnebago-Eiche sind.

Einige Samen aller je auf dieser Welt bekannten Gewächse könnten wir gewiss schon jetzt in dieser westlichen Wildnis finden, hätten wir nur die Kraft, sie zum Leben zu bringen.

In der Zeitung las ich, wie die American Tract Society[90] sich rühmte, dass ihre Vertreter an der Tür einer Blockhütte im amerikanischen Westen ihre Schriften gegen DER HINKENDE TEUFEL[91] eingetauscht und das eher unterhaltsame als belehrende Buch dann verbrannt hätten. Kein Wunder, dass sie es dort lesen. Hätte

---

89 Matthäus 10,29: Kauft man nicht zwei Spatzen für einen Groschen? Und doch fällt nicht einmal ein Spatz auf die Erde, ohne dass euer Vater es weiß.
90 Die American Tract Society wurde 1825 in New York gegründet und stieg rasch zu einer der wichtigsten überkonfessionellen, evangelikal christlichen Gemeinschaften in den USA auf, mit dem Ziel, christliche Literatur zu publizieren und zu verbreiten.
91 LE DIABLE BOITEUX (DER HINKENDE TEUFEL) heißt der Schelmenroman des französischen Schriftstellers Alain-René Lesage (1668–1747). Als Vorlage diente die Satire EL DIABLO COJUELO des spanischen Autors Luis Vélez de Guevara (1579–1644). Der Student Don Cleofas schleicht in der Hoffnung auf eine Liebesnacht in die Kammer seiner Angebeteten – aber sie hat ihn hintergangen.

man nur die Gabe, die Träume zu lesen, die von Menschen so unterschiedlicher Herkunft, Geschichte und Gedankenwelt geträumt werden, das würde gewiss für größeres Vergnügen sorgen als die Schlafzimmer einer spanischen Stadt!

Hätte ich nur nachts durch solche mentalen Räume reisen können, anstatt in meinem Pensionszimmer in Milwaukee eingesperrt zu sein – dieses Kapitel wäre lesenswert gewesen. Da es aber ist, wie es ist, wollen wir zum Ende kommen.

Hätte ich Geld gehabt, dann würde ich während meines zweiwöchigen Aufenthalts in Milwaukee vielleicht ein Haus gebaut oder ein Geschäft gegründet haben; dort geht alles so schnell. Da ich aber nur reich an Neugier war, blieb mir nichts anderes übrig, als durch die Straßen zu laufen und so viel vom Leben aufzuschnappen, wie ich nur konnte. Aber immer, wenn ich die Stadt verließ und über die Klippen wanderte oder in deren Schatten am See saß, war ich wirklich reich, an Träumen nämlich, die der Landschaft vor mir galten. Irgendwann einmal werden sie bestimmt verwirklicht, wenn auch nicht von mir.

Ein Boot lag einsam da, mit dem Kiel nach oben, halb im Wasser, halb auf dem Sand, und schwankte mit jeder Welle des Sees. Es gab dem Strand einen malerischen Reiz – das einzige Bild der Untätigkeit, das einzige versonnene Objekt weit und breit. Ich saß in seiner Nähe, um meine Träume zu träumen und die Farben des Sees zu betrachten, die sich stufenweise veränderten, bis die Sonne unterging. Diese Stunden gaben mir Impulse, schufen gedankliche Gewebe, wie das Leben es kein zweites Mal ermöglicht.

Als wir zur Pension zurückkehrten, die zugleich eine Mädchenschule war, konnten wir sicher sein, von fröhlichem Lachen empfangen zu werden.

Die Schule wurde von zwei Mädchen geleitet, siebzehn und neunzehn Jahre alt, also kaum älter als ihre Schülerinnen. Sie schienen alle miteinander ein sehr herzliches Verhältnis zu haben. Die einzige Überlegenheit – die des Wissens – genügte, um genau das richtige Maß an Autorität zu schaffen, das für die Ordnung des täglichen Lebens erforderlich war.

Im Westen werden die Menschen nicht respektiert, nur weil sie alt an Jahren sind; es gibt dort keine Zeit, den Schein zu wahren. Hat jemand keinen wirklichen Vorsprung an Weisheit, Wissen oder Unternehmungsgeist, so muss er zurückstecken und denen, die ihrer Persönlichkeit nach am ältesten, das heißt am reifsten sind, den Vortritt lassen, wie jung sie auch sein mögen. Es gibt dort keine Banken bewährter Respektabilität, in denen die Talente hinterlegt werden können; keine Serviette aus Präzedenzfällen, in die man sie einwickeln kann. Was aktuell nicht von Nutzen ist, wird als Währung nicht geschätzt.

Zu den Fenstern dieses Hauses, wo die Tochter eines berühmten »Indian fighter«, eines Indianerjägers, Französisch und Klavierspielen lernte, kamen wilde, gelbbraune Gestalten, die Körbe voll Beeren zum Kauf anboten. Anstatt den Tomahawk zu schwingen, nutzen die jungen Männer ihre Hände nun, um Himbeeren zu pflücken.

Die Abende hier wurden durch die temperamentvollen Bemerkungen einer großherzigen Dame verkürzt, deren ausgezeichneter praktischer Sinn reifer Erfahrung sich mit einer Naivität und Unschuld verband, wie ich es bei jemandem, der schon so lange den verschlungenen Pfad des Lebens gegangen war, noch nie erlebt hatte. Wie ein Kind war sie überall zu Hause, und wie ein Kind hatte sie an allen Orten, allen Menschen ihre Freude und schenkte sie weiter. Ich dankte ihr dafür, dass sie mich zum Lachen gebracht hatte, genauso wie die Kranken und Armen, die sie selbst während des kürzesten Aufenthalts an irgendeinem Fleck zielsicher ausfindig macht, um sie zu unterstützen. Glücklich diejenigen, die sich nie bekümmern lassen, die ihren Mitmenschen helfen und ihnen Mut geben!

Trotz alledem fiel es mir nicht schwer, mich auf den Weg nach Mackinac zu machen, der herrlichen Insel.

»Die fernen Sandbänke in den Seen, die in der Sonne glitzern,
erzählen Geschichten von Zauberinnen, die am Ufer das lange goldene Haar
einer schönen Tochter kämmen. Die schöne Loreley vom Rhein,
mit ihrem Sirenengesang und den traurigen Folgen, die er nach sich zieht,
findet man auf den einsamen Felsen des Lake Superior.«

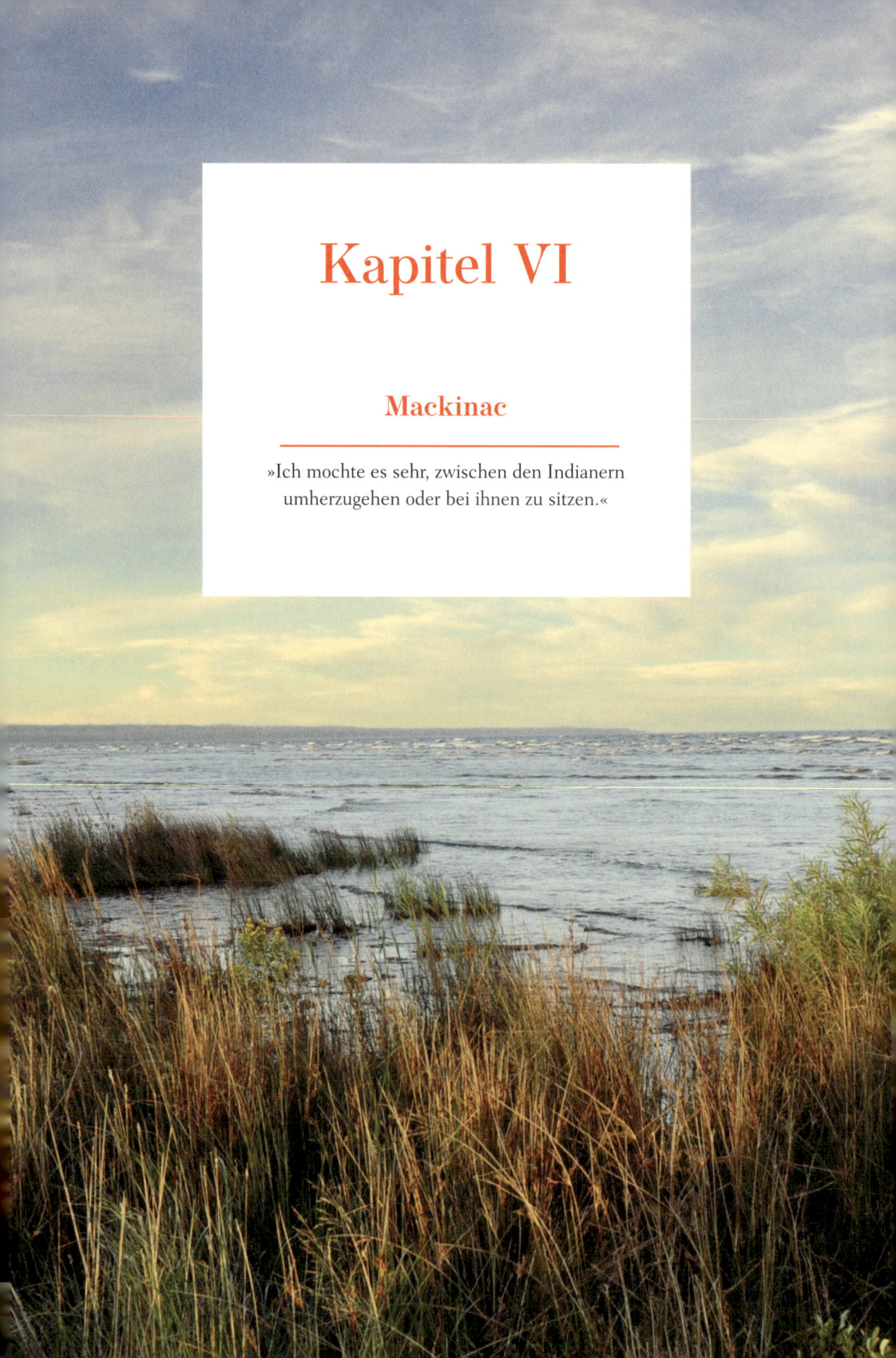

Kapitel VI

Mackinac

»Ich mochte es sehr, zwischen den Indianern umherzugehen oder bei ihnen zu sitzen.«

Am späten Abend erreichten wir die Insel, deren Schönheit so gerühmt wird, dass ich dort einen längeren Aufenthalt vorschlug. Es war die letzte Augustwoche, in der alljährlich große Delegationen der Chippewa und Ottawa hier sind, um die Entschädigungszahlungen der amerikanischen Regierung entgegenzunehmen. Ihre Gewohnheiten machen das Reisen für sie einfach und günstig, sie müssen weder auf Dampfschiffe warten noch Briefe schreiben, um ein Hotel zu reservieren; so kommen sie zu Tausenden mit ihren Familien, kampieren am Strand, fischen ihre Nahrung aus dem See und nutzen den Anlass zu einer längeren Ferienzeit. Etwa zweitausend Indianer waren bereits auf der Insel eingetroffen, und jeden Tag kamen weitere hinzu.

Als unser Schiff einlief, ließ der Kapitän ein paar Raketen abfeuern. Das versetzte die Indianer in helle Aufregung, wilde Schreie hallten am Ufer wider. Abgesehen von dem kurzen Aufblitzen der Raketen war es stockdunkel, und als ich inmitten der kreischenden Wilden begleitet von einem Unbekannten zu einem fremden Hotel ging und das Keuchen und Fauchen hörte, unter dem das Dampfschiff mit meinen Gefährten ablegte, waren meine Gefühle gedämpft – und trotzdem hatte es auch etwas erfreulich Abenteuerliches, so wie alles Fremde, alles, was die Routine, die uns so leicht verkrustet, durchbricht.

Ich hatte auf ein eigenes Zimmer gehofft, es gab aber keines. Also musste ich es mir in der Halle und im Speisesaal gemütlich machen, was dafür sorgte, dass ich schon frühmorgens auf den Beinen war.

Beim ersten rosigen Schimmer zog es mich hinaus zu meinen indianischen Nachbarn; deren Wigwams erstreckten sich wabenartig über den Strand, der zu beiden Seiten des Gasthauses eine ausgedehnte Kurve beschrieb. Sie waren schon munter. Die Kinder kamen unter den Decken hervor, die jeden Eingang schützten, die Frauen zerstießen Mais in ihren groben Mörsern, die jungen Männer spielten auf ihren Flöten. Als man mir die Weise der Brautwerbeflöte einmal auf einem anderen Instrument vorgespielt hatte, im Glauben, es handele sich um irgendein Lied, war ich nur amüsiert. Jetzt aber, als ich den wahren Klang und Takt der Töne hörte, ihre anmutige Folge, die mit einem leichten Tusch schloss, erschien sie mir wie das lieblichste Vogellied; und wie dies dient auch sie einzig und allein dazu, ein Weibchen anzulocken. Der Indianer, nun Bürger und Ehemann, denkt heute ebenso wenig ans Flötenspiel wie eines der »gesetzten« Mitglieder unserer Gesellschaft daran denken würde, seinen Mantel in das »purpurne Licht der Liebe«[92] zu tauchen.

Mackinac wurde von fähigen Menschen ausführlich beschrieben, und ich kann dem nur meine Bewunderung für die außerordentliche Schönheit und Lage der Insel hinzufügen. Sie ist so klein, dass man sie an einem Nachmittag umsegeln kann, aber groß genug, um zu langen, einsamen Wanderungen durch ihre sanften Haine einzuladen. Man kann sie auch zu Fuß umrunden, an ihrem schmalen Strand entlang, und mitunter unter den hohen bewaldeten Felsen ausruhen, die gleich neben dem Wasser aufragen, in den unterschiedlichsten architektonischen Formationen. Durch Erosionen bilden sich in diesem Gestein fortwährend Höhlen. Eine von ihnen ist ziemlich tief, und an ihrer Öffnung steht ein von zarten Ranken überzogener Fels. Vom Höhleninneren aus macht er den Anschein einer verfallenen Säule.

So viel ich auch schon von Arch Rock gehört hatte, diesem von der Natur geformten Bogen aus Kalkstein – er überraschte mich doch durch seine Vollkommenheit. Er ist wirklich perfekt, ob man vom See aus durch ihn hindurch in den Himmel blickt oder von den hohen Felsen durch ihn in das glasklare Wasser hinabschaut. Wir kletterten den steilen, mit losem Gestein übersäten Pfad hinauf und vorsichtig wieder hinunter, keine leichte Sache, rasteten oben unter Bäumen und unten auf den kühlen, moosbedeckten Steinen, an die die Wellen schlugen. Die Natur hat die ganze Architektur sorgsam mit Weinranken und kleinen Büschen geschmückt, die in den Felsspalten Wurzeln schlagen. Diese natürlichen Relikte können es an Schönheit mit den Überbleibseln europäischer Größe aufnehmen und haben dazu den Charme einer verspielten Laune der Natur.

Wie der Pine Rock in Illinois gleicht auch der Sugar Loaf auf Mackinac einem Helm, betrachtet man ihn seitlich von einer Anhöhe aus, von der ein langer, steiler Pfad nach unten führt. Mutige, sportliche Menschen können auch den Felsen selbst erklettern. Auf halber Höhe eröffnet sich eine Nische, zu der alle übrigen, die wollen, über eine Leiter gelangen können. Ein gutaussehender, junger Offizier und eine junge Dame, die zu uns gehörten, wollten, blickten sich oben um, standen dann Seite an Seite in der Nische, zwar keine Engel oder Heiligen, die fromme Hände hier in Stein gemeißelt hätten, aber genauso romantisch, wenn nicht gar heilig anzusehen, und den Blick des Betrachters wert.

Dicht belaubte Wälder, reich an schönen Moosen und wilden Himbeeren, schmücken den Höhenrücken der Insel. Ihr Laub zeigte noch im August ein zartes Juni-Grün.

---

92 Thomas Gray (1716–1771), aus: THE PROGRESS OF POESY: A PINDARIC ODE, 1.3: »The bloom of young Desire and purple light of Love«.

Von Fort Holmes, der alten Festung, hatten wir den prachtvollsten Blick auf den See, auf die Landengen, das gegenüberliegende Ufer und die bezaubernden kleinen Inseln. Den besten Eindruck von Mackinac gewinnt man vom Wasser aus. Die Insel hat eine besondere Form, der sie wohl ihren Namen verdankt: Michilimackinac, die Große Schildkröte. Ich traf hier jemanden, der eine andere Etymologie vorschlug; er hielt sie für präziser; ich bezweifle aber, dass er Recht hat, einmal, weil die Gestalt der Insel wirklich an eine Schildkröte erinnert, und dann, weil ihre Existenz an dieser beherrschenden Stelle für die Indianer gewiss von Bedeutung war. Henry[93] gibt detailliert Auskunft über die Verehrung der Großen Schildkröte und die Orakel, die von diesem außergewöhnlichen Apollo des indianischen Delphi empfangen wurden.

Die Insel wird ganz malerisch von dem weißen Fort mit seiner heiteren Flagge gekrönt. Vor ihm erstreckt sich nach einer Seite hin die Stadt. Welch ein angenehmer Anblick nach der rohen, groben, starren Ansammlung von Häusern überall sonst in diesem Land: ein alter französischer Ort mit zarten Farbtönen und einer harmonischen Ausstrahlung, der sich durch sein behutsames Anwachsen natürlich in die Umgebung einpasst. Die Menschen dort, vor allem Indianer, Franzosen, Mischlinge, hatten den gemächlichen Schritt derer, die ein von Geschmack und Neigung, nicht vom harten Druck der Geschäfte bestimmtes Leben führen, wie das in amerikanischen Städten so oft der Fall ist.

Zur anderen Seite hin, am geschwungenen Strand, unterhalb der weißen, über den Abhang verstreuten Häuser, drängten sich die Wigwams der Indianer mit ihren bernsteinfarbenen Matten, die mild und hell in der späten Nachmittagssonne leuchteten. Als ich am ersten Nachmittag von einer nahen Anhöhe aus zu ihnen hinabblickte, überkam mich ein Gefühl, als hätte ich mir nie ein faszinierenderes Bild gewünscht. Es war eine Stunde tiefster Ruhe und Gelassenheit; strahlendes Blau und Gold, reiche Schatten. Mit jedem Augenblick wurde das Sonnenlicht sanfter. Die Indianer saßen vereinzelt und in Gruppen zwischen den Wigwams; in den Kesseln und Pfannen über den vielen kleinen Feuern bereiteten die Frauen das Essen zu; die Kinder, halbnackt und wild wie kleine Kobolde, spielten im Wasser und auf dem Strand. Hier und da saß ein junges Mädchen mit einem Säugling auf dem Rücken, dessen aufgeweckte Augen glänzten, als wäre er in eine Welt des Mutes und der Freude hineingeboren, nicht in schmachvolle Knechtschaft und langsamen Verfall. Nicht weit von mir hackten einige Mädchen Holz,

---

93 Alexander Henry (1739–1824) war ein amerikanischer Pelzhändler, der 1761 von den mit den Franzosen verbündeten Objibway gefangen genommen wurde und bis 1764 unter ihnen lebte. Er publizierte seine Erlebnisse in den Travels and Adventures in Canada and the Indian Territories between the Years 1760 and 1776.

redeten und lachten in dem leisen, melodischen und gewinnenden Singsang der indianischen Frauen. Zahlreiche Rindenkanus lagen umgedreht am Strand und schimmerten bei diesem Licht in fast demselben Bernsteinton wie die Wigwams. Andere, die eckigen Segel gesetzt, schossen mit pfeilschneller Geschwindigkeit heran, obwohl sie bis zum Rand mit dunklen Gestalten und Hausrat beladen waren. Hier und da glitt, kaum weniger anmutig, ein Segelboot vorüber. Die Szene war von vollkommener Schönheit, und die wilden Gestalten schmückten sie, da sie darin zu Hause waren. Alle schienen glücklich zu sein, und sie waren es an diesem Tag, weil es kein Feuerwasser gab, das sie verrückt gemacht hätte. Es war Sonntag, die Läden hatten geschlossen.

Es gelang mir kaum, den Blick von diesen malerischen Gruppen abzuwenden, ich wurde nicht müde, von meinem Fenster aus die herannahenden Kanus zu beobachten, die Ankommenden, die ihre provisorische Unterkunft errichteten. Die Frauen beeilten sich, das Gestänge aufzustellen und rollten die Matten auf dem Boden aus. Die Männer brachten Truhen, Kessel und Hausrat. Dann wurden die Matten über das Zeltgerüst gebreitet, der Boden im Inneren des Wigwams mit Zedernzweigen bestreut, die Decke in die Türöffnung gehängt, und in weniger als zwanzig Minuten war alles getan. Dann bereiteten sie das Abendessen zu und hörten von ihren Nachbarn die neuesten Neuigkeiten.

Die Gewohnheit, das Essen im Freien zuzubereiten, gab ihnen den Charme und die Buntheit der Zigeuner. Ich wünschte in einem fort, Sir Walter Scott wäre hier gewesen. Wenn schon der Anblick einiger Zigeuner ihn zu derart romantischen Skizzen bewegen konnte, dann hätte ihm jede einzelne Gruppe hier bei diesen Feuerstellen wohl Material für eine ganze Leinwand geliefert. Ich ging so sehr in dem Geist der Szene auf, dass ich mich den Geschichten, die hinter diesen wettergegerbten, düsteren, aber wortgewandten Gestalten stecken mochten, nicht entziehen konnte.

Sie redeten sehr viel und mit einem solchen gestischen Reichtum, dass ich den Sinn ihrer Unterhaltung oft erraten konnte. Wie auch immer der Indianer unter Weißen sein mag, unter seinen eigenen Leuten ist er alles andere als schweigsam, das sah ich jetzt. Häufig wird deklamiert oder sehr ausführlich erzählt, und es ist offensichtlich, dass darin eine große Kraft der Stämme liegt, wir müssen nur die Fabeln betrachten, die Mr. Schoolcraft ihrem Repertoire entnommen hat.

Ich mochte es sehr, zwischen den Indianern umherzugehen oder bei ihnen zu sitzen. Mit den Frauen verständigte ich mich überwiegend durch Zeichen. Sie sind fast durchweg derb und hässlich, mit Ausnahme ihrer Augen. Ihre Gestalt ist durch die schweren Lasten gekrümmt, ihr Gang merkwürdig unbeholfen. Dieser Gang, der sich so sehr vom steten, vornehmen Schritt der Männer unterscheidet, kennzeichnet ihre untergeordnete Position. Es gibt jedoch auch eine andere Perspektive und beredten Widerspruch, was diese Aussage betrifft. Mrs. Schoolcraft[94] hatte gegenüber einer Freundin verfochten, dass die indianischen Frauen ihren Ehemännern in Wirklichkeit fast gleichgestellt seien, so wie die weißen Frauen den ihren. »Allerdings«, das sagte sie auch, »ist die indianische Frau aus unvermeidlichen Gründen vielen Strapazen besonderer Natur ausgesetzt. Und dennoch ist ihre Stellung gegenüber dem Mann höher und freier als die der weißen Frau. Warum betrachten die Menschen nur die eine Seite? Entweder erheben sie den roten Mann zum Halbgott, oder sie erniedrigen ihn zur Bestie. Sie sagen, er zwinge seine Frau dazu, die harte Arbeit zu verrichten, während er nur jage und sich vergnüge. Dabei wird vergessen, dass der Unterhalt der ganzen Familie von seiner Aktivität und Ausdauer als Jäger abhängt; dass dies eine höchst anstrengende Arbeit ist, die nicht zulässt, dass er seinen Körper durch schwere Lasten verbiegt und durch mühselige Arbeit verschleißt, da er sonst nicht in der Lage ist, den Lebensunterhalt zu sichern. Im indianischen Wigwam habe ich Szenen ehelicher und elterlicher Liebe erlebt, von denen ich oft dachte, dass der gebildete weiße Mann, der auf seine überlegene Zivilisation so stolz ist, aus ihnen sehr viel lernen könnte. Wenn der Indianer, der seit dem Morgengrauen nichts gegessen hat, erschöpft von der Jagd zurückkehrt, dann zieht ihm seine Frau, wenn sie eine gute Frau ist, die feuchten Mokassins aus und bringt ihm trockene; aus dem Wild, das er erlegt hat, bereitet sie eine Mahlzeit, während die Kinder auf seinen Schoß klettern und er die Kleinen mit weiblicher Zärtlichkeit liebkost. Am Abend wird der indianische Wigwam zum Schauplatz häuslicher Freuden. Der Vater erzählt zur Belustigung seiner Frau und zur Belehrung der Kinder von allem, was sich tagsüber auf der Jagd ereignet hat. Die Jungen bewahren jedes seiner Worte im Gedächtnis und lernen so bereits die Theorie der Kunst, deren Praxis einmal zu ihrer Lebensaufgabe wird.«

Mrs. Grant[95] spricht folgendermaßen über die Stellung der Frau bei den Mohawk-Indianern:

»Lady Mary Montague[96] sagt, der Wiener Hof sei das Paradies für alte Frauen gewesen, nirgends sonst auf der Welt habe eine Frau über fünfzig die geringste

---

94 Jane Johnston Schoolcraft (1800–1842), die erste bekannte amerikanische Schriftstellerin indianischer Herkunft (die Mutter vom Stamm der Ojibway; der Vater irischer Migrant). 1823 heiratete sie Henry Rowe Schoolcraft (vgl. Anm. 21).
95 Anne MacVicar Grant (1755–1838), schottische Dichterin und Schriftstellerin, die in Albany (NY) aufwuchs, wo ihr Vater, ein britischer Militäroffizier, bis zur Rückkehr nach Schottland 1770 stationiert war. Fuller bezieht sich auf eines ihrer wichtigsten Werke, die autobiografischen MEMOIRS OF AN AMERICAN LADY (1808).
96 Mary Wortley Montagu[e] (1689–1762), englische Schriftstellerin, vor allem bekannt durch ihre Briefe.

Aufmerksamkeit erregt. Wäre sie in das Innere Nordamerikas gereist, dann hätte sie ein Beispiel für die Umkehrung dieser so gängigen Denkweise gefunden. Hier bedeutete eine Frau wenig, bis ihr Sohn alt genug war, für sein Land zu kämpfen. Von diesem Zeitpunkt an genoss sie einen hohen gesellschaftlichen Rang; sie durfte ein ruhiges Leben führen, sie wurde sogar zu Beratungen über Stammesangelegenheiten hinzugezogen. In wilden und kriegerischen Ländern regiert die Schönheit nur kurz, und ihr Einfluss ist vergleichsweise gering. In ihrer Kindheit sahen die Mädchen sehr hübsch aus; aber abgesehen von ihrem feinen Haar, ihren schönen Augen und Zähnen schwand jeder äußere Reiz sehr bald durch die unentwegte harte Arbeit, durch das Tragen viel zu schwerer Lasten und durch andere niedere Tätigkeiten, die unter der Würde der Männer waren. Diese gingen aufrecht und graziös voran, geschmückt mit den unterschiedlichsten Ornamenten, die ihr Ebenmaß und ihre Wohlgestalt betonten, während die armen Frauen folgten, schäbig gekleidet, gebückt unter dem Gewicht der Kinder und Utensilien, die sie ständig mit sich trugen, entstellt und erniedrigt durch die unablässigen Mühen. Sie wurden sehr früh verheiratet, denn ein Mohawk besaß keinen anderen Bediensteten als seine Frau, und als Jäger, der er war, brauchte er jemanden, der seine Lasten trug, seine Mahlzeiten kochte, seine Mokassins herrichtete und ihm vor allem die jungen Krieger schenkte, die ihm in der Kunst der Jagd und des Tomahawks nachfolgen sollten. Wo immer der Mann nur Jäger ist, da ist die Frau nur Sklavin. Allein der häusliche Verkehr macht den Mann umgänglicher und gibt der Frau eine andere Stellung; doch der ist begrenzt ohne gemeinsame Beschäftigungen und Freuden. Die Kaledonier verehrten die schönen Frauen – es muss jedoch gesagt werden, dass diese Frauen gute Jägerinnen waren, die sich im Glanz ihrer Schönheit zur Hirschjagd aufmachten; die kulinarischen Mühen blieben ausschließlich dem starken Geschlecht überlassen. Die Geburt des jungen Kriegers linderte die Sorgen seiner Mutter, denn sie wusste, dass er als Erwachsener den Mangel an Zärtlichkeit gegenüber seiner Frau durch ein überreiches Pflichtgefühl und eine ebensolche Zuneigung ihr gegenüber ersetzen würde. Wenn es möglich ist, die kindliche Verehrung zum Exzess zu treiben, dann war das hier der Fall; jede Liebe zu anderen Menschen wurde davon aufgesogen. Ich frage mich, warum unseren modernen Reformern nicht in den Sinn gekommen ist, dieses System zu übernehmen, das heißt das weibliche Geschlecht in der Jugend herabzusetzen und es zu erhöhen, wenn alle jugendlichen Reize verflogen sind und allein der Verstand zählt. Die Mohawk achteten darauf, ihre Frauen erst dann an ihren Vorrechten teilhaben zu lassen, wenn sie sich als gute Ehefrauen und Mütter erwiesen hatten.«

Die Beobachtungen von Frauen über die Stellung der Frau sind stets wertvoller als die von Männern. Von den hier zitierten Frauen scheint Mrs. Grant aber der Wahrheit näher zu kommen als Mrs. Schoolcraft, denn auch wenn sie das, was sie beschreibt, nicht aus nächster Nähe beobachten konnte, betrachtete sie doch beide Seiten, um zu einem Urteil zu gelangen.

Carver[97] beschreibt in seinen Reisen mit den Winnebago zwei Königinnen, die eine nominell, wie Queen Victoria, die andere eine echte Herrscherin durch ihr Verhalten.

In der Stadt der Winnebago traf er anstelle eines Häuptlings auf eine Königin, die den Stammesvorsitz führte. Er fügt hinzu, dass einige Stämme bei der Nachfolge die weibliche Linie der männlichen vorzogen, der Sohn einer Schwester, nicht der eines Bruders übernahm folglich die Macht.

---

97 Jonathan Carver (1710–1780), amerikanischer Forscher und Schriftsteller. 1778 erschienen seine TRAVELS THROUGH THE INTERIOR PARTS OF NORTH AMERICA, dt. erschienen unter dem Titel JOHANN CARVERS REISEN DURCH DIE INNEREN GEGENDEN VON NORD-AMERIKA, 1780 bei Carl Ernst Bohn, Hamburg.

Die Stellung dieser Winnebago-Königin erinnerte mich stark an Queen Victoria.
»Sie saß im Rat, stellte nur wenige Fragen oder traf unbedeutende Verfügungen in Staatssachen. Frauen dürfen nie im Rat der Winnebago sitzen. Zu einer Ausnahme kommt es nur, wenn sie die allerhöchste Befehlsgewalt besitzen, und selbst dann ist es nicht üblich, dass sie offizielle Reden halten, wie es die Häuptlinge tun. Sie war eine sehr alte Frau, klein von Statur, und unterschied sich in ihrer Kleidung nicht auffällig von ihren jüngeren Begleiterinnen. Diese schienen sich immer sehr zu freuen, wenn ich ihrer Königin ein Zeichen von Hochachtung entgegenbrachte, vor allem, wenn ich sie küsste, was ich oft tat, um ihre Gunst zu gewinnen.«

Die andere war eine Frau, die man gefangengenommen hatte, die jedoch Mittel und Wege fand, um ihren Peiniger zu töten und zu fliehen. Beeindruckt von ihrem Mut und ihrer Gelassenheit, brachte ihr der Stamm eine solche Bewunderung entgegen, dass er sie ihrer moralischen Kraft wegen zum Häuptling machte.

Trotz der Verehrung der Frauen und des Einflusses, den sie dadurch in manchen Fällen hatten, ist es unmöglich, die indianischen Frauen ohne das Gefühl zu betrachten, dass ihre Position tatsächlich niedriger ist als die der Frauen aus europäischen Kulturen. Die permanenten Strapazen, die sich in ihrer Gestalt und Gestik ausdrücken, der sanfte, zugleich wilde, doch melancholische Blick erinnerten mich an MacKenzies[98] Erzählung von dem Stamm, dessen Frauen, wann immer möglich, ihre Mädchen töten; und an die wortreichen Vorwürfe der paraguayischen Frau an ihre Mutter, ihr nicht auf solche Weise die Qualen und Mühen ihres Schicksals erspart zu haben.

Zweifellos kennzeichnet eher Erschöpfung als Qual das Los der meisten dieser Frauen. Sie erben die Unterwerfung, und der Geist der meisten passt sich mehr oder weniger jeder Lage an. Vielleicht leiden sie weniger als ihre weißen Schwestern, die größere Erwartungen und eine feinere Kultur haben, doch kaum in der Lage sind, für ihren Unterhalt zu sorgen. Ihre Stellung ist aber sicherlich niedriger und ihre Teilhabe am menschlichen Erbe geringer.

Der Anstand und das Feingefühl der indianischen Frauen, denen ich auf Mackinac begegnete, waren beeindruckend und zeigten, dass Lebensgewohnheiten dort nicht entscheidend sind, wo beides dem Geist heimisch ist. Ihre Gestik wirkte scheu und doch selbstbewusst. Sie scharten sich um mich, untersuchten Kleinigkeiten, die sie an mir interessierten, bedrängten mich jedoch nie; im Gegenteil, sie ermahnten die Kinder, Abstand zu halten. Alles, was sie aus meinen Händen nahmen, wurde sorgfältig geöffnet und geprüft, dann wieder geschlossen oder zusammengefaltet und mit damenhafter Präzision zurückgegeben. Sie würden einen niemals anstarren, so neugierig sie auch sein mögen, sondern einen eher von der Seite her anblicken.

Ein Medaillon, das ich um den Hals trug, fand beharrliches Interesse; sie schienen es als einen Talisman zu betrachten. Mein kleiner Sonnenschirm faszinierte sie noch mehr; anscheinend hatten sie noch nie einen gesehen. Für einen Regenschirm hegten sie größte Bewunderung, wahrscheinlich als den luxuriösesten Überfluss, den jemand besitzen kann, und daher als Zeichen von Reichtum. Oft besuchte ich eine alte Squaw, deren fleckige, gegerbte Haut und zerzauste Locken verrieten, dass sie mindestens sechzig Jahre lang bedenkenlos Sonne und Sturm getrotzt hatte. Sie saß stundenlang ernst vor ihrem Wigwam, einen alten grünen Schirm über dem Kopf, selig in dessen ehrwürdigem Schatten. Zu ihrem Glück kam dieser Luxus nicht wie so oft zu spät; mit dankbarer Freude nahm sie ihn an.

Als ich einmal in einem der Kanus hockte, kam eine Frau zu mir und setzte sich neben mich, ihr Baby in seinem Körbchen zu ihren Füßen. Mit einer Hand-

---

98 Sir Alexander MacKenzie (1764–1820), schottischer Pelzhändler und Forscher; beschrieb seine Reisen in VOYAGES FROM MONTREAL ON THE RIVER ST. LAWRENCE, THROUGH THE CONTINENT OF NORTH AMERICA TO THE FROZEN AND PACIFIC OCEANS (1801) [dt. REISE DURCH NORDWESTAMERIKA: VOM OSTEN KANADAS ZUM NÖRDLICHEN EISMEER UND DIE PAZIFIKKÜSTE. Edition Erdmann, Wiesbaden 2013].

bewegung bat sie mich, ihr meinen Sonnenschirm zu überlassen und ihr zu zeigen, wie man ihn öffnet. Dann gab sie ihn dem Kleinen in die Hand und hielt ihn über seinen Kopf. Dabei schaute sie mich mit einem süßen, schelmischen Lächeln an, als wollte sie sagen: »Du trägst da etwas bei dir, das nur zu einem Baby passt.« Ihre Pantomime war reizend, ihre Augen scheu und sanft wie die der anderen Frauen. Die Männer haben einen festen Blick.

Der attraktivste der modernen Recken, Lord Edward FitzGerald[99], der mit Brant[100] über Buffalo nach Detroit und Mackinac kam und unter dem indianischen Namen Eghnidal in den Bear-Stamm aufgenommen wurde, war in gleicher Weise von der Empfindsamkeit der Frauen beeindruckt: »Ungeachtet des Lebens, das sie führen und das die meisten Frauen rau und männlich machen würde, sind sie so sanft, duldsam und bescheiden wie die besterzogenen Mädchen in England. Auch etwas kokett! Man stelle sich die Manieren von Mimi bei einer armen Squaw vor, die ihr Leben lang schwere Bündel durch die Wälder geschleppt hat.«

McKenney erwähnt, dass die junge Ehefrau während ihrer kurzen Blüte von ihrem Mann zärtlich verehrt wird. Eine bezaubernde Indianerin namens Fliegende Taube, eine bemerkenswerte Frau, die er näher beschreibt, gilt ihm als Beispiel für die Kraft, die außergewöhnliche Charaktere immer aufbieten, um die Barrieren, die Sitten und Gebräuche um sie errichtet haben, zu überwinden. Durch ihre Reize nahm sie Mann und Sohn für sich ein, durch ihren Charakter erfüllte sie beide mit Verehrung. Das schlichte Lob, mit dem ihr Mann ihren Glauben, ihr Urteilsvermögen und ihre Großzügigkeit bedenkt, ist ebenso liebevoll wie Graf Zinzendorfs schwerfällige Eloge auf seine »edle Gemahlin«[101]. Das Verhalten ihres Sohnes, der viele Jahre nach ihrem Tod in Washington ihr Bild sah, war außerordentlich berührend. In einer Anekdote übermittelt Catlin den Schmerz eines Häuptlings über den Verlust einer Tochter und beschreibt die fürstlichen Geschenke, die er für ihr Porträt bot, was nicht nur europäisches Sentiment verrät, sondern das eines Troubadours. Unübersehbar ist auch, wie Mrs. Schoolcraft sagt, dass die Frauen zu Hause große Macht besitzen. Es kann nicht anders sein, denn wollen die Männer ein annehmliches Leben, sind sie auf die Frauen angewiesen. Auch bei uns üben gerade Ehefrauen, die von ihren Männern weder sonderlich geschätzt noch geliebt werden, durch das alltägliche Miteinander in einer

---

99 Lord Edward FitzGerald (1763–1798), irischer Aristokrat, Rebell und Märtyrer.
100 Joseph Brant (1742–1807), Anführer der Mohawk während des Amerikanischen Unabhängigkeitskriegs.
101 Graf Nikolaus Ludwig Zinzendorf (1700–1760), deutscher Theologe, Gründer der Herrnhuter Brüdergemeinde; Missionsarbeit in Nordamerika ab 1735. Fuller bezieht sich hier auf seine TEUTSCHEN GEDICHTE (1735).

solch engen Beziehung, durch das Verdrehen von Aussagen und das Wecken von Zweifeln einen großen Einfluss auf ihr Verhalten und ihre Ansichten aus. Würden die Gefühle der Männer jedoch nicht nur kurz aufblitzen, sondern als stetige Flamme brennen, dann gäbe es auch mehr Frauen, die es verdienten, sie zu inspirieren. Die Macht, die die Frau hat, ist nur dann gut, wenn sie die Weisheit besitzt, sie richtig zu nutzen. Besitzt die Indianerin, besitzt die weiße Frau ein ebenso feines Gespür für das Leben und seine Möglichkeiten, eine ebenso religiöse Selbstachtung, einen ebenso angemessenen Denk- und Handlungsspielraum wie der Mann? Wenn nicht, dann nimmt die weiße, nimmt die indianische Frau eine geringere Stellung ein als er. Es ist weniger eine Frage der Macht als des Privilegs.

Die Männer dieser unterworfenen Stämme, die jetzt an Trunkenheit gewöhnt sind und in jeder Hinsicht erniedrigt wurden, geben nichts als einen schwachen Abglanz von der verlorenen Größe ihres Volkes. Sie sind nicht länger stark, hochgewachsen oder fein proportioniert. Doch wenn man sie an einer Anhöhe entlangstreifen, wenn man sie kühn daher schreiten sieht, schimmert immer noch das Majestätische im roten Mann hindurch.

An den Ufern des Lake Superior heißt es, man könne immer noch einen Rest des edlen Blutes wahrnehmen, wenn man sie in ihrer Heimat antrifft. Die Pillagers (Pilleurs)[102], eine Gruppe, die von früheren Reisenden gelobt wurde, lebt noch immer dort und

»Noch immer können manche, ›die Adler ihres Stammes‹, fliegen«.

Ich habe von dem Hass gesprochen, den der weiße Mann für den Indianer empfindet. Bei weißen Frauen scheint es eher Ekel und Abscheu zu sein. Meinen Freundinnen war es ein Rätsel, wie ich nur den Schmutz, den eigentümlichen Geruch der Indianer und ihrer Behausungen ertragen konnte. So widerwillig, wie sie meine Unternehmungen betrachteten, frage ich mich sogar, warum sie sich nicht von mir zurückgezogen haben. »Verschwinde, du indianischer Hund« war die gefühlte, wenn nicht gar geäußerte Reaktion gegenüber den glücklosen Besitzern dieses Landes. All ihre Rechte, all ihre Sorgen waren vergessen angesichts der Abscheu vor ihrem Schmutz, ihrer rötlichbraunen Haut und den Lastern, die ihnen die Weißen beigebracht haben.

Jemand, der sie die meiste Zeit seines Lebens beobachtet hatte, äußerte seine Vorurteile mir gegenüber mit einer solchen Vehemenz, dass es mich nicht länger

---

102 Eine Gruppe der Chippewa-Indianer, die am Oberlauf des Mississippi siedelte. Der indianische Name *Makandwewininiwag* meint so viel wie »Plünderer«. Die Franzosen nannten sie entsprechend »pilleurs« und die Amerikaner »pillager«.

wunderte, warum die Indianerkinder mit Stöcken nach ihm warfen, wenn er vorbeiging. Eine Dame bemerkte: »Ganz gleich, was du für sie tust, sie sind undankbar. Das Wilde kann man nicht aus ihnen herauswaschen. Erzieh ein Indianerkind und schau, ob es eine Bindung an dich entwickelt.« Im nächsten Moment äußerte sie in Gegenwart eines dieser Kinder, die sie erzog, ihren Ekel vor dem Geruch, den einer seiner Stammesangehörigen, dazu einer der Angesehensten, beim Durchqueren des Raumes hinterlassen hatte. Wenn das Kind erwachsen ist, wird sie es für grundlos undankbar halten, wenn es sie nicht liebt – was es mit Sicherheit nicht tun wird; und das gilt dann als Beispiel dafür, dass die Indianer keine Bindung entwickeln können.

Ob die Indianer durch das liebevolle Bemühen und die Aufgeschlossenheit des weißen Mannes zivilisiert und zu einem wertvollen Bestandteil des neuen Staates hätten werden können, will ich nicht sagen, aber eines ist gewiss: Zumindest die französischen Katholiken haben ihnen weder Schaden zugefügt noch ihren Geist verwirrt, nur um sie zu verderben. Die Franzosen, die sie liebten. Der strenge Presbyterianer mit seinen Dogmen und Ansprüchen, die städtische Gesellschaft und die Schulen mit ihren geizigen Zugeständnissen, ihrem gefühllosen, starren Blick haben nicht einmal den Ansatz zu ihrer Eingliederung gemacht. Man hat es nicht einmal versucht. Unser Volk und unsere Regierung haben gleichermaßen gegen die Erstgeborenen dieses Landes gesündigt, und wenn sie die vom Schicksal bestimmten Vertreter einer neuen Ära sind, dann haben sie ihre Aufgabe nicht erfüllt – sie haben keinen Gott gebetet, sie sündlos zu halten, während sie Schicksal spielen.

Am schlimmsten ist es jedoch, wenn sie die heilige Dreifaltigkeit anrufen, um ihr Unrecht zu verbergen; wenn der heimtückische Händler, der den Indianer die ganze Woche lang mit einem Verschnitt aus Rum, rotem Pfeffer und verdorbenem Tabak genarrt und erniedrigt hat, am Sonntag mit ihm vor dem Altar kniet, um den Rosenkranz zu beten, in Gedanken an Ihn, der aus Liebe zum leidenden Menschen gekreuzigt wurde, und um Moralpredigten zum Lob der »Reinheit« zu hören!!

Meine wilden Freunde, schreit der alte fette Priester, ihr müsst vor allem nach *Reinheit* streben.

Mein Herz wurde schwer, als ich sie in einer christlichen Kirche sah. Lieber ihre eigenen Hundefeste und blutigen Riten als eine solche Verhöhnung durch diesen anderen Glauben.

»Der Hund«, sagte ein Indianer, »war einst ein Geist; er ist in Sünde gefallen und wurde dem Menschen vom Großen Geist in dieser Gestalt zur Seite gegeben, als sein intelligentester Gefährte. Deshalb opfern wir ihn mit höchsten Ehren unseren Freunden in dieser Welt – und unseren Schutzgeistern in einer anderen.«

In diesem Gedanken liegt Religion. Der Weiße opfert seinen eigenen Bruder dem Mammon, wendet sich aber angewidert vor dem Hundefest ab.

»Du sagst«, entgegnete der Indianer aus dem Süden dem Missionar, »dass das Christentum Gott gefällt. Wie kann das sein? Die Männer da in Savannah sind Christen.«[103]

Ja! Sklaventreiber und Indianerhändler werden Christen genannt, und der Indianer soll kein Sohn der Maria sein, soll weniger sein als sie! Erstaunlich ist die Falschheit des menschlichen Herzens!

Auch nachdem ich einiges von ihnen an ihren eigenen Orten erfahren habe: Ich sehe keinen Grund, die in den folgenden Zeilen geäußerten Gefühle zu ändern. 1837 kam eine Delegation der Sac und Fox nach Boston und wurde zumindest von einer Person würdig und höflich empfangen.[104]

Gouverneur Everett empfängt die Indianerhäuptlinge

November 1837

Wer sagt, dass Poesie dahingeht,
Die Musen ihre Lyren fruchtlos stimmen?
Unter den Schätzen der romantischen Geschichte,
Als der Gedanke ihr zu Ehren frisch und phantasievoll war,
Fand da die Kunst jemals ein reicheres Thema,
Einen dunkleren Schatten, einen sanfteren Schimmer,
Als hier in dieser Szene, achtlos skizziert,
In der Zeitung vom heutigen Tag?

Amerikanische Romantik ist etwas schal.
Reden vom Kriegsbeil und von Bleichgesichtern,
Wampum[105] und Friedenspfeifen, düsteren Wäldern,

---

103 Diese Anspielung bezieht sich Fritz Fleischmann zufolge möglicherweise auf die unrühmliche Rolle des Staates Georgia in der Enteignung und Vertreibung der dort ansässigen Cherokee. Savannah war im 18. Jahrhundert der erste Regierungssitz von Georgia.
104 Am 30. Oktober 1837 wurden Keokuk, Black Hawk und vier Häuptlinge der vereinten Stämme der Sac und Fox von Edward Everett (1794–1865), von 1836 bis 1840 Gouverneur von Massachusetts, empfangen. Der Besuch wird von Benjamin Drake (1795–1841) im Detail beschrieben in THE LIFE AND ADVENTURES OF BLACK HAWK: WITH SKETCHES OF KEOKUK, THE SAC AND FOX INDIANS, AND THE LATE BLACK HAWK WAR (1840).
105 Wampum, ein Gürtel aus Muscheln und Schnecken, der bei den nordamerikanischen Indianern als Zahlungsmittel und Urkunde galt.

Verlockten uns einst, ermüden uns schon.
Uncas und Magawisca[106] gilt noch unser Blick,
Unwirklich, aber idealisiert mit Geschick;
Doch jeder Verseschmied, der witzig kritzelt,
Den Stift aus ehrwürdigem Eichenholz geschnitzt,
Macht uns nur müde, und wir fürchten
Den monotonen Klang, in dem wir so viel hören
Von »Stoikern des Waldes«, »Männern ohne Tränen«.

Doch die Natur, die ständig rege, ständig junge,
Singt, so wie einst sie sang, wenn man sie lässt;
Der Lauf der Dinge gibt das Malerische wieder,
Es wurde ehemals vergeblich angestrebt;
Die Quelle der Romantik, zeigt er uns, ist nicht versiegt –
Das Licht, der Schatten des Kontrastes nicht erschöpft.

Der Kraft beraubt, muss Samson nun um Krumen bitten
Vom Fest, das seine Ahnen, seine Väter gaben,
Der Indianer darf nicht fordern, was ihm zusteht,
Sein Erbe muss er sich als Gunst erflehen;
Bald wird die stattliche Gestalt nicht mehr zu sehen sein
Im Land der Väter und am Ufer des Atlantik,
Er wird vergehen unter der uns wohlgesinnten Sonne,
Und schwerer spürt er täglich unser Regiment;
Alt ist der Fall – wir tun, was Menschen tun:
Macht schafft das Recht in diesem Erdenkreis,
Gerecht in Ewigkeit sind Gott und Zeit.

So geht das Drama seinem Ende zu,
Auf dieser letzten Szene ruhen unsere Augen;
Der Grieche und der Skythe treffen sich erneut,
Das alte Leben wird gelebt von den Modernen –

Der Indianer geht durch unsere lauten Städte –
In seiner unberührten Würde geht er still.

---

[106] Uncas, der Name einer heroischen Indianerfigur aus James Fenimore Coopers DER LETZTE MOHIKANER; Magawisca, Figur einer Indianerin in Catharine Maria Sedgwicks Roman HOPE LESLIE (1827), die ihren Arm opfert, um den Weißen Everell Fletcher zu retten.

Auch fern von unseren Lustbarkeiten, Launen,
Ohne Befangenheit, Scham oder Erstaunen;
Er sieht die Wunder, die wir hier geschaffen,
Er kennt das Muster, von dem alles stammt;
In Gottes ersten Tempeln hat er oft gestanden
Und der Natur des Orgelklangs gelauscht –
Des Adlers Flug betrachtet, Donnerhall gehört,
Kunst kann kein Wort des Staunens ihm entlocken;
All dieser Luxus hier, das sieht er wohl,
Nährt weniger den Geist, nährt nur das Auge;
Ein einfaches Gefühl hat ihm viel mehr gegeben
Als all die Künste, die ihr habt, ihn je gelehrt.
Was sind die Attraktionen, die die Kunst bereitet,
Für Augen, deren Blick klar durch den Himmel gleitet?

Bekannt ist alles – Dock, Eisenbahn, Kanal,
Markt, Festung, Brücke, Akademie und Arsenal,
Asyl, die Baumwollspinnerei, das Hospital,
Gefängnis, Leuchtturm, der Theatersaal.
Die Krieger sahen jedes Novum, überlegten,
Und hin und wieder knurrten sie ein ernstes ›yaw‹.
Jetzt, da man alles dies gesehen und gedacht hat,
Scheint die Zeit reif und recht für ein Gespräch.

Ein ausstaffierter Mob drängt sich zum Gruße,
Und buntes Volk verstopft die breite Straße;
Ruhig, majestätisch gehen sie durch die Menge,
Gehüllt in Decken, mit dem Stolz eines Monarchen;
Die Menschen starren, staunen, zucken mit der Achsel,
Der Adel der Gestalt, das Ebenmaß ist nicht zu leugnen.

Auch wenn der Große Geist ihren Mut nicht honorierte,
Der Rauch der Wigwams ihren eigenen Geist verdarb,
Zeigt die Statur zumindest nur Vollkommenheit
In einer Wildnis, wo nicht Combe noch Spursheim[107] lehren;
Wo Bäume, wispernd, jeden Mann zur Jagd antreiben,

---

[107] George Combe (1788–1858), Andrew Combe (1797–1847) und Johann Christoph Spursheim (1776–1832) machten die pseudowissenschaftliche Phrenologie populär, wonach die Form des Schädels einer Person Auskunft geben soll über deren Charakter und psychische Eigenschaften.

Springende Hirsche ihn zu einem Wettlauf reizen.

Wenn du sie sehen könntest! Diese stattlich dunkle Schar,
Nachfahren jener, die das schöne Land genossen,
Gewalt oder Betrug ließen sie fliehen,
Hier sind sie, um den Sieg des weißen Manns zu sehen.
Keimt denn ein freundliches Gefühl in ihren stolzen Herzen,
Wenn sie durch diese künstlich hergestellten Reiche gehen?
Die Kirche, Schule, Eisenbahn, der Markt –
Kann ihnen das gefallen, Reiz vermitteln?
Alles war ihres einst – Wald, Erde, Ozean und Himmel –
Wie können sie sich freuen an diesem Blick?
Noch ist die Seele nicht durch Religion erschlossen,
Nicht jeder weiß, das Ganze auszukosten!

Müssen sie nicht, bei diesem traurig sonderbaren Los,
Denken, dass sie der Große Geist vergaß?
Vom fernen Ufer aus, wohin man sie vertrieben,
Schauen sie vielleicht vertrauensvoll zum Himmel;
Doch hier – wie viel erzählt hier jedes Ding,
Wo Massasoit ruht – wo Philip fiel![108]

Die Reihe ist an uns, der Philosoph
Sieht durch die Wolken eine Hand, sie kann nicht irren,
Ein unverbesserliches Volk mit seiner ganzen Anmut,
Mit seinen Lastern, muss den Platz freigeben;
Und menschliche Kultur wälzt ihre vorwärts drängende Flut
Über die weiten Ebenen, getränkt mit indianischem Blut.

Solche Gedanken festigen unseren Glauben;
Ins ruhigste Auge werden aber echte Tränen treten –
Wenn es die stolzen Fürsten dieser Wälder sieht
Als Raritätenzug für die gespannte Menge.

Doch dies scheint eine Szene, wo die Höflichkeit

---

[108] Massasoit und sein Sohn Metacomet (»King Philip«) waren Häuptlinge der Wampanoag-Indianer im 17. Jahrhundert. »King Philip's War« (1675–78) war ein letztes Aufbäumen der Indianer Neuenglands gegen die englischen Siedlerkolonisten. Metacomet wurde dabei 1676 in Rhode Island getötet. Sein Schädel wurde noch viele Jahre in Plymouth, Massachusetts, zur Schau gestellt.

Des Bleichgesichts dem Waldfürst in nichts nachsteht,
Denn einer stand ihr vor, für Haltung, Taktgefühl
Bleibt ihm zu jeder Zeit ein Ehrenplatz gesichert –
Im Licht der Schönheit glänzte Phidias' Gefäß!
Oft habe ich seinem sanften Ton gelauscht,
Gebannt vom Zauber seiner Silberstimme,
Entzückt, wie er in allen Lebenslagen
So umweglos die rechten Schritte tut.
Von ihm kein üppig glühender Gedankenstrom,
Rhetorik aus Magie der Leidenschaft,
Von ihm kein grober Stil, kein harscher Ton,
nach dem es Geister aus Granit verlangt;
Mit einer Exzellenz, die ihresgleichen sucht,
Bekannt für sein Talent der Überredungskunst,
Bewundert unter allen regen Menschen – »edel, einzig«.

Kaum Worte braucht er, unschätzbar die Fähigkeit,
Mit der die Töne seinem Willen folgen,
So dass allein der Klang das Ohr berückt
Und jeden, der ihm lauscht, sofort bezaubert.
Die intellektuelle Blässe seiner Wange,
Die schweren Lider, das bedächtig ruhige Lächeln,
Der wohlgeformte Mund, aus dem die Anmut spricht,
Das alles passt, um zu gewinnen oder zu betören,
Dann diese gut gewählten, wenigen Worte,
Die süße Botschaft, der unsere Gedanken folgen,
Sie sind für uns gesprochene Perlen, diamantener Tau.

Nie habe ich so sehr die Kunst bewundert,
die jedes abgegriffene Motiv zum Leuchten bringt –
Die Lafayette noch eine weitere Stunde gab
Und auch am 4. Juli seine Funken warf –
Wie jetzt, da er als Gastgeber fungiert,
Mit all der Würde, die die roten Männer ziert –
Mit all der Höflichkeit, die der Weiße schon verliert; –
Da er genau den Ton des wilden Geistes trifft,
Doch in dem simplen Wort edle Gedanken zeigt:
Da er des Kindes Einfalt übernimmt,

Wodurch er umso mehr der Weise scheint;
Die goldene Mitte hat er taktvoll, unfehlbar erfasst,
Den Kritiker betört, den Indianer hoch erfreut;
Der Stoiker des Waldes bekannte sein Genie,
Als aus ihm ganz der liebevolle Vater sprach,
Der Silberpfeil schnellte ins sichere Ziel;
Der tränenlose Mann vergoss der Tränen viel;
Auch du hättest geweint, hättest du dies gesehen,
Das wahrhafte Gefühl, sei es am Hof, im Dorf,
Sei es in tiefer Wildnis, sei es in der Stadt;
Des Vaters Herz zu rühren, musst du sein Kind erwähnen.

Solch eine schöne Szene – gut gespielt von allen;
Ein Toast den großen indianischen Kriegern –
Unserem Gouverneur und den Bostonians!

Ich werde bei dieser Gelegenheit die bemerkenswerte Rede von Gouverneur Everett zitieren, für mich der glücklichste Versuch, der je unternommen wurde, dem Indianer auf seine eigene Art zu begegnen und die Tonart seines Wesens zu verstehen. In den Zeitungen hieß es, Keokuck habe geweint, als Everett ihn als Vater ansprach – und falls nicht mit den Augen, dann wohl in seinem Herzen.

Everetts Rede

Häuptlinge und Krieger der Sac und Fox, seid willkommen in unserer Ratshalle.

Brüder! Ihr seid von weither gekommen, um eure weißen Brüder zu besuchen; wir freuen uns, euch die Hand zu reichen.

Brüder! Wir haben die Namen eurer Häuptlinge und Krieger vernommen; unsere Brüder, die in den Westen gereist sind, haben uns viel von den Sac und Fox erzählt; wir freuen uns, euch mit unseren eigenen Augen zu sehen und reichen euch die Hand.

Brüder! Man nennt uns die Massachusetts. Das ist der Name der roten Männer, die einst hier lebten. Ihre Wigwams erstreckten sich hier auf dem Feld; ihr Ratsfeuer wurde an dieser Stelle entfacht. Sie stammten aus demselben großen Geschlecht wie die Sac und Fox.

Brüder! Als unsere Väter über das große Wasser kamen, waren sie eine kleine

»Wie schön ist doch die Fahrt auf einem neuen Fluss, der Anblick neuer Ufer – wie ein Leben, würde das Leben nur so rasch fließen und uns auf solch vollem Strom dahintragen.«

Schar. Der rote Mann stand an der Küste auf den Felsen und sah unsere Väter. Er hätte sie ins Wasser stoßen und ertränken können. Aber er streckte seine Hand aus und sagte: »Willkommen, weiße Männer!« Unsere Väter waren hungrig, und die roten Männer gaben ihnen Mais und Wild. Unsere Väter froren, und der rote Mann hüllte sie in seine Decke. Wir sind jetzt viele und mächtig, aber wir erinnern uns an die Güte des roten Mannes gegenüber unseren Vätern. Brüder, ihr seid willkommen; wir freuen uns, euch zu sehen.

Brüder! Unsere Gesichter sind bleich, und eure Gesichter sind dunkel; aber unsere Herzen sind gleich. Der Große Geist hat seinen Kindern verschiedene Farben gegeben, aber er liebt sie alle.

Brüder! Ihr lebt zwischen dem Mississippi und dem Missouri. Das sind mächtige Flüsse. Ihr einer Arm fließt weit im Osten in den Alleghenies, der andere weit im Westen in den Rocky Mountains; aber sie kommen schließlich in einem einzigen breiten Strom zusammen und fließen zusammen ins Meer. In gleicher Weise wohnt der rote Mann im Westen und der weiße Mann im Osten am großen Wasser; aber sie sind eine Familie; sie hat viele Arme und einen Kopf.

Brüder! Als ihr in unsere Ratshalle tratet, erblicktet ihr die Statue unseres großen Vaters Washington. Sie ist ein kalter Stein – sie kann nicht sprechen. Aber er war der Freund des roten Mannes und trug seinen Kindern auf, in Frieden mit ihren roten Brüdern zu leben. Er ist in die Geisterwelt gegangen. Aber seine Worte haben einen Abdruck in unseren Herzen hinterlassen, wie der Schritt des starken Büffels im weichen Lehm der Prärie.

Bruder! Ich sehe deinen kleinen Sohn zwischen deinen Knien. Gott bewahre sein Leben, mein Bruder. Er wächst vor dir auf wie der zarte Schössling neben der mächtigen Eiche. Mögen die Eiche und der Schössling lange Zeit zusammen gedeihen. Und wenn die mächtige Eiche zu Boden gefallen ist, möge der junge Baum seinen Platz im Wald einnehmen und seine Zweige über den Volksstamm breiten, wie der väterliche Stamm es tat.

Brüder! Ich halte meine Rede kurz und heiße euch abermals in unserer Ratshalle willkommen.[109]

Nicht oft wurden sie so klug und taktvoll angesprochen. Die wenigen, die sich nicht aus schäbiger Habgier, sondern aus Liebe an sie gewandt haben, als Menschen und zu erlösende Seelen, waren meist geistig zu beschränkt, zu streng an Sekten oder Anschauungen gebunden, um sich in das Wesen oder die Lage

---

[109] Everetts Rede findet sich sowohl in dem erwähnten Buch Benjamin Drakes über Black Hawk als auch in der Ausgabe des *Boston Courier* vom 1. November 1837 und der Ausgabe der Charleston *Bunker-Hill Aurora* vom 4. November 1837 abgedruckt.

der Indianer zu versetzen oder ihnen irgendetwas Greifbares zu vermitteln. Der Christus, der ihnen von diesen Missionaren gezeigt wird, ist für sie nichts anderes als ein neuer und mächtiger Manitu, die Zeichen der neuen Religion sind nichts als Fetische, die den Eroberern beigestanden haben.

Hier sollen einige Bemerkungen eines scharfsichtigen Beobachters über die Methoden der Missionare und deren Ergebnisse folgen.

»Mr. – und ich hatten eine äußerst interessante Unterhaltung über die Indianer, ihren Charakter, ihre Fähigkeiten etc. Nach zehnjähriger Erfahrung unter ihnen musste er zugeben, dass die Ergebnisse der missionarischen Bemühungen nicht ermutigend waren. Er glaubte, in ihnen stecke ein wesensmäßiges Unvermögen, das sie daran hindere, sich über die Sphäre, in der sie sich so lange bewegt hatten, zu erheben oder über sie hinauszugehen. Er sagte, selbst jene Indianer, die bekehrt worden seien und die Gewohnheiten der Zivilisation übernommen hatten, hätten sich in ihrem Charakter nur wenig verbessert; sie wären so selbstsüchtig, hinterlistig und träge wie alle, die noch Heiden waren. Sie hätten die Güte der Missionare mit der undankbarsten Niedertracht vergolten, ihr Vieh und ihre Schweine getötet und ihre Ernten mutwillig vernichtet. Er habe den Gedanken aufgegeben, bei den Indianern irgendetwas Gutes bewirken zu können. Er habe sogar ernsthafte Bedenken, ein so hoffnungsloses Unterfangen wie die Missionierung der Indianer dadurch zu fördern, dass er Berichte in den Osten sende, die philanthropisch Gesinnte dazu veranlassen könnten, die Sache zu unterstützen. Tatsächlich schien ihn seine gesamte Erfahrung vom unabänderlichen Niedergang des indianischen Volkes überzeugt zu haben. Ihre Stärke und Leidensfähigkeit betrachtete er als Ergebnis einer körperlichen und geistigen Gefühllosigkeit; ihren Mut als bloße animalische Erregtheit, die sich entzünden musste, ehe sie sich einem Feind zu stellen wagten. Sie hätten keine beständigen Ziele und seien in ihrer moralischen Entwicklung den Tieren nur wenig überlegen. Es verwundert nicht, dass jemand, der den indianischen Charakter von Mr. –s Standpunkt aus betrachtet, solche Gefühle hegt. Sein Ziel bestand darin, ihnen die Mysterien einer Theologie begreiflich zu machen, die selbst für Aufgeklärte eine abstruse metaphysische Wissenschaft ist; und es wundert nicht, dass sie ihren heidnischen Aberglauben vorziehen, der sich unmittelbarer an die Sinne wendet. Aus seinem gescheiterten Versuch, sie zu christianisieren, bevor sie noch zivilisiert waren, schloss er, dass der eigentliche Mangel in ihrem wesensmäßigen Unvermögen liegen müsse.«

So versucht der Missionar vergebens, Hirsche und Tiger in Lämmer zu verwandeln, indem er ein- oder zweimal das Kreuz hochhält. Vergebens versucht er, den roten Mann davon zu überzeugen, dass ihm ein himmlischer Wille sein weites Land nimmt. Der beugt den Kopf, aber fügt sich nicht im Herzen. Er kann es nicht. Es ist nicht wahr; und selbst wenn es so wäre, das Blut nimmt seit Jahrhunderten dieselben Bahnen, was Denkgewohnheiten geschaffen hat, die nicht so leicht zu durchbrechen sind.

Vermischung wäre das einzig wahre und wirksame Mittel zur Zivilisierung. Aber wie alles andere auch, scheint selbst die Natur zu erklären, dass dieses Volk dem Untergang geweiht ist. Die Mischlinge verlieren rasch an Kraft, sie sind im Allgemeinen unansehnlich. Durch die Vermischung büßt jeder sein Bestes ein, anstatt sich zu vervollkommen. Es gibt Ausnahmen, eine oder zwei sind mir bekannt, aber dies kann wohl als allgemeine Regel gelten.

Ein Reisender bemerkt, dass die weißen Siedler, die in den Wäldern leben, schnell blass, schmächtig und mutlos werden; die Atmosphäre bekommt den kaukasischen Lungen nicht; und vielleicht ist es eine instinktive Wahrnehmung dieses Phänomens, was den Hass der neuen Siedler auf Bäume auslöst. Der Indianer atmete die Luft der Wälder als freies Wesen; er liebte ihren Schatten. Werden sie gerodet, verschwindet auch er, ein Teil derselben Erscheinung, die diese Zeit nicht überdauert.

Die Chippewa haben vor Kurzem eine Petition an den Staat Michigan gerichtet, als Bürger anerkannt zu werden; aber das ist vergeblich, solange sie vom Herzen des weißen Mannes nicht als Brüder anerkannt werden. Und während letzterer von seiner Überlegenheit überzeugt ist, die unseren Freund aus Wisconsin dazu brachte, das Gewehr fortzuschleudern und es sich vom Indianer zurückbringen zu lassen, müsste der weiße Mann sehr gut, sehr weise sein, um seine Position nicht zu missbrauchen. Aber bis jetzt ist er nichts als ein halb gebändigter Pirat und handelt nach wie vor nach der Maxime: »Macht geht vor Recht«. Und für die Masse tut die Zivilisation nichts weiter, als dies durch einen Schleier geschickter Ausflüchte und Schikanen zu verdecken und hier und da einmal einen Einzelnen wachzurütteln, der den Himmel bittet, einzuschreiten.

Ich habe keine Hoffnung auf eine Liberalisierung der Missionare, auf eine Humanisierung der Handelshaie, darauf, dass ein Anflug von Gewissen in das steinerne Herz der Politik dringt, darauf, die Indianer vor unverzüglichem Niedergang und baldigem Tod zu bewahren. Die ganze Predigt könnte über den Satz gehen: »Es muss ja Ärgernis kommen; doch weh dem Menschen, durch welchen Ärgernis kommt!«[110] Bevor sie jedoch verschwinden, wünschte ich mir, es könnte gelingen, in Kunst oder Literatur darzustellen, was ihnen eigen ist, eine Schönheit und Größe, die nur von den Herzen weniger in dieser Menschenmasse empfunden wird, die aber in der Welt ihre Monumente hinterlassen soll-

---

110 Matth. 18, 7.

te, um den schöpferischen Geist durch alle Zeiten zu inspirieren. Bislang wurde nichts dergleichen meisterhaft verwirklicht. Da Clevenger[111] die Absicht hatte, ist es schade, dass seine Kräfte nicht zu voller Entfaltung kamen. Es steht zu hoffen, dass ein anderer Geist sich darauf konzentriert, ehe es zu spät ist.

Zur Zeit vermitteln nur Bücher wie die von Catlin und einige Berichte früherer Reisender einen lebendigen Eindruck von dem Gang der Indianer durch diese Welt. Ich werde hier eine knappe Darstellung davon geben.

Zuvor will ich nur noch einmal kurz auf die Macht eingehen, die ein weißer Mann in einer schwiergen Situation über einen Indianer ausübte, in diesem Fall einmal eine gerechte, eine moralische Macht.

Wir blätterten in McKenneys TOUR TO THE LAKES, und als wir auf das Bild von Key-way-no-wut oder Gehende Wolke stießen, bemerkte Mr. B.: ›Ah, das ist der Mann, mit dem ich fast aneinander geraten wäre‹, und er schilderte die Umstände. Dieser Krieger war sehr gefährlich und wurde von der ganzen Leech Lake Band[112] gefürchtet. Ohne das geringste Zögern schoss er jeden Indianer nieder, der seinen Zorn erregte, und war zum Tyrannen der Stammesgruppe geworden. Der Händler am Leech Lake riet Mr. B., sich vor ihm in Acht zu nehmen. Er berichtete, wie er sich einmal geweigert hatte, ihm seinen Vorrat an Wildreis zu geben, worauf der Indianer fortging, mit Gewehr und Tomahawk zurückkehrte, den Tomahawk über dem Kopf des Händlers schwang und sagte: ›Jetzt gib mir deinen Reis.‹ Der Händler folgte, anders als Mr. B. in dem Abenteuer, von dem ich erzählen will. Key-way-no-wut brachte ihm oft Felle, die er für Baumwolle, Zucker, Mehl und andere Lebensmittel eintauschen wollte. Mr. B. erklärte ihm immer wieder, er könne keine Felle nehmen, er sei als Lehrer da und wolle sich nicht die Finger verbrennen, die Händler würden ihn anzeigen, und er müsse das Land verlassen. Gleichzeitig gab er ihm die Waren, die er verlangte. Key-way-no-wut hielt das für eine sehr bequeme Art, um zu bekommen, was er wollte und setzte dieses Spiel solange fort, bis es unerträglich wurde. Eines Tages brachte er ein großes Otterfell und sagte: ›Ich will dafür zehn Pfund Zucker, etwas Mehl und Stoff‹, und fügte hinzu: ›Ich bin nicht wie andere Indianer, ich zahle für das, was ich bekomme.‹ Mr. B. wurde klar, dass er alles verlieren würde, was er besaß, wenn er ohne eine klare Haltung auf diese Forderungen einginge. Er wollte aber eine Auseinandersetzung vermeiden und sagte zu seinem Kunden, er habe nicht so viel Zucker. ›Dann gib mir eben, was du hast‹, lautete die Antwort. Um ihn loszuwerden, bot Mr. B. ihm fünf Pfund Zucker für sein

---

111 Shobal Vail Clevenger (1812–1843), Bildhauer aus Cincinnati, bekannt vor allem für seine Porträtbüsten, die Fuller 1840 im Atheneum in Boston gesehen hatte.
112 Leech Lake Band, eine Gruppe der Ojibwe bzw. Chippewa Indianer, die am Leech Lake im Norden von Minnesota siedelte.

Fell an. ›Gut, dann nimm es‹, sagte der Indianer. Er ließ das Fell zurück und bat Mr. B., gut darauf aufzupassen. Mr. B. brachte es sofort zum Händler, erzählte die ganze Sache und beglückwünschte sich dazu, nun von den Forderungen des Indianers frei zu sein. Etwa einen Monat später tauchte Key-way-no-wut mit etwas schmutzigem indianischen Zucker wieder auf und sagte: ›Hier ist der Zucker, den ich mir von dir geliehen habe, gib mir mein Otterfell zurück.‹ Mr. B. erwiderte: ›Ich habe das Otterfell von dir gekauft, aber wenn du mir die anderen Sachen, die du dafür bekommen hast, zurückgibst, dann kann ich es dir vielleicht besorgen.‹ ›Wo ist das Fell?‹, fragte der Indianer sofort, ›was hast du mit ihm gemacht?‹ Mr. B. erwiderte, es sei beim Händler und nicht zu bekommen. Key-way-no-wut, zornig über diese Auskunft, griff nach Messer und Tomahawk und befahl Mr. B., es auf der Stelle herbeizuschaffen. Mr. B. begriff, dass dies der entscheidende Moment war, in dem er Farbe bekennen musste, oder er würde von diesem Mann fortan ›mit Füßen getreten‹. Seine Frau, die dabei war, bekam große Angst und flehte ihn an, er solle dem Indianer das Fell holen. Er gab zur Antwort, dass entweder er oder der Indianer bald Herr in seinem Haus sein würde, und wenn sie sich fürchte, den Ausgang der Sache mitanzusehen, solle sie besser hinausgehen. Mit ernster Stimme wandte er sich dann an Key-way-no-wut: ›Ich werde dir das Fell *nicht* geben. Wie oft bist du zu mir gekommen, und ich habe mit dir geteilt, was ich hatte. Ich habe dir Tabak gegeben, wenn es dir gut ging, und Medizin, wenn es dir schlecht ging, du hast meinen Wigwam nie mit leeren Händen verlassen. Und so revanchierst du dich also. Ich dachte, du wärest ein Mann und ein Häuptling, aber du bist nichts als ein altes Weib. Verlass dieses Haus und betrete es nie wieder.‹ Mr. B. sagte, er habe erwartet, der Indianer würde ihm nach diesen Worten den Garaus machen, sich in Verteidigungsstellung gebracht und ihm geradewegs in die Augen geschaut. Wie ein wildes Tier erbebte Key-way-no-wut vor dem Blick geistiger und moralischer Courage, beruhigte sich auf der Stelle und begann, sich zu entschuldigen. Wenn er mit ihm denselben Weg nehmen wolle, sagte Mr. B. dann freundlich, aber bestimmt, müsse er so geradlinig sein wie die Nut zwischen den Fußbodenbrettern vor ihnen, und fügte hinzu, dass er mit niemandem gehen wolle, der ihn durch seine krummen Wege so bedrängen würde, wie der Indianer es getan habe. Key-way-no-wut war vollkommen gebändigt, und Mr. B. bemerkte noch, er habe nie wieder Ärger mit ihm gehabt.

Die Vorstellung von einer Überlegenheit des weißen Mannes, zu der man durch dieses Beispiel kommen könnte, wurde während unseres Aufenthalts in Mackinac von einem indianischen Redner wie folgt formuliert. Nach der üblichen Würdigung der Sonne, des Taus usw. sagte er: »Der Unterschied zwischen dem weißen und dem roten Mann besteht darin, dass der weiße Mann in die Zukunft blickt und den

Weg für die Nachwelt ebnet.« Diese Aussage ist für einen Indianer ungewöhnlich präzise, aber einer der Anwesenden, der die Sprache der Chippewa verstand, verbürgte sich für die wortwörtliche Wiedergabe. Und tatsächlich berührte er damit den entscheidenden Punkt des Unterschieds. Doch der Indianer, der dies begreift, kann sein Wissen nicht einsetzen. Das Schicksal seines Volkes steht dagegen, und Pontiac und Philip können es so wenig aufhalten wie Julian im Altertum das seine.[113] Da ich gerade bei diesem Thema bin, will ich einige Bücher dazu kommentieren, die ich in Mackinac beziehungsweise nach meiner Rückkehr gelesen habe.

Mrs. Jameson hat ihren kurzen Besuch in diesen Gegenden sehr gut genutzt, bedauerlich nur, dass sie nicht länger geblieben ist und mehr zu sehen bekam; auch, dass sie nicht mehr aus ihrer Bekanntschaft mit der Familie Johnson gemacht hat, von der sie nahezu adoptiert wurde. Mr. Johnson scheint fast der einzige Weiße gewesen zu sein, der sein Verhältnis zum indianischen Volk mit Verstand und Großmut einzuschätzen wusste. Auch diejenigen Franzosen oder Engländer, die etwas Mitgefühl oder poetisches Verständnis hatten, haben nicht unter den Indianern gelebt, ohne dieses Leben zu genießen. Vielleicht wurde niemandem ein größerer Luxus zuteil als jenen, die es im letzten Jahrhundert durch Handel oder Krieg in diese majestätischen Gegenden verschlagen hat, die hier Anleitung und Schutz bei den Kindern dieses Landes fanden und so in neuer, reizvoller, vielfältiger und zugleich einfacher Form die Bande der Brüderlichkeit erkannten.

Alle diese Männer und selbst Sir William Johnson[114], dessen Leben unter den Indianern, in seiner Burg am Mohawk, von Mrs. Grant so lebendig beschrieben wurde, waren jedoch Menschen, deren Gabe eher darin bestand, sich diesem Leben anzupassen und sich daran zu erfreuen, als es zu beobachten und aufzuzeichnen. Gerade die Fähigkeiten, die es ihnen so leicht machten, in der Gegenwart zu leben, hinderten sie daran, darüber Protokoll zu führen. Männer, deren Leben so ausgefüllt und instinktiv ist, haben wenig Sinn für das Schreiben. Der Vater von Mrs. Schoolcraft schien jedoch Freude am Beobachten und Vergleichen gefunden und diese auch an seine Kinder weitergegeben zu haben. Die europäische Kultur, die sie recht gut kennen, gibt ihnen einen Maßstab, nach dem sie ihre heimischen Gewohnheiten und ihr ererbtes Wissen beurteilen können.

---

113 Pontiac (ca. 1720–1769) und Philip (ca. 1639–1676) [vgl. Anm. 104], Häuptlinge, die erfolglos gegen die Briten Krieg führten; Julian (ca. 331–363), römischer Kaiser, versuchte vergeblich, das vorherrschende Christentum im Reich zugunsten alter römischer und griechischer Religion sowie östlicher Mysterienkulte zurückzudrängen: Er fiel in der Schlacht gegen die Sassaniden.
114 Sir William Johnson (1715–1774), ein britisch-irischer Händler, Politiker und General, wanderte 1738 in die britischen Kolonien in Amerika aus und ließ sich im Tal des Mohawk River nieder, wo er einen Handelsposten für Siedler und Indianer einrichtete. 1744 wurde er, der mit den Indianern in Freundschaft zusammenlebte, Superintendent für indianische Angelegenheiten.

»Zahlreiche Rindenkanus lagen umgedreht am Strand und schimmerten bei diesem Licht in fast demselben Bernsteinton wie die Wigwams.«

Durch den frühen Tod von Mrs. Schoolcraft schloss sich eine poetische Goldgrube, zu der nur wenige Zugang hatten und durch die es Mrs. Jameson gewiss gelungen wäre, eine Reihe von Medaillen zur Geschichte dieses alten Volkes zu prägen. Aufgrund ihres Wesens und ihres inneren Wissens hätten wir vielleicht in klarer Form etwas über die Entstehung der indianischen Religion und Philosophie unter den speziellen Einflüssen von Klima und Landschaft erfahren können – was nun nicht mehr der Fall sein wird.

Jetzt können wir nur feststellen, dass sie ihre eigene Theorie zur Geschichte dieser Welt besaßen; dass sie eine Lücke in deren Genese wahrgenommen und versucht haben, diese durch das Eingreifen sekundärer Mächte mit moralischen Kategorien zu füllen. Sie haben die Wirkung von Feuer und Wasser auf dieser Erde beobachtet, haben gesehen, dass die Herrschaft der Tiere der des Menschen gewichen ist. Durch tiefes Mitgefühl mit den Tieren versuchen sie immer wieder von neuem, ihnen die verlorene Ehre zurückzugeben. Die Klapperschlange, den Biber und den Bären scheinen sie mit einer Mischung aus Sympathie und Ehrfurcht zu betrachten, die auch anderen Bewohnern dieser Reiche gilt. Während ihrer Zeremonien gibt es etwas, das die Phantasie machtvoll anspricht, selbst wenn dabei eines dieser Tiere getötet wird. Ich werde noch mehr davon berichten.

Den Hund schätzen sie, weil er einst ein Geist von hoher Intelligenz war und in seinem gefallenen und gefangenen Zustand dem Menschen als spezieller Begleiter beigegeben wurde. Ihn zu opfern, sei es für einen Schutzgeist oder einen menschlichen Freund, ist für sie daher von besonderer Bedeutung. Nichts wäre jedoch ein größerer Verstoß gegen die Gesetze, als die Überreste eines Opferfestes den Hunden vorzuwerfen oder auch nur zuzulassen, dass sie die Knochen anrührten.

Ähnliche Widersprüchlichkeiten im Umgang mit Hunden lassen sich auch beim weißen Mann beobachten. Viele Männer schätzen den Hund als ihren liebsten Begleiter auf den gewohnten Spaziergängen; seine Tugenden sind Thema von Dichtung und Geschichte; die edleren Rassen haben großartige Eigenschaften und werden mit entsprechendem Respekt behandelt. Doch der Beiname ›Hund‹ bringt die äußerste Geringschätzung für jemanden zum Ausdruck.

Goethe, der den Hund verabscheute, sah in ihm die Verkörperung des modernen Teufels, der in früheren Zeiten als Schlange erschien.

Im Gebell des Hundes liegt tatsächlich etwas, das die Harmonie der Natur auf empfindliche Weise stört und überhaupt nicht der Sanftheit und Klugheit entspricht, die in seinen Augen zu lesen ist. Das Anbellen des Mondes erschien mir immer als ein schlechtes Zeichen, aber da Fourier herausgefunden hat, dass der Mond tot ist und »nicht besser als ein Aas«[115] und die Griechen ihn als Hekate,[116] die Gottheit des Freitods und der Hexerei, bezeichnen, sind die Hunde vielleicht im Recht.

Bei den Indianern kursiert die Legende vom Karfunkel, die im orientalischen Mythos große Bedeutung besitzt. Adair[117] erklärt, sie glauben, man könne diesen sagenumwobenen Edelstein dort finden, wo eine Klapperschlange getötet wurde.

Zwar haben sie keinen archetypischen Menschen, dafür aber ein archetypisches Tier, »den Großvater aller Biber«. Für sie, die den Elefanten nicht kennen, ist der Biber das Symbol der Weisheit, so wie die Klapperschlange und der Bär die Kraft symbolisieren.

Hier soll eine kurze Geschichte über einen Bären wiedergegeben werden, die noch nie in gedruckter Form erschienen ist. Sie zeigt, auf welch menschliche Art sie diese Tiere betrachten, auch wenn sie sie jagen. Geschichten wie diese vermitteln ein feines Gefühl für die lebendigen Wahrnehmungen und phantasievollen Vorstellungen, die aus der Kunst des Überlebens in der Natur erwachsen:

Muckwa oder Der Bär

Ein junger Indianer, der vor langer Zeit lebte, hatte als Kind einen Bären getötet, weshalb er von seinem Stamm Muckwa genannt wurde: Bär. Er wuchs zu einem geschickten Jäger heran, und seine bevorzugte Beute waren Bären, von denen er viele erlegte. Eines Tages verließ er die Wigwams seines Stammes und machte sich auf den Weg zu einem weit entfernten Fluss, wo es reichlich Beeren und Trauben gab, um Bären zu jagen. Er jagte den ganzen Tag lang, erbeutete aber nichts. Bei Einbruch der Nacht gelangte er zu einigen Wigwams, von denen er annahm, dass sie Leuten seines Stammes gehörten. Er ging zu dem größten, hob die Matte am Eingang hoch und trat ein. Da sah er, dass die Bewohner Bären waren, die um das Feuer herum saßen und rauchten. Er verlor kein Wort, sondern setzte sich dazu und rauchte schweigend die Pfeife, die sie ihm anboten. Ein alter, grauer Bär, der Häuptling, ließ ihm ein Abendessen bringen, und wandte sich, nachdem er gegessen hatte, mit folgenden Worten an ihn: »Mein Sohn, ich freue mich, dass du in freundlicher Absicht zu uns kommst. Du warst ein großer Jäger,

---

115 Fuller bezieht sich hier auf Charles Fouriers Abhandlung TRAITÉ DE L'UNITÉ UNIVERSELLE (4 Bde., 1822/23).

116 Hekate, in der frühen griechischen Mythologie die Göttin der Wüste und des Gebärens; angesehen als die Wiederkehr der alten Mondgöttin Phoebe. Eine Version des in Griechenland verbreiteten Kults besagt, dass sie eine sterbliche Priesterin gewesen sei, die den Freitod gewählt habe. Eine andere schreibt ihr die Rolle der Göttin der Hexerei zu.

117 James Adair (ca. 1709–ca. 1783), Händler irischer Abstammung; Kenner der Indianerstämme Nordamerikas. Bekannt für seine HISTORY OF THE AMERICAN INDIANS (1775).

und alle Bärinnen unseres Stammes zittern, wenn dein Namen fällt. Aber hör auf, uns Kummer zu bereiten, bleib hier und lebe mit uns. Wir haben ein schönes Leben, wir ernähren uns von den Früchten der Erde, und im Winter schlafen wir ruhig, anstatt zu jagen und durch den tiefen Schnee zu streifen, bis die Sonne die Flüsse wieder vom Eis befreit und ihre Kraft die zarten Knospen für unseren Lebensunterhalt sprießen lässt. Ich will dir meine Tochter zur Frau geben, und wir werden glücklich miteinander leben.« Muckwa war bereits geneigt, das Angebot des alten Bären anzunehmen, und als er die Tochter sah, die zu ihm trat, ihm die nassen Mokassins auszog und trockene gab, da war er sicher, noch nie zuvor eine so schöne Indianerin gesehen zu haben. Er nahm das Angebot des Bärenhäuptlings an und lebte einige Zeit sehr glücklich mit seiner Frau. Sie hatten zwei Söhne, von denen einer wie ein Indianer war, der andere wie ein Bär. Wenn das Bärenkind die Hitze plagte, nahm seine Mutter es mit in die tiefen, kühlen Höhlen, während das Indianerkind vor Kälte zitterte und vergeblich nach ihr rief. Im späten Herbst zogen die Bären aus, um Eicheln zu suchen, und die Bärin sagte zu Muckwa: »Bleib hier und pass auf unser Haus auf, während ich Nüsse sammle.« Sie ging und war einige Tage lang mit ihrem Volk unterwegs. Nach einer Weile war Muckwa es müde, zu Hause zu bleiben und dachte, er könnte weggehen und in einiger Entfernung seine geliebte Bärenjagd fortsetzen. Er machte sich auf den Weg und kam schließlich zu einem kleinen Wald mit hohen Eichen, die voll von großen Eicheln waren. Er stieß auf Bärenspuren und sah kurz darauf eine dicke Bärin im Wipfel eines Baumes, zielte, schoss, und sie fiel herab, durchbohrt von seinem unfehlbaren Pfeil. Er trat zu ihr und stellte fest, dass es seine Schwägerin war. Bevor sie starb, warf sie ihm seine Grausamkeit vor und sagte, er solle zu seinem eigenen Volk zurückkehren. Muckwa ging still nach Hause und tat so, als hätte er den Wigwam nicht verlassen. Der alte Häuptling verstand jedoch, was geschehen war, und wollte ihn aus Rache töten, aber seiner Frau gelang es, seinen Zorn abzuwenden. Der Winter kam, und Muckwa machte sich bereit, seiner Frau ins Winterquartier zu folgen. Sie wählten eine große Lärche, die innen hohl war, und lebten dort behaglich, bis eine Gruppe von Jägern ihren Zufluchtsort entdeckte. Die Bärin sagte zu Muckwa, er solle ruhig im Baum bleiben, sie würde die Jäger ablenken. Sie verließ die Höhle, sprang von einem Ast und entkam unversehrt, obwohl die Jäger ihr nachsetzten. Einige Zeit später kehrte sie zum Baum zurück und bat Muckwa, wieder zu seinem eigenen Volk zurückzukehren. »Seit du bei uns lebst«, sagte sie, »haben wir nichts als Unglück; du hast meine Schwester getötet; und jetzt sind deine Freunde deinen Spuren bis zu unserem Quartier gefolgt, um uns zu töten. Der Indianer und der Bär können nicht im selben Wigwam leben, denn der Herr des Lebens hat ihnen verschiedene Wohnstätten bestimmt.« So kehrte Muckwa mit seinem indianischen Sohn zu seinem eigenen Volk zurück, aber von da an schoss er niemals mehr auf eine Bärin, aus Angst, er könne seine Frau töten.

Ich bewundere diese Geschichte für das *savoir faire*, die Nonchalance und das Vivian Grey-hafte[118] des indianischen Lebens. Sie ist dazu ein poetischer Ausdruck für die Leiden ungleicher Beziehungen, solcher, bei denen der Herr des Lebens nicht zu Rate gezogen wurde. Ist es nicht herzergreifend, das Bild der Mutter, die das Kind, das wie sie selbst war, in die tiefen, kühlen Höhlen trug, während das andere, vor Kälte zitternd, vergeblich nach ihr rief? Auch die Moral von Muckwas Rückkehr zu den Wigwams der Bären, der Glaube, er könne seine Sünde durch Schweigen verbergen, während sie von denen, die mit ihm verbunden waren, sofort erkannt wurde, ist sehr bewegend.

Bei uns gibt es eine Geschichte, von der die Kinder nie genug bekommen können. Sie handelt von einem kleinen Jungen, der ein Bärenhaus besucht und mit den Bären so frei verkehrt, wie es Muckwa tat. So fließt vielleicht in den Adern des angelsächsischen ebenso wie in denen des indianischen Kindes etwas von Orsons[119] Blut.

So wie die Indianer es liebten, die niederen Formen der Natur an sich zu ziehen, deren Geschichten zu erraten und deren Vielfalt in ihren wilden Tänzen, ihrer wilden Bemalung nachzuahmen, so liebten sie es auch, in den Himmel zu schauen und die Atmosphäre, die die Erde umgibt, mit Feen, Geistern und Gottheiten zu bevölkern. Die Schwester, die ihren Bruder auf der Erde zurücklassen muss, bittet ihn, am Abend nach oben zu blicken: So wird er sehen, wie sie sich im Westen ihr Gesicht bemalt.

Alle Orte, die in irgendeiner Weise von der Natur besonders bedacht waren, erweckten Gefühle der Verehrung, und so unbedarft diese auch sein mögen, sie sind immer erhebend. Beispiele dafür finden sich etwa in den Geschichten von Nanabozho und dem Fürsten der Winnebago an den Saint-Anthony-Fällen.[120]

---

118 *Savoir faire* (frz.) meint so viel wie »Gewusst wie«. Vivian Grey heißt die Hauptfigur in Benjamin Disraelis gleichnamigem Roman aus dem Jahr 1826. Fuller besprach die Werke Disraelis für die *New York Tribune* (20. Juni 1845) und lobte den Roman als geistreiches, witziges und skurriles Werk.

119 Orson ist einer der beiden Protagonisten der karolingischen Romanze VALENTINE AND ORSON, die Geschichte von Zwillingsbrüdern, die als Kinder im Wald ausgesetzt werden. Valentine wird entdeckt und am Hof von Pippin dem Buckligen zum Ritter erzogen, während Orson in einer Bärenhöhle zum »Wilden Mann« heranwächst, bis er von Valentine bezwungen und gezähmt wird.

120 Nanabozho ist der Demiurg nach der kosmologischen Tradition des Stammes der Algonkin. Bei den Lokalgruppen ist er unter verschiedenen Namen bekannt. Wahrscheinlich ist Nanabozho die Verkörperung, die beschleunigende Kraft des Lebens, das sich in den unzähligen Formen der empfindenden und leibhaftigen Natur manifestiert. – Fuller kannte die Geschichten aus Carvers TRAVELS [vgl. Anm. 97].

»Man kann die Insel auch zu Fuß umrunden,
an ihrem schmalen Strand entlang, und mitunter unter den hohen
bewaldeten Felsen ausruhen, die gleich neben dem Wasser aufragen,
in den unterschiedlichsten architektonischen Formationen.«

Wie bei den Griechen sind Legenden erwachsen, die die Besonderheiten von Orten zum Ausdruck bringen. Die fernen Sandbänke in den Seen, die in der Sonne glitzern, erzählen Geschichten von Zauberinnen, die am Ufer das lange goldene Haar einer schönen Tochter kämmen. Die schöne Loreley vom Rhein, mit ihrem Sirenengesang und den traurigen Folgen, die er nach sich zieht, findet man auf den einsamen Felsen des Lake Superior.

Die Geschichte, auf die ich mich hier beziehe, steht in einem Buch mit dem Titel LEBEN AN DEN SEEN ODER EINE REISE ZU DEN PICTURED ROCKS[121]. Zwei Fabeln erwecken den Anschein, indianisch zu sein; eine ist eine romantische Erzählung, verbunden mit Robinson's Folly, einem Kalksteinfelsen auf Mackinac. Die Leute, denen ich auf der Insel begegnete, kannten sie ebenso wenig wie die andere. Aber da beide die Phantasie des einzelnen Menschen übersteigen, der sie aufgeschrieben hat, und die erste die tiefe und ursprüngliche Bedeutung einer griechischen Tragödie besitzt, halte ich sie für echte Legenden.

Ich bewundere die Geschichte eines jungen Kriegers, der den Entschluss gefasst hat, auf diesem einsamen Felsen zu fasten, da er auf eine Vision seines Schutzgeistes hofft. Durch die Einsamkeit dringt plötzlich der süße Klang einer Stimme aus dem Wasser. Der Indianer weiß sehr wohl, dass er das Fasten, diesen entscheidenden Moment in seinem Leben, nicht brechen darf, indem er seine Aufmerksamkeit von der Suche nach dem Großen Geist auf ein niederes Objekt richtet – er weiß auch, dass sein Leben von dem Moment an jeden himmlischen Schutz verliert, dass er wahrscheinlich schwerste Strafe zu befürchten hat. Doch die Versuchung ist zu stark für ihn. Wie die Opfer der Loreley hält er Ausschau, wie sie erblickt er ein Mädchen von überirdischer Schönheit, das ihm zur Vorbotin irdischen Leidens wird.

Sein Schicksal – Liebe, gebrochenes Herz, furchtbare Rache, die sich selbst verzehrt – kann sich mit allem messen, was ich von streng gebauten Tragödien kenne, gleicht keiner anderen Form und hat all den besonderen Ausdruck, der im Auge des Indianers schlummert. Der Dämon ist nicht furchtbar und phantastisch wie jene Wesen, die den deutschen Wald heimsuchen, er ist erschreckend menschlich, als stecke in ihm das ganze Menschengeschlecht, das im Schatten der schwarzen Wälder geboren wurde. In ihm schwingt ein indianischer Sarkasmus, der mit indianischer Tapferkeit der unvermeidlichen Tortur die Stirn bietet.

Die Indianer halten an dem einfachen Glauben fest, der die Grundlage ihrer Mythologie bildet, dass es einen Gott gibt und ein jenseitiges Leben, ein Richtig

---

121 Das Buch LIFE ON THE LAKES: BEING TALES AND SKETCHES COLLECTED DURING A TRIP TO THE PICTURED ROCKS OF LAKE SUPERIOR (1836) stammt von dem New Yorker Geburtshelfer und Arzt Chandler Robbins Gilman (1802–1865).

und ein Falsch, die jeder Mensch erkennen kann und zwischen denen er wählen muss, dass man für das Gute belohnt und das Laster bestraft wird. Vielleicht ist ihr moralischer Kodex nicht so ausgefeilt wie der zivilisierter Nationen, aber klar und entschieden in der Betonung von Wahrheit und Treue. Und jeder unvoreingenommene Beobachter wird bezeugen, dass die Indianer – bis sie durch den Umgang mit den Weißen, die ihnen eine Religion anbieten, die sie selbst weder sinnvoll auslegen noch vorbildhaft befolgen, aus ihrer alten Verankerung gerissen wurden – außerordentlich tugendhaft waren, wenn man akzeptieren kann, dass Tugend darin besteht, dass ein Mensch nach seinen eigenen Vorstellungen von Recht und Gesetz handelt.

Der alte Adair, der vierzig Jahre unter Indianern lebte – nicht unter diesen Stämmen, sondern unter denen im Süden –, bemüht sich, ihrem religiösen Streben Gerechtigkeit widerfahren zu lassen. Überzeugt, sie seien Juden, besteht sein Hauptanliegen darin, die Vielfalt ihrer Riten und die mit ihnen verbundenen Bräuche denen der Juden gleichzustellen. Sein Bericht enthält viel Wertloses, ist langweilig und weitschweifig. Aber seine Leidenschaft für die Aufzeichnungen des alten Judentums hat ihm das Vermögen gegeben, anderswo wesensverwandte Züge zu erkennen, und wegen seiner Bemerkungen hinsichtlich der edlen Seiten des indianischen Charakters verzeihen wir ihm, dass wir uns durch so viel Schwachsinn schlagen mussten.

Ein Ungläubiger, sagt er, ist in ihrer Sprache einer, der der verfluchten Rede, ein Religiöser einer, der der geliebten Rede die Hand gereicht hat. Sollte diese Definition stimmen, dann stünde zu wünschen, dass Adair religiöser wäre.

Er berichtet jedoch anschaulich von ihren Reinigungsriten, die ein tiefes Vertrauen in den lebenserhaltenden Geist zum Ausdruck bringen. Durch Fasten und Gebet bereiten sie sich auf alle wichtigen Entscheidungen und Handlungen vor, selbst auf den Kriegspfad, wo den Krieger höchstwahrscheinlich harte Entbehrungen erwarten. Durch feierliches Fasten setzt er sein Vertrauen in den Geist, der ihn begleitet.

Der Ansicht des Missionars, von dem weiter oben die Rede war, die Leidensfähigkeit der Indianer sei bloße Gefühllosigkeit, wollen wir hier das Zeugnis eines Mannes wie Adair gegenüberstellen, der ihren Heroismus unter der Folter kannte.

Mehrere seiner Geschichten, die ersten beiden will ich hier zitieren, veranschaulichen ihren Mut, ihre Seelenstärke und Standhaftigkeit im Moment der Gefahr.

»Die Shawnee nahmen einen als Old Scrany bekannten Krieger der Muskogee gefangen. Sie traktierten ihn mit den üblichen Stockschlägen auf die Fußsohlen und verurteilten ihn zur Feuerfolter. Er machte viel durch, ohne eine Regung zu zeigen; seine Miene und sein Verhalten waren so, als würde er nicht den geringsten Schmerz erleiden, als wäre er den allgemeinen Naturgesetzen nicht unterworfen. Mit kühner Stimme verkündete er ihnen, dass er ein sehr bekannter Krieger sei, er habe seine furchtlosen Stammesgenossen gegen sie angeführt, die meisten seiner Kriegstrophäen zu Lasten ihres Volkes erworben und sehne sich nun danach, ihnen auch im Sterben seine Überlegenheit zu beweisen. Obwohl er in ihre Hände gefallen sei, da er den Schutz der göttlichen Macht durch die eine oder andere Unredlichkeit verwirkt hatte, sei ihm doch so viel Kraft geblieben, sich selbst viel härter zu foltern, als es ihrer ganzen verruchten, erbärmlichen Schar gelänge, wenn sie ihn dazu nur losbinden und ihm eines ihrer rotglühenden Waffenrohre aus dem Feuer reichen würden. Der Vorschlag und die Art, in der er ihn vorbrachte, erschienen den Shawnee so mutig und ungewöhnlich, dass sein Wunsch erfüllt wurde. Kaum losgebunden, ergriff er das glühende Rohr, schwang es nach allen Seiten, stürmte so durch die bewaffnete, doch vollends überraschte Menge, sprang von einer steilen, hohen Klippe in den Fluss, tauchte bis zu einer kleinen Insel, überquerte sie, schwamm unter Kugelhagel bis zum Ufer, schlug sich trotz vieler verbissener Feinde, die ihm auf den Fersen waren, durch einen dornigen Sumpf und erreichte nackt und zerschunden sein eigenes Land. Bis zu seinem Tod blieb er den Shawnee ein Stachel im Fleisch.

Sie nahmen auch einen Krieger der Anantooiah gefangen und banden ihn unter den üblichen grausamen Ritualen an den Marterpfahl. Nachdem er die heftigsten Torturen ungerührt ertragen hatte, sagte er ihnen verächtlich, sie seien unfähig, einen berühmten Feind richtig zu foltern. Er würde sie jedoch darin unterrichten, wenn sie ihm Gelegenheit gäben. Er forderte eine Pfeife und etwas Tabak, was er beides erhielt. Sobald er die Pfeife angezündet hatte, bat er die Frauen um ihre brennenden Fackeln, setzte sich, nackt wie er war, darauf und rauchte seine Pfeife, in aller Gelassenheit und ohne das geringste Anzeichen von Unruhe. Nun sprang einer der Anführer auf und sagte, sie hätten deutlich gesehen, dass er ein Krieger sei und keine Angst vor dem Sterben habe, dass ihn das Feuer verschone, auch wenn ihre Gesetze befahlen, ihn den Flammen zu opfern. Obwohl er ein sehr gefährlicher Feind und sein Volk verräterisch sei, wollten sie ihm doch zeigen, dass sie die Tapferkeit respektierten, selbst die eines Kriegers, dessen Körper auf Kosten vieler Leben ihrer geliebten Verwandten von Kriegsmalen gezeichnet war. In einem Gnadenakt setzte er dann den Leiden des Opfers mit seinem Tomahawk ein Ende: Und obwohl er das barmherzige, doch blutige Werkzeug schon einige Minuten vor dem Schlag gezogen hatte, wurde mir von Zuschauern versichert, dass der Leidende nicht die geringste Regung zeigte.«

Es folgen einige ebenso schöne, doch längere Geschichten, von denen Adair sagt: »Das unerschrockene Verhalten dieser roten Stoiker, ihre überraschende Verachtung und Gleichgültigkeit gegenüber Leben und Tod bestätigt unsere Vorstellung von einer übernatürlichen Macht, die auch vielen primitiven Märtyrern, die den christlichen Glauben mit ihrem Blut besiegelten, zu Hilfe kam. Der Glaube der Indianer und ihre Hoffnung auf ein ewiges Leben sind ebenso stark wie der eines Großteils der Israeliten. Man kann jedoch zu Recht sagen, dass die Christen der ersten Jahrhunderte selbst die heroischsten amerikanischen Indianer übertrafen, denn sie ertrugen die bitterste Verfolgung mit ruhiger Geduld, in Nachahmung ihres göttlichen Führers, des Messias, voller Vertrauen auf die göttliche Hilfe und die Aussicht auf eine glorreiche Belohnung. Und anstelle von Rachegelüsten gegenüber ihren grausamen Feinden und boshaften Peinigern (dem wesentlichen Prinzip, von dem die Indianer getrieben werden), vergaben sie ihnen nicht nur, sondern beteten unter Folterqualen mit gefasster Entschlossenheit, aufrichtiger Liebe und ungebrochenem Glauben für sie. Und nicht nur unterschiedlich starke Männer, auch die empfindsamen Frauen und Kinder litten voller Standhaftigkeit und starben im Gebet für ihre Peiniger. Indianische Frauen, Kinder und junge Männer ohne Kriegserfahrung sind nicht zu dieser Geduld, zu dieser Großmut fähig.«

Das ist der unvoreingenommene Blick des alten Händlers. Ich wollte zunächst noch Passagen über das Camp in Yowanne und über ein Pferderennen einfügen, zu dem er die Indianer dort herausforderte, um zu verdeutlichen, wie gut es ihm in seiner redseligen Art gelang, die ganze Gegenwart des indianischen Lebens zu beschreiben. Yowanne faszinierte mich durch die wilde und subtile Atmosphäre des Camps und Adairs altmodische Art, jeden Blick und jede Geste im Detail festzuhalten. Ansteckend ist sein Vergnügen, die Indianer mit ihren eigenen Methoden zu schlagen. Es gibt eine schöne Geschichte von einem jungen Mann, der, von einer Vorahnung getrieben, seinem Tod nachläuft. Wollte ich diese Geschichten kopieren, dann wäre dieses kleine Buch zur Hälfte voll, sie zu komprimieren, würde ihnen aber nicht gerecht. Ich muss daher auf eine andere Gelegenheit warten.

Die Geschichte, wie Adair einem Indianer flüssiges Feuer zu trinken gibt, gebe ich jedoch in voller Länge wieder, ist sie doch ein Beispiel dafür, wie selbst ein gutherziger und ihnen wohlgesonnener Mann mit ihnen umspringt und seine Grausamkeit schlicht als Scherz betrachtet. Es erstaunt dann nicht mehr so sehr, wenn der Händler aus demselben brutalen Impuls heraus (so sollten selbst Tiere nicht behandelt werden) roten Pfeffer und verdorbenen Tabak mit Rum mischt, um sie in ihrem Fieber um alles zu bringen, was sie noch besitzen.

Wie Murray und Henry hat auch Adair seinen großen Häuptling, der repräsentiert, was das indianische Volk sein sollte – wie Perikles und Phokion repräsentieren, was das griechische Volk sein sollte. Wenn wir berechtigt sind, die Güte des

Baumes nach seinen besten Früchten zu beurteilen, sollten wir Adairs Häuptling Red Shoes und Henrys Wawatam als die ersten Besitzer dieses Landes respektieren und uns ebenso fragen lassen, ob wir wirklich in jeder Hinsicht würdig sind, ihren Platz einzunehmen. Ein Urteil über die Nuancen ihres Charakters mag sich durch den Bericht von Red Shoes' Tod ergeben.

»Durch seine überragenden Eigenschaften hatte Häuptling Red Shoes die höchste Stufe roten Ruhms erreicht – wegen eines Kopfgeldes, das die Franzosen auf ihn ausgesetzt hatten, wurde er von einem seiner eigenen Stammesbrüder ermordet. Er hatte das Unglück, unterwegs sehr krank zu werden und wurde, wie es in solchem Fall Brauch ist, fernab des Lagers untergebracht. Ein Judas, der durch das hohe Kopfgeld in Versuchung geriet, tat so, als würde er sich hingebungsvoll um ihn kümmern. Solange Red Shoes ihm das Gesicht zuwandte, hatte der Barbar ein solches Gefühl von Ehrfurcht und Mitleid, dass er nicht die Kraft besaß, seinen niederträchtigen Plan auszuführen; doch als er ihm den Rücken kehrte, erschoss er ihn. Auf diese Weise fiel der wertvolle, tapfere Mann durch Hände, die es nie gewagt hätten, ihn offen anzugreifen.«

Trotz aller Sympathie für die Indianer flicht Adair in seine Geschichten vielleicht unbewusst einige sehr eindeutige Ansichten des weißen Mannes. Beispielsweise empfiehlt er, die Stämme zu Bruderkriegen anzustacheln, um sie leichter und vollständiger unter der Herrschaft der Weißen zu halten, und er berichtet von folgender Brutalität, als handele es sich um einen scherzhaften, cleveren Einfall.

»Als der Choctaw-Indianer nicht aufhörte, mich zu bedrängen, sagte ich ihm, ich hätte noch eine ganze Flasche mit dem Wasser der ›ani hoome‹, das heißt ›bittere Ohren‹, also Pfefferschoten, die er nicht kannte. Da er nicht wusste, wie sehr Pfeffer brennen kann, glaubte ich, seine Gier nach Alkohol würde den Zechbruder dazu verleiten, mein Wasser zu probieren. Nicht anders als erwartet, nahm er mein großzügiges Angebot begeistert an und bemerkte, sein Herz habe ihm die ganze Zeit gesagt, dass ich meinen guten Ruf bei seinem Volk durch mein Handeln bestätigen werde. Die Flasche wurde gebracht, ich stellte sie auf den Tisch und warnte ihn, während er unentwegt spuckte (eine Gewohnheit der Indianer, wenn sie nach etwas gieren), dass ich ernsthaft spucken müsse, würde ich alles auf einmal trinken. Ich würde das Wasser sehr lieben, nähme es aber nur nach dem Essen zu mir und dann in Maßen. Doch da sein Herz nun einmal danach begehrte, sollte ich wohl von all dem schweigen und ihm den Genuss gönnen. ›Dein Herz ist ehrlich‹, erwiderte er, ›ich danke dir, denn das Wasser wird meinem Herzen gut tun und bringt es zum Klopfen.‹ Ohne weitere Umstände nahm er die Flasche, entkorkte sie und tat einen gewaltigen Zug, bis er fast an der brennenden Flüssigkeit erstickte. Er keuchte eine ganze Weile, und sobald er wieder zu Atem kam, sagte er ›Hah‹ und strich sich mit der Rechten über den Hals. Als sich der heftige Brand gelegt hatte, blühte er auf, voller Lob für die Stärke des Feuerwassers und die Freigiebigkeit des Spenders. Er ging zu seinem Gefährten und hielt ihm die Flasche, wie es Brauch ist, an den Mund, bis auch er einige herzhafte Züge tat. Dieser Indianer schien sensibler auf das feurige Getränk zu reagieren, es würgte ihn eine beträchtliche Zeit, und als er wieder zu Atem kam, schwankte er wie ein Betrunkener umher. Auf diese Weise leerten sie die ganze Flasche, die zweimal nachgefüllt wurde. Der brennende Sud entflammte ihre Eingeweide so sehr, dass einer der beiden Wasser trank, bis er fast barst. Der andere, den das innere Feuer zum Wahnsinn trieb und der den Spott seines Volkes nicht ertrug, ertränkte sich in der zweiten Nacht in einem Schlammloch …

Ein ähnlicher Vorfall ereignete sich bei den Cherokee. Als sie den ganzen Alkohol konsumiert hatten, den es bei mir gab, gingen sie nach Hause und nahmen auf meinen Rat hin auch die Betrunkenen mit. Einer kam jedoch schon nach Kurzem zurück und bestürmte mich um mehr ›Nawahti‹, was sowohl Arznei wie Alkohol bedeutet. Da sie jetzt alle zu großen Lügnern geworden sind, verdächtigen sie auch jeden anderen, von denselben Gesinnungen und Prinzipien infiziert zu sein. Je mehr ich mich entschuldigte, dass ich nichts mehr habe, desto zorniger wurde er. Ich sagte dann, dass ich nur noch eine Viertelflasche einer starken Medizin besäße, die Kranke zur Heilung innerer Schmerzen und auch nur in kleinen Dosen trinken könnten. Und indem ich sie vor ihn hinstellte, versicherte ich ihm, dass ich mich eigentlich nicht von ihr trennen wollte, da seine Rede aber so lang und lästig geworden sei, könne er nach Herzenslust mit ihr verfahren. Er griff nach der Flasche, sagte, sein Herz sei schwach, er würde es aber zu stärken wissen. Die Flasche enthielt drei Viertelpinten einer starken Terpentinessenz. Er trank sie sofort aus. Eine solche Menge hätte mich oder jeden anderen Weißen auf der Stelle umgebracht. Die Indianer sind im Allgemeinen länger als wir in der Lage, heftigen Schmerz zu ertragen oder zeigen in ihren Qualen eine größere Standhaftigkeit und Haltung. Bald fiel der lästige Besucher aber um, Schaum vor dem Mund. Ich schickte nach einigen seiner Verwandten, um ihn nach Hause zu bringen. Sie kamen. Ich sagte ihnen, er habe zu gierig und zu viel von der Arznei getrunken. Sie erwiderten, so würde er es immer machen, wenn sie englische Arznei kauften. Sie verabreichten ihm einen Sud aus Kräutern und Wurzeln, ließen ihn am nächsten Tag schwitzen, dann noch einmal von dem Sud trinken, und er wurde gesund. Da die Terpentinessenz ihn nicht berauscht, sondern nur seine Eingeweide verbrannt hatte, mahnte er die anderen zur Vorsicht, mich nie mehr um irgendetwas zu bitten, was ich zum eigenen Bedarf in irgendeiner Flasche aufbewahrte; es wäre so, als wenn sie flüssiges Feuer schluckten.«

»Den wunderbaren Strand aus glatten, weißen Kieselsteinen, durchsetzt mit Achaten und Karneolen – wenn man sie zu finden weiß –, betraten wir nicht wie die Indianer mit einer bescheidenen Gabe, sei es auch nur eine Pfeilspitze oder etwas gerösteter Mais, um Manitu zu erfreuen.«

Zu unserer Freude löste derselbe weiße Mann, der den Übergriffen von Key-way-no-wut so entschieden widerstanden hatte, ein ähnliches Dilemma auf humanere Art.

Als Mr. B. zum ersten Mal in ihr Land kam, fanden die Indianer, wie er mir sagte, Geschmack an seinem Pfefferminzlikör, wonach sie in alarmierendem Ausmaß unter Koliken litten, bis Mrs. B. einen starken Sud aus Kalmuswurzel zubereitete, die sie ihnen anstelle ihrer geliebten ›Medizin‹ verabreichte. Das dürfte wohl zur vollständigen Heilung geführt haben.

Ich bin trotz allem beinahe entschlossen, dem geduldigen Leser, falls sich ein solcher in diesen Vereinigten Staaten finden lässt, Adairs Buch ans Herz zu legen. Mit etwas Nachsicht gegenüber seiner quälenden Weitschweifigkeit und dem trockenen Ton wird er von diesem Band aufblicken und feststellen, dass er einen Aufguss echten indianischen Magenbitters genossen hat, wie er ihn vermutlich aus keinem der anderen attraktiveren Ergüsse zum selben Thema gewinnen wird.

Ein weiteres Buch, das mir durch seine Genauigkeit und Unvoreingenommenheit lesenswert erscheint, obwohl es etwas schwunglos und dazu von einem Menschen geschrieben wurde, der weder allzu weit denkt, noch die für manche Untersuchungen nötige Vorbereitung besitzt, ist Carvers Reisen durch die inneren Gegenden von Nord-Amerika. Sie führten ihn drei Jahre lang über mehr als fünftausend Meilen durch das Land.

Er reiste von Boston »im Juni 1766 ab und ging über Albany und Niagara nach Michilimackinac, einem Fort, das zwischen den Seen Huron und Michigan liegt, von Boston etwa dreizehnhundert Meilen entfernt.«[122]

Es ist interessant, seinen Schritten zu folgen, auch wenn es sich nicht um allzu kühne handelt.

Die Stadt der Sac am Wisconsin erwähnt er als die größte und am besten gebaute, die er auf seinen Reisen sah. »Sie besteht aus neunzig Häusern, wovon jedes mehreren Familien Raum bietet. Sie sind aus zugehauenen und präzise aneinandergefügten Brettern gebaut und so dicht mit Rinde bedeckt, dass kein Regen durchdringen kann. Jedes Haus hat eine bequeme Veranda, unter deren Dach die Bewohner sitzen, wenn es die Witterung erlaubt, und ihre Pfeife rauchen. Die Straßen sind regelmäßig angelegt und breit genug. … In den Gärten, die bei ihren Häusern liegen, bauen sie Mais, Bohnen und Melonen an.«

Siedlungen dieser Art lassen sich sehr gut mit denen vergleichen, auf die wir am Mohawk trafen. An eine solche muss der arme Indianer gedacht haben, den unser Gastgeber am Ufer des Nemahbin-Sees über das Land blicken sah.

---

122 Alle Zitate aus der 1780 bei Carl Ernst Bohn in Hamburg erschienenen deutschen Fassung, orthografisch leicht angeglichen.

Carver erwähnt den Anstieg und Fall des Seespiegels einmal in sieben Jahren bei einer Flut von drei Fuß – ein Phänomen, für das noch keine Erklärung gefunden wurde.

Seine Beschreibung des indianischen Charakters ist vorurteilslos. Dieser schien ihm nicht so sehr durch die Umstände bestimmt, wie das bei Henry der Fall ist (von dessen Bericht gleich die Rede sein wird), doch beide Zeugen kommen zu ähnlichen Ergebnissen. Carver beschreibt die Indianer als durch und durch römisch, getrieben von Patriotismus. Er verdient Anerkennung für den gerechten Blick, mit dem er sie betrachtet, umso mehr, als sich sein Leben in ihrer Hand befand, da er während der Kapitulation eines der Forts dabei war und sie in jener Stimmung gesehen hatte, in der sie das Blut ihrer Feinde trinken und deren Herzen essen. Dennoch gelingt es ihm, ihre geistige Haltung zu verstehen und ihre Auffassung von Pflicht anzuerkennen. Keine selbstsüchtigen Ansichten, sagt er, beeinflussen ihre Ratschläge oder behindern ihre Zusammenkünfte.

An dieser Stelle will ich ihre Dampfbäder erwähnen.

»Wenn über eine wichtige Maßnahme zu entscheiden ist, begeben sie sich in ihr Dampfbad, um die Haut zu reinigen und sich aller sündigen Körpersäfte zu entledigen, sodass der Geist so wenig wie möglich durch einen schlechten körperlichen Zustand beeinträchtigt wird.«

Soll eine Vereinbarung zwischen Familien getroffen werden, bereiten sie das Bad füreinander, im Gegensatz zu den Weißen, die sie betrunken machen, bevor sie mit ihnen verhandeln. Das Bad ist für sie wie eine Tasse Kaffee und dazu da, das Denken anzuregen.

Carver gibt noch andere Beispiele für diese spezielle Art von Takt, die sich zwar von dem unseren unterscheidet, aber vielleicht noch entschiedener befolgt wird. Beispielsweise sprachen Liebende nie von Liebe, ehe das Tageslicht nicht vollständig verschwunden war.

»Will ein Indianer eine spezielle Person aus einer Familie besuchen, so sagt er gleich, wem sein Besuch gilt, und der übrige Teil der Familie begibt sich an das andere Ende des Zeltes oder der Hütte und nimmt sich sehr in Acht, ihnen nicht so nahe zu kommen, dass sie dadurch in ihrem Gespräch gestört werden könnten.«

Im Fall einer Scheidung, die leicht vollzogen werden konnte, blieb der Vorteil bei der Frau. Der Grund dafür liegt in einer gewissen Geringschätzung, jedoch mit einem heroischen Anstrich.

»Die Kinder der Indianer werden immer nach ihrer Mutter benannt, selbst wenn eine Frau mehrere Männer hat und von jedem Kinder bekommt. Ihr Beweggrund dazu ist der Satz, dass ein Kind seine Seele vom Vater, den Körper aber von der Mutter erhalten habe und dass es deswegen am vernünftigsten sei, sie nach der Mutter zu benennen, weil das Kind mit Sicherheit ihr sein Dasein zu verdanken habe …«

Genau in dieser Weise unterscheidet Ovid die Funktionen, als Jupiter seinen Sohn Herkules auf dem Scheiterhaufen brennen sieht.

»Nec nisi materna Vulcanum parte potentem
Sentiet. Aeternum est a me quod traxit et expers
Atque immune necis, nullage domabile flamma.«[123]

Carver ist nicht ausreichend mit der Naturgeschichte vertraut, um dazu wertvolle Beobachtungen zu machen. Wie meine Freundin, das Indianermädchen, erwähnt jedoch auch er, dass aus den herrlichen Blumen, der Wickapee und der Wurzel der Waldlilie wertvolle Arzneien gewonnen werden. Hier wie bei der Lobelie hat die Natur ihre Medikamente mit leuchtenderen Farben versehen als irgendein Wunderdoktor je die seinen.

Er diagnostiziert manche Ähnlichkeiten zwischen den Indianern und den Tataren, aber sie sind trivial und nicht wirklich durchdacht. Mit einigen der Stämme hier teilen die Tataren den Brauch, ihren Kopf bis auf den obersten Schopf zu scheren – Catlin zufolge in der Absicht, den Skalp leichter entfernen zu können. Tataren wie Indianer halten es für eine große Schande, wenn der Feind den Skalp missachtet, als trage die Eroberung, deren Beweis er ist, nicht zur Vergrößerung seiner Ehre bei.

»Die Tataren«, schreibt er, »hatten einen ähnlichen Brauch der Hundeopferung; und bei den Kamtschatkas glich ein Tanz dem Hundetanz unserer Indianer.«

Meine Freundin, die sich mir auf Mackinac angeschlossen hatte, erblickte auf der Heimreise zufällig ein kleines chinesisches Mädchen, das man von einer der Missionen herüber geschickt hatte und stellte fest, dass es in seinen Gesichtszügen, in Hautfarbe und Gestik genau das Gegenstück zu den kleinen Indianermädchen war, die sie zuvor am Seeufer gesehen hatte.

Die Abkunft dieser Stämme ist immer noch ein reizvolles Thema für Spekulationen. Denn selbst wenn sie nicht für diese Gegenden erschaffen wurden, haben sie sich doch so sehr assimiliert, dass sie kaum die Spur einer anderen Umgebung bewahrt haben. Mir scheint es am wahrscheinlichsten, dass jeder Region ein besonderes Volk zugeteilt wurde, wie der Löwe dem einen Breitengrad und der Eisbär

---

[123] Ovid, METAMORPHOSEN, BUCH 9, VERS 250–253, DT. V. ERICH RÖSCH: »Er, der alles besiegt, wird auch dies Feuer besiegen, / nur mit dem Teil, das der Mutter entstammt, die Macht des Vulcanus / spüren: ewig ist, was er von mir empfangen, und keinem / Tode fällt es anheim, ist von keiner Flamme zu tilgen.«

dem anderen. Da der Mensch zwei Naturen hat – eine wie die der Pflanzen und Tiere, die an die Nutzung und die Genüsse dieses Planeten angepasst ist, und eine andere, die eine höhere Sphäre prognostiziert und verlangt – überschreitet er ständig Grenzen, je nachdem, in welchem Maß das Geistige die Oberhand über das rein instinktive Dasein gewinnt. Bislang verliert er an Harmonie des Daseins, was er an höherer Entwicklung und geistiger Erweiterung gewinnt; der zivilisierte Mensch besitzt einen höheren Intellekt, ist aber eine unvollkommenere Natur als der Wilde.

Es tut gut, dort, wo diese beiden Zustände aufeinandertreffen, auf einen jener Menschen zu stoßen, in dem sich einige der guten Eigenschaften beider verbinden – und zwar nicht, wie das bei so vielen dieser Abenteurer der Fall ist, die Gier und List des weißen Mannes mit der Enge und Grausamkeit des Indianers, sondern das Gefühl und die Nachdenklichkeit des einen mit der Kühnheit, der persönlichen Substanz und Stärke des anderen.

Ein solcher Mensch war Alexander Henry, der 1760 von Quebec nach Mackinac und Sault Ste. Marie aufbrach und sechzehn Jahre in diesen Gegenden zubrachte, wovon uns ein höchst lebhafter Bericht überliefert ist.

Sein Besuch auf Mackinac kam zu früh. Die Indianer waren alles andere als zufrieden. Sie hassten ihre neuen Herren. Von Anfang an standen die Zeichen auf Sturm, und nach wenigen Monaten mündete die Unzufriedenheit in die Eroberung von Fort Mackinac und das Massaker an der britischen Garnison. Henrys Leben wurde durch einen Akt indianischer Selbstlosigkeit gerettet.

Wawatam[124], ein angesehener Häuptling, fühlte sich dem englischen Fremden durch eine starke Affinität verbunden und hatte ihn nach indianischer Art als Bruder adoptiert. Als er von dem geheimen Entschluss seines Stammes erfuhr, die Weißen zu töten, bat er um die Erlaubnis, Henry mit sich zu nehmen, falls ihm das gelingen sollte. Er konnte ihn jedoch nicht zum Aufbruch bewegen, und da er seine wahren Gründe nicht nennen durfte, zog er tieftraurig von dannen, nahm allerdings dem Stamm zuvor das Versprechen ab, seinen Bruder zu verschonen. Wawatam musste ziehen, denn der Stamm spürte seine starke Zuneigung, es war nicht gesagt, dass seine Selbstbeherrschung ausreiche, um das Geheimnis zu wahren. Das Versprechen, das man ihm gegeben hatte, wurde nicht gewissenhaft gehalten. Wegen der Niedertracht einer Frankokanadierin, in deren Haus Henry Zuflucht suchte – eine Niedertracht, wie sie keinem Indianer je nachgesagt wurde, selbst von seinen Feinden nicht –, geriet sein Leben in große Gefahr. Aber Wawatam kam rechtzeitig zurück, um ihn zu retten. Die Sze-

---

[124] Wawatam (um 1717–nach 1764) war ein Häuptling der Anishinabe. 1763 rettete er dem Händler Alexander Henry während des Aufstand des Odawa-Häuptlings Pontiac das Leben.

ne, wie er erscheint, begleitet von seiner Frau, die ihm in dieser Sache zur Seite steht, wie er das Beste, was er besitzt, als Lösegeld für den Gefangenen mitten im Raum auf einen Haufen türmt, wie er eine kurze, ruhige Rede hält, kommt der *Ilias* gleich. Sie ist von gleicher Schlichtheit, zeigt die gleiche lebendige Kraft und Zärtlichkeit.

Henry zieht mit seinem indianischen Bruder fort und lebt eine Weile mit dem Stamm. Die Einzelheiten dieses Lebens sind wirklich interessant. Einmal ging er während der Jagd für einige Tage verloren. Die Beschreibung dieser beschwerlichen, orientierungslosen Zeit, das Aussehen von Dingen in der Natur, die Gefühle, die sie hervorriefen, und die mentale Veränderung, die sich bei ihm vollzog, nachdem er eine Nacht lang tief geschlafen hatte, ist eine Geschichte für sich, die der Muse der epischen Dichtung gefallen würde. Er zog einem Baum die Rinde ab, bedeckte sich damit gegen den Schneesturm und schlief darunter mit »den wirrsten Gedanken der Welt«, während die Wölfe um ihn herum von seiner Not zu wissen schienen. Am nächsten Morgen erwachte er als ein anderer Mann, mit klarem Kopf und in der Lage, sicher seinen Weg zu finden.

Über sein Leben im Wigwam sagt er: »Es gab eine Zeit, da herrschte großer Nahrungsmangel. Wir aßen oft vierundzwanzig Stunden lang nichts, und wenn wir morgens nichts zu essen für den Tag hatten, schwärzten wir uns das Gesicht mit Fett und Kohle und gaben uns trotz aller Resignation so fröhlich, als lebten wir im Paradies.« Diese kluge Beherrschung erinnert an Rigolettes charmante Äußerung in den MYSTERIEN VON PARIS über das Beste am französischen Wesen, das sich ihr im Haushalt von Père Cretu und Ramonette zeigt.[125]

Henry bezeugt die Tugend unter den Indianern. Ihr Aberglaube, so wie er ihn beschreibt, wirkt kindlich und berührend. Mit viel Humor schildert er Züge, in denen ihr Mitgefühl mit den niederen Tieren zum Ausdruck kommt, etwas, von dem ich bereits gesprochen habe. Er sagt, er habe sie im Allgemeinen als schweigsam erfahren, da ihr Themenspektrum so begrenzt sei; ihr Erzähltalent ist ihm anscheinend nicht aufgefallen. Catlin hingegen beschreibt sie als lebhaft und redselig und bemerkt, dass ihre scheinbare Schweigsamkeit unter den Weißen daher rührt, dass sie über das, was sie sehen, staunen, es aus Stolz jedoch nicht zeigen wollen, und dass sie von sich selbst denken, sie hätten wenig Bedeutsames mitzuteilen.

Nachdem der Frieden wieder hergestellt war, lebte Henry lange als Händler auf Mackinac und in Sault Ste. Marie, was nichts an der kühnen und lebendi-

---

[125] Rigolette, eine liebenswerte, hart arbeitende junge Frau aus Eugène Sues Roman LES MYSTÈRES DE PARIS (1842/43).

gen Art ändert, mit der er sein Leben und seinen Umgang mit den Indianern beschreibt. Ich wünschte, ich hätte Platz für viele Auszüge, da sein Buch nicht leicht zu finden ist.

In einem Winter machte er sich mit Schneeschuhen auf den Weg nach Prairie du Chien[126], eine romantische Episode, die viel über seinen Charakter verrät. Seine Gefährten kamen nicht annähernd so schnell voran wie er und hielten ihn auf. Die Vorräte reichten nicht. Sie waren kurz davor, zu verhungern. In weiser Voraussicht hatte Henry angesichts des langen Weges, mitten im Winter, ohne die Aussicht auf ein gastfreundliches Haus etwas Schokolade eingesteckt. Als er sah, dass seine Gefährten ans Sterben dachten, erhitzte er Wasser, kochte darin ein Stück Schokolade und ließ es sie trinken. Durch das heiße Wasser und die Vorstellung, Nahrung zu sich zu nehmen, wurden ihre Lebensgeister wieder geweckt und gaben ihnen die Kraft, ein Stück weiterzugehen. Schließlich entdeckten sie ein Geweih, das aus dem Eis ragte und zogen einen Elch heraus, der dort eingebrochen und erfroren war. Die Kälte hatte ihn konserviert, was ihnen das Leben rettete. Durch sein Fleisch und »eine ausgezeichnete Knochenbrühe« waren sie bis zum Ende ihrer Reise versorgt. Und so bestätigt sich, laut Henry, abermals die Wahrheit, dass »Menschen nicht zum Aufgeben gemacht sind«. Diese Bemerkung und seine Besonnenheit gegenüber der Kanadierin, die ihn dem Tod ausliefern wollte, zeigen zwei Seiten seines feinen Charakters.

Henry berichtet auch sehr interessant über einen Stamm, der wegen der tränenreichen Riten, mit denen sie ihre Feste zu Ehren ihrer Freunde unterbrechen, »The Weepers« genannt wird.

Eine humorvolle Notiz bezieht sich auf einen Häuptling namens »The Great Road«:

»Der Häuptling, dem wir für seinen freundlichen Empfang zu großem Dank verpflichtet waren, hatte einen dunkleren Teint als die meisten der Indianer. Seine Erscheinung wurde durch den Zustand seines Haars stark beeinträchtigt – das Ergebnis eines ungewöhnlichen Aberglaubens.

Im Allgemeinen ist jeder Indianer auf ein bestimmtes Objekt fixiert, das ihm als heilig gilt – es sorgt für Wohlstand und schützt ihn vor Bösem. Die Wahl kommt entweder durch einen Traum zustande oder durch eine besondere Vorliebe. Für gewöhnlich fällt sie auf ein Tier, den Teil eines Tieres oder etwas anderes, das auf dem Land oder im Wasser zu finden ist. ›Great Road‹ hatte sich jedoch für sein Haar entschieden und, wie der Riese Samson, diesen Teil seiner eige-

---

126 Prairie du Chien, Stadt in Wisconsin, die im späten 17. Jahrhundert von französischen Waldläufern entdeckt wurde. Die Gegend war von Fox-Indianern besiedelt, deren Häuptling Alim (frz. chien; dt. Hund) hieß.

»Wie viele Leute in Chicago haben noch nie die Zeit gefunden,
die Prärien zu sehen, etwas über das Land zu erfahren, in dem sie leben,
oder etwas zu lernen, das nichts mit ihrem Tagesgeschäft zu tun hat!«

nen Substanz mit seinem Schutz betraut! Sein Haar war der Quell seines ganzen Glücks, es war seine Stärke und seine Waffe – sein Speer und sein Schild. Es schützte ihn im Kampf, leitete ihn bei der Jagd, behütete ihn auf Fußmärschen und gab seinen Frauen und Kindern langes Leben. Haar mit solchen Qualitäten durfte nicht durch die Berührung menschlicher Hände entweiht werden. Man versicherte mir, dass es seit seiner Kindheit nie gekämmt oder geschnitten worden war und dass er jedes Haar, das ihm ausfiel, wie einen Schatz hütete. Zwar wuchs es ungehemmt, entbehrte aber nicht der Pflege, denn es befand sich in der Obhut eines Geistes, der es frisierte, während sein Besitzer schlief. Dieser Geist hatte einen merkwürdigen Stil, denn das Haar war zu Strähnen und Strängen verfilzt, die nach allen Himmelsrichtungen hin abstanden.«

Die folgenden Berichte über einen Besuch der Indianer bei Henry auf Mackinac und einen anderen bei Carver, beide in der Absicht, dem Weißen Angst einzujagen, beschreiben höchst anschaulich ihr Verhalten.

»Um zwei Uhr nachmittags näherten sich die Chippewa meinem Haus, ungefähr sechzig Männer, angeführt von ihrem Häuptling Mina-va-va-na. Sie gingen einer hinter dem anderen, in der einen Hand den Tomahawk, in der anderen das Skalpmesser. Die Oberkörper der meisten waren nackt, einige hatten sich Decken über die Schultern geworfen. Ihre Gesichter waren mit Holzkohle bemalt und mit glänzendem Fett bestrichen, ihre Leiber mit weißem Lehm bedeckt, in den verschiedensten Mustern. Manche hatten sich Federn durch die Nase gesteckt und auch den Kopf mit Federn geschmückt. Ich brauche wohl kaum zu beschreiben, mit welchem Gefühl ich dieser wunderlichen, ja furchterregenden Horde entgegenblickte.«

Und Carver: »Ich trat aus dem Zelt und sah, wie etwa zwanzig nackte junge Indianer, perfekt gebaut und bei Weitem die schönsten, die mir je begegnet waren, zum Klang der Trommeln tanzend auf mich zukamen. Alle zehn oder zwölf Yards hielten sie inne und stießen gellende Schreie aus.

Als sie mein Zelt erreicht hatten, bat ich sie, einzutreten, was sie auch wortlos taten. Jetzt fiel mir auf, dass sie rot und schwarz bemalt waren, wie immer, wenn sie gegen einen Feind ziehen, und als ich bemerkte, dass sich in ihre Bewegungen auch Elemente des Kriegstanzes mischten, war ich mir sicher, dass der feindselige Häuptling, der meinen Gruß ablehnte, sie gegen mich aufgehetzt hatte. Ich beschloss, mein Leben so teuer wie möglich zu verkaufen. Ich setzte mich also auf meine Truhe, Gewehr und Pistolen neben mir, um sie zu empfangen und befahl meinen Männern, ein wachsames Auge auf sie zu haben und selber auf der Hut zu sein.

In meinem Zelt tanzten die Indianer abwechselnd weiter und sangen dabei von ihren Heldentaten und der Überlegenheit ihres Volkes. Um ihren Worten Nachdruck zu verleihen – die bereits so aufgeregt und expressiv waren, dass es das festeste Herz in Angst und Schrecken versetzt hätte –, schlugen sie am Ende jeder Strophe mit ihren Kriegskeulen so wild gegen die Stangen meines Zeltes, dass ich erwartete, es würde jeden Moment über uns zusammenstürzen. Jeder von ihnen tanzte an mir vorbei, hob seine Rechte, beschattete die Augen, schob seinen Kopf vor und blickte mir fest ins Gesicht, was ich nicht als Zeichen von Freundschaft deutete. Meine Männer gaben sich schon verloren, und ich für meinen Teil gestehe, dass ich mich noch nie so gefürchtet habe.«

Am Ende gelang es ihm jedoch, sie mit Geschenken zu besänftigen.

Schade ist, dass Lord Edward FitzGerald nicht wie Murray und Henry einen detaillierten Bericht über seine Reise durch die Wildnis hinterlassen hat, wo er zwanzig Tage lang auf einer unerforschten Route unterwegs war. Es gibt kaum etwas Interessanteres, als zu sehen, wie der zivilisierte Mensch ganz auf sich selbst und seine Mannhaftigkeit gestellt wird und dabei kein Versagen zeigt. Das Buch von McKenney und Hall über die Indianer ist eine wertvolle Dokumentation.[127] Die Porträts der Häuptlinge allein würden schon eine eigene Geschichte abgeben, sie sind außerdem sehr schön koloriert.

Die meisten Anekdoten lassen sich in Drakes Buch über die Indianer[128] wiederfinden, eine nützliche Quelle für deren künftige Historiker.

Einige davon, die ich selbst besonders interessant finde, will ich trotzdem hier erwähnen.

Das Porträt von Guess[129], dem Erfinder der Cherokee-Schrift, zeigt, dass sein Gesicht einen orientalischen Anflug hatte, worauf auch der Begleittext verweist. Dasselbe wurde ja auch über die Seherin von Prevorst gesagt, eine interessante Analogie. Der Intellekt, der durch noch schlichte, volkstümliche Züge scheint, unterscheidet sich sehr von dem der »expressiven« und »historischen« Gesichter

---

127 Thomas Loraine McKenney (1785–1859) und James Hall (1793–1868) veröffentlichen den CATALOGUE OF ONE HUNDRED AND FIFTEEN INDIAN PORTRAITS, REPRESENTING EIGHTEEN DIFFERENT TRIBES, ACCOMPANIED BY A FEW BRIEF REMARKS ON THE CHARACTER & C. OF MOST OF THEM (1836). In einer erweiterten Ausgabe wurde das populäre Werk unter dem Titel THE HISTORY OF THE INDIAN TRIBES OF NORTH AMERICA, WITH BIOGRAPHICAL SKETCHES AND ANECDOTES OF THE PRINCIPAL CHIEFS (1838–44) publiziert.

128 Samuel Gardner Drake (1798–1875), bekannter Antiquar und Buchhändler in Boston; veröffentlichte etliche Bücher über Indianer, die zum Bestand der Harvard-Bibliothek zählten und auf die Fuller Zugriff hatte. Das hier erwähnte Buch ist wahrscheinlich THE BOOK OF THE INDIANS OF NORTH AMERICA (1833), das Einzelheiten über das Leben von ca. fünfhundert Häuptlingen wiedergab.

129 George Guess (genannt Sequoyah, ca. 1763–1843), Sohn einer Cherokee-Indianerin und eines Europäers, wuchs ohne Vater in indianischem Umfeld auf. Er entwickelte ein völlig eigenes Schriftsystem für die Cherokee-Sprache – bis heute wird sie so geschrieben – und brachte vielen Stammesmitgliedern das Schreiben und Lesen bei.

eines gebrochenen und kultivierten Volkes, wo es immer mehr zu erahnen als zu sehen gibt.

Zum Porträt von Fliegende Taube, der schönen und großartigen Frau, von der ich bereits sprach, bemerkte ein aufmerksamer Beobachter: »Wenn man ihre Stirn bedeckt, könnte man an das Gesicht einer Madonna denken, aber die Stirn ist noch wild. Das Empfindungsvermögen scheint überaus geschärft, und die Stirn ist nicht geformt wie eine europäische.« Das stimmt. Bei ihr war die moralische Natur in höchstem Maße entwickelt, und das geistige Wachstum zeigte sich auf ihrem Gesicht ganz anders als auf dem von Guess.

Sein Blick ist nach innen gewandt, während sich das echte indianische Auge nach außen richtet wie auf einen fernen Gegenstand. Das lässt an dunkle, weit entfernte Orte in den Wäldern denken, was einen Teil der Romantik ausmacht.

Guess war es übrigens immer lieber, seine Instrumente selber zu erfinden, anstatt sie von anderen zu erhalten. Und als er von seinem Stamm für verrückt erklärt wurde, weil er sich ausschließlich mit der Erfindung seines Alphabets beschäftigte, begnügte er sich zunächst damit, es seiner kleinen Tochter beizubringen, eine unanfechtbare Zeugin für dessen zukünftige Bedeutung.

Auch Red Jacket[130] hat ein sehr viel intellektuelleres Gesicht als die meisten anderen Porträtierten. Dennoch verliert es nichts von der speziellen indianischen Eigenart, sondern bringt deren Züge zur Vollkommenheit. Ironie, Erkennen, Entschlossenheit sind darin zu lesen und ein tiefes, schwelendes Feuer, das es verschmäht, zu flackern, wo es nicht lodern kann.

Nichts zeigt die Gefühllosigkeit der Weißen gegenüber den Indianern besser als deren Umgang mit ihren sterblichen Überresten. Red Jacket war stets gegen die Einführung der weißen Religion oder ihrer Bräuche unter den Indianern. Er glaubte, dass es den Untergang der Stämme bedeute, wenn sie sich darauf einließen. Bei vielen Gelegenheiten hatte er das mit der ganzen Kraft seiner Rede zum Ausdruck gebracht. Er sagte zu den Priestern: »Wenn der Große Geist eure Religion für den roten Mann vorgesehen hätte, dann hätte er sie ihm gegeben. Was sie (die Missionare) uns sagen, verstehen wir nicht. Und das Licht, das sie für uns erbitten, verdunkelt den geraden, ebenen Pfad, den unsere Väter beschritten haben.«

Als er starb, forderte er sein Volk auf, ihn zu bestatten. »Grabt mein Grab mit euren eigenen Händen und lasst nicht zu, dass der weiße Mann mich dort verfolgt.« Trotz seines letzten feierlichen Willens und seiner zeitlebens unmissverständlich geäußerten Einstellung, bemächtigten sich die Missionare seines

---

130 Red Jacket (ca. 1758–1830), Häuptling der Seneca in New York; begabter Redner und Redenschreiber.

Leichnams und vollzogen zur Empörung seines Volkes ihren Gottesdienst an ihm, was unter den gegebenen Umständen ein Sakrileg war.

Ein bemerkenswertes Beispiel indianischer Religion zeigt sich im Verhalten eines der Kriegshäuptlinge, der der Sonne vor einer wichtigen Schlacht gelobte, auf allen irdischen Besitz zu verzichten, falls sein Feldzug von Erfolg gekrönt sei. Als dies so war, tanzte er zunächst einen wilden Opfertanz, der mehrere Tage dauerte und ihn an den Rand der Erschöpfung brachte. Danach verteilte er sein ganzes Eigentum, selbst seine Wigwams und seine Matten unter den Stammesmitgliedern. Er und seine Familie errichteten ihr Lager auf der nackten Erde, unter freiem Himmel.

Die Hingabe der Säulenheiligen und der Heiligen im härenen Gewand ist zwar von der Motivation her vergleichbar, in der Praxis jedoch weniger großherzig, denn dieser Häuptling hatte beschlossen, das gemeinschaftliche Leben, das er als Fürst gelebt hatte, als Bettler fortzusetzen.

Corn Plants[131] Erinnerungen an seine Kindheit und Jugend sind ergreifend.

Es gibt sehr bewegende Anekdoten über zwei Häuptlinge im Westen, Vater und Sohn, die die Weisheit besaßen, die richtige Strategie für den Umgang mit den Weißen wie mit ihrem eigenen Volk zu erkennen und daran festzuhalten.

Im Machtbereich des Vaters war ein Mord geschehen, er überantwortete sich mit den Verdächtigen der Justiz und ging mit ihnen ins Gefängnis. Einen seiner Gefährten zermürbte die Gefangenschaft sehr. Er sagte seinem Häuptling, wenn sie je wieder freikämen, würde er ihn töten, und das tat er auch. Der Sohn, zu jenem Zeitpunkt noch ein Junge, ging in seiner Wut und seinem Schmerz zu diesem Indianer, stellte ihn zur Rede und beleidigte ihn auf das Schlimmste. Sehr verärgert darüber drängte die Squaw ihren Mann, »den Jungen auf der Stelle zu töten«. Doch der entgegnete nur mit »der Freude des Tapferen«: »Er wird ein großer Krieger sein«, und dann ergab er sich, um seine Tat zu sühnen und stellte sich seinem Tod mit römischer Gelassenheit.

Der Junge wurde eher ein großer Häuptling als ein großer Krieger, und die Anekdoten über ihn sind von beträchtlicher Bedeutung.

Eine bewegende Geschichte erzählt von einer alten Mutter, die sich entschied, für ihren Sohn zu sterben. In jenem Moment akzeptierte der Sohn ihr Opfer, denn mit indianischer Kühle war er der Meinung, es sei besser, wenn sie auf ihre wenigen einsamen und nutzlosen Tage verzichtete, als dass er ein junges, vielver-

---

131 Corn Plant, auch Cornplanter oder John O'Bail (ca. 1740–1836), Häuptling der Seneca, Sohn einer indianischen Mutter und eines niederländischen Vaters.

sprechendes Leben aufgab. Aber auf die Dauer konnte er nicht bei dieser Sicht bleiben, und nachdem er eine Zeit lang die Qualen der Reue durchlitten hatte, setzte er seinem Leben im Beisein seines Stammes feierlich ein Ende, in seinen Augen die einzig gerechte Buße. Seine junge Frau stand mit ihrem Kind im Arm dabei und beherrschte ihre Gefühle, wie er es gewollt hatte, denn auch ihr erschien es als heilige Pflicht.

Die schönste Geschichte von allen ist aber die von Petalesharo[132], in dessen Stamm damals noch der Brauch des Menschenopfers herrschte. Das Feuer war schon entfacht, das Opfer, eine junge Gefangene, an den Marterpfahl gebunden, der Stamm versammelte sich rings um sie. Da sprengte Petalesharo durch die Menge, entriss das Mädchen der Gefahr, zog es auf sein Pferd, und beide waren verschwunden, ehe die erstaunten Zuschauer noch etwas unternehmen konnten.

Er brachte das Mädchen in dessen ferne Heimat und kehrte dann zurück. So stark ist die Kraft der Gerechtigkeit, wenn sie sich mit Mut verbindet, dass niemand wagte, ein Wort des Zorns zu verlieren oder eine Frage zu stellen. Sein Vater, beeindruckt von der vorbildlichen Tat, schaffte den barbarischen Brauch in seinem Stamm ab. Bei einer späteren Gelegenheit bot Petalesharo erneut sein Leben an, falls man dessen bedürfe, aber das war nicht der Fall.

Als dieser junge Krieger mit einer Delegation nach Washington kam, wurde er für seine Tat mit einer Medaille geehrt. Seine Antwort verdient, in Stein gemeißelt zu werden: »Als ich es tat, wusste ich nicht, dass es gut war. Ich tat es unwissend. Diese Medaille lässt mich wissen, dass es gut war.«

Trotz des gespielten Schreckens angesichts einer für das zivilisierte Gute so überraschenden Erklärung, zeigt sich der Protokollant doch sensibel für die grandiose Einfachheit des heroischen Impulses, dem sie Ausdruck gibt. Wären doch auch wir so gut, dass wir eine Medaille brauchen, die uns zeigt, dass wir es sind!

Die Mischlinge und halb Zivilisierten unter den Häuptlingen, wie stattlich sie auch sein mögen, erscheinen neben den reinblütigen Indianern fade. Ihnen fehlt die Würde des einen oder des anderen Volkes.

Der Tod von Osceola[133] (von Catlin beschrieben) zeichnet auf strenge, kriegerische Art ein bemerkenswertes Bild: Voller Güte, als Freund, nahm Osceola von den amerikanischen Offizieren Abschied – dann richtete er sich auf seinem Sterbebett auf und bemalte sein Gesicht mit den Zeichen ewiger Feindschaft.

Der Historiker der Indianer sollte einer aus ihrem eigenen Volk sein, jemand, der in der Lage ist, mit ihnen zu sympathisieren, so geistreich und kultiviert wie

---

132 Petalesharo (ca. 1797–1836), ein Krieger der Skidi Pawnee, der ein Mädchen der Komantschen rettete.
133 Osceola (um 1800–1838), Anführer der Seminolen.

Kapitel VI / 232

John Ross[134], den Blick auf die Größe der Vergangenheit gerichtet anstatt auf das spärliche Versprechen der Zukunft. Wenn wir von den Wampumgürteln hören, die Moctezuma den nordamerikanischen Stämmen nach der Invasion der Spanier gesandt haben soll, bekommen wir das Gefühl, dass ein junger Indianer, dem es gelänge, den alten Männern die vertrauten Überlieferungen zu entlocken, vieles zusammentragen könnte, was später dann auszudeuten wäre.

Auf eine klare Darstellung, und sei es auch nur eines Teils ihrer Vergangenheit, ist jedoch nicht zu hoffen, und wir müssen zufrieden sein, wenn wir eine Sammlung authentischer Fragmente haben, die so deutlich auf ihr Leben weisen wie ein Pferdekopf vom Parthenon auf das Genie Griechenlands.

So sind für mich die Geschichten, die ich zitiert habe. Und selbst europäische Schilderungen der indianischen Größe, so fernab und unvollkommen sie auch sein mögen, übermitteln doch eine Wahrheit, solange ein mitfühlender Geist aus ihnen spricht. Adairs Red Shoes, Murrays alter Mann, Catlins edler Mandan-Häuptling, Henrys Wawatam und was wir darüber hinaus von Philip, Pontiac, Tecumseh[135] und Red Jacket wissen, würde genügen, um den Zeitaltern einen kleinen Einblick in die Größe und Bedeutung indianischen Lebens und Charakters zu geben.

Wir hoffen auch, dass schon bald ein nationales Institut eingerichtet wird, das alle Hinterlassenschaften der Indianer aufnimmt – alles, was bei offiziellen Begegnungen in Washington bewahrt wurde, Catlins Archiv und eine Bildergalerie, so vollständig wie möglich, mit einer Sammlung von Schädeln aus allen Teilen des Landes. Und natürlich die spärliche Bibliothek, die zu diesem Thema existiert.

Ich bin noch nicht auf Mackenzies Reisen eingegangen: Er ist ein aufmerksamer Beobachter, aber sparsam in seinen Aufzeichnungen, weil sich seine Interessen ganz und gar auf seine eigenen Ziele richteten. Das gibt seiner knappen, einfachen Erzählung einen heroischen Charme. Geschehe, was wolle, kehre zurück, wer will, er kann es nicht. Er muss das Meer finden, längs der zugefrorenen Flüsse, die hungernden Länder durchquerend, unter Stämmen beschränkter Menschen mit ihrem ständigen, mürrischen Ausspruch »Häduer, es ist hart!«[136], von seinen Gefolgsleuten beargwöhnt, von seinen Führern verlassen, immer weiter, bis er das Meer sieht, kalt, drohend, das Ufer voller Feinde – aber er sieht es.

---

134 John Ross (1790–1866), oberster Häuptling der Cherokee.
135 Tecumseh (ca. 1768–1813), Häuptling der Shawnee.
136 Die Häduer, der größte keltische Stamm in Gallien, dem Caesar in seinem Werk DE BELLO GALLICO besondere Aufmerksamkeit widmet.

Seine wenigen Beobachtungen, vor allem der Stämme, die sich von Fischen ernährten, denen ihr geheiligter Aberglaube galt, vermitteln einen lebhaften Eindruck der Szenerie.

Kürzlich erschien ein kleines Pamphlet über das Massaker von Chicago[137]. Ich hätte es gern gelesen, als ich dort war, es hätte ein Interesse an ansonsten reizlosen Orten wecken können. Es ist lebhaft geschrieben, in exzellentem Stil, und erzählt genau das, was wir hören wollen, nicht mehr. Die Züge indianischer Großzügigkeit sind ebenso charakteristisch wie die indianischer Grausamkeit. Eine Dame, die von einem freundlichen Häuptling gerettet wurde, der sie im See unter Wasser drückte, während die Kugeln über dessen Oberfläche pfiffen, erhielt in der Hitze des Gefechts auch eine belebende Medizin von einer Squaw, die sah, dass sie erschöpft war; und als sie sich hinlegte, wurde zwischen ihr und dem Schauplatz des Gemetzels eine Matte aufgehängt, sodass ihr der Anblick erspart blieb, auch wenn man sie nicht vor den schrecklichen Geräuschen schützen konnte.

Ich wollte nicht sentimental über die Indianer schreiben, so bewegt ich auch bin beim Gedanken an das Unrecht, das sie erlitten haben und an ihr baldiges Aussterben. Ich weiß, dass die Europäer, die dieses Land in Besitz nahmen, sich durch ihre überlegene Zivilisation und ihre religiösen Vorstellungen gerechtfertigt fühlten. Wären die Indianer wirklich zivilisiert oder christianisiert worden, dann hätten die Konflikte, die aus der Kollision der beiden Völker entstanden sind, vielleicht vermieden werden können. Massenbewegungen stehen dem jedoch entgegen. Die Masse wurde noch nie humanisiert, auch wenn das Zeitalter ein humanes Denken entwickeln mag.

Seitdem diese Konflikte und Differenzen aufgekommen sind, hat der Hass, der auf europäischer Seite durch Schrecken und Leid hervorgerufen wurde, die Weißen noch weiter von einer Gerechtigkeit gegenüber den Indianern abgebracht.

Der Indianer, der die Skalps seiner Freunde und seiner Frau schwenkt, ihr Blut trinkt und ihre Herzen isst, wird vom Europäer als Unmensch betrachtet, auch wenn man ihn eines fernen Tages zweifellos als den verstehen wird, der die römische oder karthagische Rolle einer heldenhaft patriotischen Selbstverteidigung spielte, nach Maßgabe des Rechts und der Motive seines religiösen Glaubens und seiner Erziehung. Von seinem eigenen Standpunkt aus betrachtet, ist er dann tugendhaft, wenn er seinem Feind den größten Schaden zufügt, und sollte der Weiße wirklich der geistig Überlegene sein, müsste es ihm gelingen, seine überkom-

---

[137] Am 15. August 1812 töteten etwa 400 Potawatomi-Indianer, die im Britisch-Amerikanischen Krieg auf Seiten der Briten gekämpft hatten, einen Großteil der britischen Garnison, die aus Fort Dearborn in der Nähe von Chicago evakuiert worden war.

menen Vorurteile abzulegen, um genau das zu begreifen, es müsste ihm gelingen, ihn mit Mitgefühl und mit brüderlichem Wohlwollen zu betrachten und alles zu tun, was in seiner Kraft steht, um das leidvolle Geschick derer zu mildern, die seine früheren Frevel überlebt haben.

In McKenneys Buch wird vorgeschlagen, die Indianer unter einer Patriarchalregierung zu organisieren, was jedoch nicht einmal auf dem Papier als machbar erscheint. Könnten ihre eigenen intelligenten Männer ungehindert handeln, wäre das weitaus besser für sie als jeder weiße Denker mit seinen allgemeinen Vorstellungen. Ich befürchte aber, dass solche Vorhaben immer an demselben barbarischen Egoismus scheitern werden wie in Georgia[138]. Es gab die Chance zu begreifen, was man hätte tun können – nun ist sie für immer dahin.

Jeder möge mit sich selbst ins Gericht gehen, ob dieses Blut an seinen Händen nötig ist. Anstatt dem Indianer zu predigen, sollte der Missionar lieber dem Händler, der ihn ruiniert, von der Rechenschaft predigen, die die Nachfahren Kains in einer Sphäre ablegen müssen, in der die Klänge der Reinheit und Liebe besser ans Ohr dringen als in der unsrigen. Möge sich jeder Gesetzgeber das Thema zu Herzen nehmen, und wenn er die Auswirkungen vergangener Sünden auch nicht ungeschehen machen kann, sich doch um den klaren Blick und den rechten Sinn bemühen, der uns vielleicht vor noch fataleren Sünden bewahrt. Möge schließlich jeder Mann und jede Frau im Umgang mit dem unterworfenen Volk vermeiden, durch Beleidigungen oder herzlose Vorurteile Israels Gefangenschaft noch weiter zu verbittern.

---

[138] 1838 wurden den Cherokee sämtliche Rechte abgesprochen. Sie wurden von den Regierungen von Georgia und den Vereinigten Staaten gezwungen, ihr angestammtes Land in Georgia zu verlassen und nach Westen zu ziehen, ein tausend Meilen langer Marsch auf einer Route, die den Namen »The Trail of Tears« erhielt, der Tränenweg.

»Wir rasteten oben unter Bäumen und unten auf den kühlen,
moosbedeckten Steinen, an die die Wellen schlugen.
Die Natur hat die ganze Architektur sorgsam mit Weinranken
und kleinen Büschen geschmückt, die in den Felsspalten Wurzeln schlagen.«

Kapitel VII

Sault Ste. Marie

»Alles sah so aus, wie ich es mir vorgestellt hatte, nur viel schöner.«

Neun Tage verbrachte ich allein auf Mackinac, abgesehen von gelegentlichen Besuchen liebenswürdiger Bewohner des Forts und von Mr. und Mrs. A. Mr. A., schon lange im Pelzhandel tätig, wird vielen Reisenden in dankbarer Erinnerung bleiben. Auch Mrs. A. war mir gegenüber sehr aufmerksam, in der lebhaften und gewinnenden Art ihrer Landsleute.

Die Gesellschaft, die in der Pension zusammenkam, war für mich ganz neu und unterhaltsam. Es gab viele Händler von weither, etwa aus La Pointe und Arbre Croche – Männer, die durch das Leben in der Wildnis selbst halb wild und ganz und gar derb geworden waren, doch gut gelaunt, interessiert und mit einem Schatz an Wissen, der ihrer Lebensform entsprach.

Zwei kleine Mädchen wurden mir zu angenehmen Begleiterinnen. Die eine fröhlich, offen, ungestüm, aber süß und gewinnend, eine hübsche Amerikanerin mit hellbraunem Haar. Die andere, eine kleine Frankokanadierin, begleitete mich auf meinen Spaziergängen, nahm schweigend meine Hand und ließ sich zu meinen Füßen nieder, wenn ich an einer schönen Stelle Rast machte. Sie schien wortlos zu verstehen, und ich werde ihre zarte Gestalt nie vergessen, wie sie sich ebenso leicht wie versonnen bewegte, ihre feinen, ernsten Züge, den blassen, klaren Teint und ihre sanften Augen. Sie hatte keine Mutter und wurde von ihrem Vater und den Brüdern, alle Schiffer, viel allein gelassen. Die beiden kleinen Mädchen waren die hübschesten Verkörperungen von Allegro und Penseroso[139], die ich mir nur wünschen konnte.

Ich wartete sehnsüchtig auf ein Schiff nach Sault Ste. Marie, und mehrmals ging ich nachts zum Fenster, in der Hoffnung, dass der Dampf und das dämmrig rote Licht über dem Wasser zu einem solchen gehörten. Es waren aber immer Schiffe nach Chicago oder Buffalo, bis Allegro, die meine Pläne und Wünsche kannte, am 28. August in mein Zimmer stürmte, um mir mitzuteilen, dass die *General Scott* eingetroffen sei. Am nächsten Morgen machte ich mich auf diesem kleinen Dampfer auf den Weg.

Ich war die einzige weibliche Reisende an Bord und wurde in der Kajüte von einem holländischen Mädchen und einer Indianerin bedient. Sie sprachen

---

139 Allegro und Penseroso, Geister der Freude und der Melancholie, wie sie in John Miltons Gedichten L'Allegro und Il Penseroso figurieren.

beide fließend Englisch und berichteten mir über ihre unterschiedlichen Erfahrungen.

Das holländische Mädchen erzählte von einem Volkstanz in Amsterdam, dem Schäfertanz. Die beiden Vortänzer sind als Schäfer und Schäferin gekleidet. Sie erfinden zur Musik alle möglichen Bewegungen, die darstellen, was sich auf dem Feld ereignet, und die anderen Tänzer müssen folgen. Ich habe noch nie von einem Tanz gehört, der der Phantasie so einen freien Lauf lässt wie dieser. Französische Tänze führen nur festgelegte höfische Bewegungen aus, spanische und neapolitanische gelten der Liebe, die schönen Mazurkas usw. sind kriegerisch oder der Ausdruck wilder Landschaften. Der Schäfertanz lässt viel Raum für Spaß und Phantasie.

Die Indianerin war als junges Mädchen von ihren Eltern mit einem Mann verheiratet worden, den sie nicht liebte. Er verfiel dem Trinken und sorgte nicht für sie. Schließlich verließ sie ihn. Für sich und ihr Kind verdient sie als Zimmermädchen auf diesen Schiffen den Lebensunterhalt. Ab und zu, erzählte sie, habe sich ihr Mann bei ihr gemeldet und sie gefragt, ob er wieder mit ihr leben könne. Jedes Mal habe sie nein gesagt, denn hier sei sie viel freier, als sie es im zivilisierten Leben je sein könne.

Die Ungezwungenheit dieser Frau gefiel mir ebenso sehr wie ihre indianische Art, die sie sich auch nach so vielen Jahren des Umgangs mit den verschiedensten Menschen bewahrt hatte. Als ich das Schiff verließ, schenkten mir die Frauen einige indianische Handarbeiten, die Reisende so gern haben, und das Verhalten der beiden charakterisierte ihre Herkunft. Die Indianerin gab mir ihr Geschenk, als ich allein war, schaute dabei schüchtern zu Boden und hielt eine kleine, fast sentimentale Rede. Die Holländerin überreichte mir ihres in aller Öffentlichkeit, und indem sie ihr rundes Kinn ein wenig selbstgefällig vorstreckte, bemerkte sie, dass sie es für mich *gekauft* habe. Beide brachten durch ihre Gabe jedoch die gleiche herzliche Zuneigung zum Ausdruck.

Wir passierten eine Insel nach der anderen, alle hübsch geformt und schön gelegen, aber mit reichlich eintöniger Vegetation.

Am Nachmittag zog Nebel auf, und nach Einbruch der Dunkelheit saßen wir fest – einer der ödesten Abende der ganzen Reise.

Am nächsten Morgen herrschte immer noch dichter Nebel, aber der Kapitän nahm mich in seinem Boot mit auf eine Erkundungsfahrt, und wir entdeckten die Ruinen des alten englischen Forts auf St. Joseph Island[140]. Ringsum war alles ohne besondere Merkmale, nur von Wind und Wetter gezeichnet. Die Ufer der Inseln,

---

140 Fort St. Joseph war der westlichste Außenposten von Britisch Nordamerika; die Ruinen befinden sich heute auf kanadischem Staatsgebiet.

ihre Wälder gleichen sich in allem, sind wild und einsam, aber nirgends reich und majestätisch, sodass die Überreste eines Gartens, selbst die von Schornsteinen, und ein alter Landungssteg der Szenerie einen gewissen Charme gaben, sie zumindest strukturierten.

Ich sammelte viele Blumen, die gleichen wuchsen auch auf Mackinac.

Obwohl der Kapitän diese Tour schon so viele Male unternommen hatte, hatte er diesen Ort noch nie gesehen und hätte ihn wohl nie entdeckt, wäre nicht der Nebel gewesen und sein Wunsch, mich zu unterhalten. Er war ein bemerkenswertes Beispiel dafür, wie Menschen zu leben vergessen, um ihren Lebensunterhalt zu verdienen. Es ist überall das gleiche, ob an romantischen oder an den ödesten, langweiligsten Orten. Menschen legen sich so schnell ins Geschirr, dass sie es niemals mehr abschütteln können, wenn sie sich dieser Gefahr nicht von vornherein bewusst sind. Wie viele Leute in Chicago haben noch nie die Zeit gefunden, die Prärien zu sehen, etwas über das Land zu erfahren, in dem sie leben, oder etwas zu lernen, das nichts mit ihrem Tagesgeschäft zu tun hat!

So fand dieser Kapitän, ein Mann von scharfem Verstand und gutem Auge, kaum Zeit, seine eingefahrene Spur zu verlassen oder sich weiter, als es ihm seine Arbeit gestattete, in der Welt umzusehen. Er beklagte auch, dass ihn nichts und niemand dazu gebracht habe, seine Ausdrucksmittel zu entfalten, um anderen zur Freude oder Unterweisung das, was er bereits gesehen hatte, zu übermitteln – ein allzu häufiger Defekt bei aktiven Männern, den wirklich lebendigen, die vom Leben erzählen könnten. Dabei sollte es nicht so sein. Die Literatur sollte nicht dem reinen Literaten, die Redekunst nicht dem reinen Redner vorbehalten sein. Jedem Cäsar sollte es gelingen, seinen eigenen Kommentar zu schreiben. Wir brauchen eine ausgeglichenere, gründlichere, harmonischere Entwicklung der Persönlichkeit, und es gibt nichts, was die Menschen dieses Landes daran hindert, außer ihrer eigenen Gleichgültigkeit oder ihren kleinlichen Ansichten.

Es klarte auf, und unsere Fahrt flussaufwärts wurde herrlich. Vor uns erstreckte sich St. Joseph Island mit seinen schönen Zuckerahornwäldern. Ein Gentleman an Bord, der zu Fort Brady gehörte, sagte, sie kämen jedes Jahr zum Zuckermachen her und würden einige Wochen auf der Insel verbringen, tagsüber bei der Arbeit, abends beim Tanz und anderen Vergnügungen.

Zu gern hätte ich hier Henrys Bericht über das Zuckermachen eingefügt, es war vor sechzig Jahren kaum anders als heute, aber meine Exzerpte nehmen schon zu viel Raum ein. Arbeiten dieser Art, im Freien, wo alles provisorisch ist und jede Gerätschaft am Ort selbst hergestellt wird, geben dem Leben ein fröhliches Gesicht. In solchen Zeiten gibt es Arbeit und keine Sorgen – Energie mit Frohsinn, dem Frohsinn des Herzens.

Mit der gleichen Freude denke ich an die italienische Traubenlese, das schottische Erntefest mit seinem abendlichen Tanz in der Scheune, an das russische Krautfest und unsere Maisschälpartys und Hopfenernten – die Hopfenernten, bei denen Gruppen von Männern und Mädchen die duftigen Girlanden zu sich herabziehen und ihre Körbe damit füllen, stehen den beschwingten Bildern der italienischen Traubenlese in nichts nach.

Ich hätte auch gern Henrys Beschreibungen des Forellen- und Weißfischfangs wiedergegeben, beide Fische gelten in dieser Gegend als Köstlichkeit, und genauso seine Berichte über die Gens de Terre[141], die Wilden unter den Wilden, und seine dramatischen, wenn auch nicht ganz wahren Geschichten über Kannibalismus.

Zu meinem Bedauern musste ich auch Carvers Bericht über die fromme Andacht eines Winnebago-Fürsten an den St. Anthony-Fällen auslassen, die er überzeugend und mit erfreulicher Einfachheit beschreibt.

Ich schätze sowohl Carvers als auch Henrys Kraft, das Gute im indianischen Charakter hervorzuheben, umso mehr, als beide im Umgang mit den Indianern Gefahr liefen, ihr Leben zu verlieren, und da beide sie in Momenten äußerster Wut erlebt haben, mit allen furchtbaren Begleitumständen.

Ich wünschte, ich hätte einen Faden, der lang genug wäre, um all die Perlen aufzufädeln, die meine Phantasie beflügeln. Da das leider nicht der Fall ist, kann ich den Leser nur auf die Bücher selbst verweisen, die in der Bibliothek von Harvard zu finden sind, vielleicht auch anderswo.

Wie schön ist doch die Fahrt auf einem neuen Fluss, der Anblick neuer Ufer – wie ein Leben, würde das Leben nur so rasch fließen und uns auf solch vollem Strom dahintragen. Wir hofften, die Stromschnellen noch bei Tageslicht zu sehen, doch der herrliche Sonnenuntergang war fast vorüber, und nur ein junger Mond bebte über dem Land, als wir schließlich in ihre Hörweite kamen.

Ich blieb noch lange wach, bloß um ihr Rauschen zu hören. Es war eine besinnliche Stunde. Diese beiden Tage, der 29. und 30. August, haben einen besonderen Stellenwert in meinem Leben, letzterer ist der Geburtstag einer engen Freundin. Ich verbringe sie allein, in der Nähe vom Lake Superior. Ich werde nicht in diese wilde, freie Gegend vordringen, werde auf die Kanufahrt verzichten, die Abenteuer bei Tag, das Nachtlager draußen unter den Sternen – das alles hätte meinem Dasein eine so wertvolle Abwechslung gegeben. Ich werde auch die Pictured Rocks nicht sehen, ihre steinernen Kapellen und Urnen. Es hängt nicht von mir ab, es hing noch nie von mir ab, ob solche Dinge getan werden oder nicht.

---

141 Frz. »Leute der Erde«: eine Untergruppe der Cree-Indianer, nach welcher der Fluss Rivière Gens de Terre in der kanadischen Provinz Québec benannt ist.

Meine Freunde! Ich wünsche ihnen, dass sie mehr sehen und tun und sind, vor allem die, die noch eine größere Zahl an Geburtstagen und eine gesündere und freiere Existenz vor sich haben:

Für Edith, an ihrem Geburtstag

Wenn unser Schicksal unter demselben Stern steht,
Warum sind wir dann im Geist geschieden?
Wenn dasselbe Gesetz beiden gleiches Leid bestimmt,
Wie konntest du ein mütterliches Herz betrüben?

Unser Streben gilt demselben Ziel,
Wieso erhielten wir solch unterschiedliche Gestalt?
– Zu spät, dies Unrecht in ein Recht zu wenden;
Zu kalt, zu klamm, zu tief ist schon die Nacht.

Und doch, sagt mir der Engel meines Lebens,
In dieser Nacht wird auch ein Morgenstern aufgehen,
Schöner als jener, der die weltliche Geburt beherrschte,
Vom Nebel der verträumten Erde ungetrübt;

Er sagt, dass, wo ein Herz sich dir verwehrt,
Der Genius sein Geheimnis liest, bevor es flieht;
Die irdische Gestalt mag wohl von deiner Seite weichen,
Die reine Liebe macht dich noch zur Braut des Geistes.

Und du, unsanftes, doch so liebevolles Kind,
Dein Herz zeigt immer noch das »ungezähmte Wilde«,
Ein Herz, das sich zu Recht den höchsten Anspruch stellt,
Wird allzu leicht geprüft von kurzlebiger Schuld;

Ehe solch ein Himmelskörper seine Sphäre findet,
Muss das Martyrium vielfältig sein und schwer;
Meine Gebete begleiten dich, auch wenn die Füße fliehen,
Im stillen Himmel höre ich deine Musik.

Heute Nacht will ich jedoch die Klänge irdischer Musik hören. Im schwachen Mondlicht sind die Ufer kaum zu sehen, es lässt sich kaum erraten, wie sie sein mögen, außer, dass es dort Bäume gibt, und ab und zu einen Lichtschein, der auf Wohnhäuser deutet, mit allem, was in ihnen vor sich geht. Ich würde so gern ein paar Flötenklänge unter jenen Bäumen hören, nur um das Rauschen der Stromschnellen zu durchbrechen.

Wenn kein liebevoller Blick entzückt;
Keine zarte Hoffnung das Herz erwärmt;
Der einsame Geist des Denkens müde ist –
Kein heller Schein die Sehnsucht weckt;

Musik, dann setze du dein Segel;
Trag mich zu deiner besseren Welt;
Über die kalte und wogende See
Schick deine Brise, warm und frei;

Trauriges Seufzen kühlte sie nie ab,
Ein skeptischer Bann hielt sie nie an;
Bring mich zu jenem fernen Strand,
Wo Liebende sich treffen, um nie mehr zu scheiden;
Wo Zweifel, Angst und Sünde gleich verwehen,
Der Stern der Liebe, hier soll er nie untergehen.

Mit dem ersten Morgenlicht stand ich auf, ging hinaus und war jetzt froh, dass ich in der Nacht nicht schon alles gesehen hatte; es überwältigte mich mit solcher Kraft, in dieser Taufrische. Oh, sie sind wirklich schön, diese Stromschnellen! Ihre Anmut ist so viel offensichtlicher als ihre Kraft. Ich ging durch das alte Gräberfeld der Chippewa bis zum Anfang des Sprudels und setzte mich oben auf einen großen Stein, um das Schauspiel zu betrachten. Nicht sehr weit entfernt befand sich einer jener Wigwams, die Mrs. Jameson beschrieben hat, anders geformt als die provisorischen Wigwams auf Mackinac. Ich sah auch Frauen, die aus den Wäldern zurückkehrten, gebückt unter der schweren Last von Zedernästen, die sie auf dem Rücken trugen. Aber auch in vielen europäischen Ländern tragen Frauen schwere Lasten, selbst Holz, auf ihrem Rücken. Auf Mackinac hörte ich die Mädchen singen und lachen, während sie Äste schlugen. Ihre Arbeit ist zwar mühsam, aber sie gibt ihnen das Vergnügen, draußen im freien Wald zu sein.

Ich hatte nach einem Kanu gefragt, das mich durch die Stromschnellen tragen sollte, und jetzt sah ich es kommen, mit zwei indianischen Kanuten in rosa Kattunhemden. Sie steuerten es mit ihren langen Paddeln so anmutig und geschickt, als kämen sie aus dem Feenland. Ab und zu fuhren sie mit einem Kescher durchs Wasser. Alles sah so aus, wie ich es mir vorgestellt hatte, nur viel schöner.

Bei mir angelangt, breiteten sie in der Mitte des Kanus eine Matte aus, ich setzte mich darauf, und in weniger als vier Minuten waren wir die Stromschnellen hinuntergefahren, eine Strecke von mehr als einer dreiviertel Meile. Ich war ein wenig enttäuscht, hatte es sich doch nicht um die Heldentat gehandelt, von der ich ausgegangen war. Nach Beschreibungen wie »hinunterjagen« oder »herabschießen«, hatte ich mir vorgestellt, es gäbe irgendwo eine Felswand, von der man irgendwie herab müsste, vielleicht in einem atemlosen Augenblick von Wonne und Entsetzen, was mir ein völlig neues Gefühl eröffnet hätte. Aber ich fand mich in ruhigen Gewässern wieder, bevor mir noch die Zeit blieb, etwas anderes zu empfinden als das lebhafte Vergnügen, so leicht durch diese schäumenden Brecher hindurchgetragen zu werden. Ab und zu brachen die Indianer in einen vehementen Redeschwall aus, in ihren Stimmen schwang freudige Erregtheit. Es erfordert zweifellos enormes Geschick, zwischen diesen zerklüfteten Felsen, wo eine einzige unsanfte Berührung ein Loch in das Birkenkanu reißen würde, entlangzusteuern; aber diese Männer sind offensichtlich so damit vertraut, dass selbst der ängstlichste Passagier keine Angst zu haben braucht. Ich wäre gern zwanzig Mal hinuntergefahren, dann hätte ich das Vergnügen vielleicht in aller Bewusstheit genießen können. Aber der Nebel, der uns unterwegs aufgehalten hatte, verkürzte den Aufenthalt des Schiffes in Sault Ste. Marie, und ich wollte noch Zeit haben, mich umzusehen.

Während der Fahrt über die Stromschnellen fingen die Indianer auch noch einen Weißfisch für mein Frühstück, das allerbeste Frühstück, das ich je genossen habe. Hier gefangen und sogleich gekocht, war dieser Weißfisch etwas unvergleichlich anderes als der, den ich in Chicago oder auf Mackinac gegessen hatte. Zuvor war ich so geschmacklos gewesen, die Forelle zu bevorzugen, trotz der entsetzten und wortreichen Proteste der hiesigen Stammgäste, denen die Überlegenheit des Weißfischs ein Kardinalpunkt des Glaubens zu sein schien.

Was mich daran erinnert, dass ich bislang den unverzichtbaren Teil eines jeden Reisejournals ausgelassen habe: den Bericht über das, was es zu essen gab. Es wird mir nicht gelingen, all meine Versäumnisse durch einen einzigen kühnen Streich wettzumachen; aber damit ich mich nicht als jemand erweise, dem die allgemeinen Empfindungen der Menschheit egal sind, will ich hier anmerken, dass jemand, der im Sommer am liebsten Gemüse isst, nicht eher in diese Gegend kommen sollte, als bis sich das Verständnis hinsichtlich der Ernährung verbessert hat. Auch Obst findet man kaum, selbst auf den Tischen der besten Hotels nicht. Die Präriehühner haben mein Lob nicht nötig. Forelle und Weißfisch verdienen die Klarheit des Seewassers.

Kapitel VII / 246

Diese knappen Worte sollen keineswegs so erscheinen, als stünde ich über diesem Thema. Ein Abendessen in den Wäldern von Illinois, das aus nichts als trockenem Brot bestand, aus noch trockenerem Fleisch und dem Wasser aus dem Bach, der dort entlangfloss, gefiel mir am besten. Als ich jedoch einmal in einem Haus wohnte, wo nichts auf dem Tisch stand, was man anrühren mochte, und man sogar das Brot nicht essen konnte, ohne Kopfschmerzen zu bekommen, wurde mir der besorgte Ton verständlich, in dem Familienväter, die vorhaben, ihre arglosen Kinder in irgendeine herrliche Wildnis zu verfrachten, als allererstes fragen: »Gibt es dort etwas Gutes zu essen?« In Zukunft werde auch ich so fragen. Nur die, die von den höheren Mächten mit einem Reisevorrat an Ambrosia ausgestattet wurden, können den ganzen Tag lang auf den Beinen und morgens wie abends auch ohne Brot glücklich sein.

Unsere Rückreise war die reine Freude. Der Tag hätte nicht schöner sein können. Ich sah den Fluss, die Inseln und die Wolken unter den herrlichsten Bedingungen.

An Bord befand sich ein alter Mann, ein Farmer aus Illinois, ein höchst angenehmer Begleiter. Er hatte gerade mit seinem Sohn und elf anderen jungen Männern eine Entdeckungsreise an den Ufern des Lake Superior unternommen. Er war der Älteste der Gruppe, aber er hatte die Reise am meisten genossen. Er war den Jungen auch Berater und Gefährte gewesen, einer von jenen Eltern – warum sind sie nur so selten? –, die ein neues Leben in dem ihrer Kinder sehen und es auch teilen, anstatt Zeit und junge Fröhlichkeit mit dem Versuch zu vergeuden, ihnen die eigenen Ziele und Standards vorzuschreiben. Der Charakter und die Geschichte eines jeden Kindes kann für die Eltern eine neue und poetische Erfahrung sein, wenn sie es nur zulassen. Unser Farmer war häuslich, besonnen und solide; der Sohn erfinderisch, unternehmungslustig, flüchtig, voller Torheiten, voller Möglichkeiten, immer in Gefahr, zu scheitern und dennoch sicher, darüber hinaus zu wachsen. Der Vater passte sich an, lernte von einem Charakter, den er nicht ändern konnte, und zog aus dem Bitteren die Süße.

Sein Bericht über sein Leben zu Hause und seine jüngsten Abenteuer unter den Indianern war sehr unterhaltsam, aber mir fehlt es an Talent, ihn aufzuschreiben. Ich habe den Slang der Leute hier nicht im Ohr. Es gibt aber ein interessantes Buch über Indiana, THE NEW PURCHASE[142], der Autor kennt die Menschen dieses Landes gut genug, um sie in ihrer Eigenart beschreiben zu können. Es ist nicht allzu geistreich, kommt den Dingen aber auf die Spur und überzeugt durch Lebensweisheit und Humor.

---

142 Baynard Rush Hall (1798–1863), THE NEW PURCHASE; OR, SEVEN AND A HALF YEARS IN THE FAR WEST (1843), ein fiktiver Bericht über das Pionier-Leben in Bloomington, Monroe Co., IN.

»Bring mich zu jenem fernen Strand,
Wo Liebende sich treffen, um nie mehr zu scheiden;
Wo Zweifel, Angst und Sünde gleich verwehen,
Der Stern der Liebe, hier soll er nie untergehen.«

Die Leute aus Illinois und Wisconsin konnten auch viele Jagdgeschichten erzählen. Ich kann mich aber weder an diese noch an irgendwelche, die ich früher einmal gehört habe, gut genug erinnern, um sie zu Papier zu bringen, auch wenn sie mich wegen der wilden Naturlandschaften, die sie vergegenwärtigen, immer interessiert haben. Jäger finden Freude in Gegenden, in denen das Wild zahlreich ist; hier jedoch wimmelt es so davon, dass das Schießen von Tauben oder Moorhühnern eher einem Gemetzel gleicht und die Begeisterung eines guten Jägers für sein Geschick vergessen lässt. Die Hirschjagd steckt voller Abenteuer und braucht nur einen Scrope[143], um sie zu beschreiben und die westamerikanischen Wälder mit historischen Assoziationen zu bevölkern.

Wie schön es war, dazusitzen und raue Männer von ihrem Alltag erzählen zu hören, ganz anders als die Spitzfindigkeiten irgendeines feinen Kreises mit seinen konventionellen Ansichten und seiner zaghaften Kritik aus zweiter Hand. Frei blies der Wind und mutig floss der Fluss, benannt nach Maria, Mutter mild[144].

Am Nachmittag ging ein Gewitterregen nieder. Bei Sonnenuntergang klarte es auf, gerade als wir in Sichtweite von Mackinac kamen; über der Insel wölbte sich ein Regenbogen, der Frieden versprach.

Beim Lesen von Reiseberichten habe ich mich immer über die kindliche Freude von Reisenden gewundert, wenn sie an Orten, die ihnen neu waren und ihre Aufmerksamkeit ganz hätten fesseln müssen, auf Bekannte trafen – und über ihr Gefühl von Einsamkeit, wenn das nicht der Fall war. Wie kindisch, dachte ich, sich immer nach dem Neuen im Alten und dem Alten im Neuen zu sehen. Aber gerade solch ein Gefühl der Einsamkeit überkam mich jetzt, als ich zur Insel hinüberschaute, die im Sonnenuntergang funkelte, überwölbt vom Regenbogen, und daran dachte, dass mich dort kein Freund willkommen heißen würde – und gerade solch ein kindisches Gefühl der Freude empfand ich dann, als ich am Landesteg unerwartet in das Gesicht einer Freundin blickte.

Die verbleibenden zwei oder drei Tage waren herrlich, wir machten Wanderungen, Bootsfahrten oder saßen am Fenster, um den Indianern beim Aufbruch zuzusehen. Der war nicht ganz so fröhlich wie ihre Ankunft, auch wenn er mit derselben Geschwindigkeit vonstattenging; eine Familie brauchte keine halbe Stunde, um sich zur Abfahrt bereit zu machen, und das ablegende Kanu hatte etwas sehr Schönes. Aber überall am Ufer hinterließen sie die Spuren ihres Aufenthalts – alte Lumpen, trockenes Geäst, Essensreste, die Asche ihrer Feuer. Die Natur liebt es,

---

143 Der englische Landschaftsmaler, Jäger und Jagdschriftsteller William Scrope (1772–1852) veröffentlichte 1838 das Buch THE ART OF DEERSTALKING.
144 Anspielung auf den Hymnus »Holy Mary, Mother Mild«. Es handelt sich um den St. Marys River in Michigan. Sault Sainte-Marie ist der französische Name für seine Stromschnellen.

Makel und Narben zu verbergen und zu überwuchern, aber sie wird einige Zeit brauchen, um den Strand wieder in den Zustand zu versetzen, in dem er sich vor ihrer Ankunft befand.

S. und ich hatten Lust auf eine Kanufahrt und baten einen der Händler, uns zwei tüchtige Indianer zu vermitteln, von denen wir gewiss sein könnten – da wir ihre Sprache nicht sprachen –, dass sie uns nicht nur hinausfahren, sondern auch sicher zurückbringen würden. Neben dem Sohn des Häuptlings, einem hübschen Jungen von etwa sechzehn Jahren, prächtig gekleidet in feinen blauen Wollstoff, mit violetter Schärpe, eng anliegenden Hosen und einem leuchtendroten, um den Kopf geschlungenen Schal, dessen Enden ihm anmutig über die Schulter fielen, boten sich noch zwei seiner Freunde an. Sie hielten es offenbar für sehr vergnüglich, zwei weiße Frauen auf dieser Tour zu begleiten. Sie lenkten das Kanu in die Spur des Dampfers, der gerade abgelegt hatte und paddelten mit aller Kraft – fast zu heftig, denn der See war nicht ganz ruhig, und manchmal schwappte Wasser ins Kanu. Es flog jedoch über die Wellen, leicht wie eine Möwe. Sie sagten »losfahren« und »sehr warm« und brachen nach diesen Worten in fröhliches Gelächter aus. Ich glaube, sie genossen diese Stunde ebenso sehr wie wir.

Das Haus, in dem wir wohnten, gehörte der Witwe eines französischen Händlers, einer gebürtigen Indianerin. Sie kleidete sich in ihre Landestracht, sprach fließend Französisch und hatte ein sehr damenhaftes Auftreten. Sie genießt hier hohes Ansehen. Die ganze Zeit über kamen Menschen, um ihr die Ehre zu erweisen oder sie um Hilfe und Rat zu bitten; wie man mir sagte, ist sie eine kluge Geschäftsfrau. Meine Begleiterin hatte ihr Skizzenbuch bei sich, und die Indianer verfolgten neugierig, wie sie ihren Stift benutzte. Noch größere Neugier erregte allerdings ihr Sonnenschirm. Die Dame wollte sich die Skizzen vom Strand mit den Wigwams und den lebhaften Menschengruppen ausleihen, um sie, wie sie bemerkte, »den *Wilden* zu zeigen«.

Von den praktischen Fähigkeiten der indianischen Frauen erzählt McKenney unterhaltsam in der Geschichte von einer Indianerin, die nach Washington ging und dort ihre Rolle in den »allerhöchsten Kreisen der Gesellschaft« mit einem solchen Fingerspitzengefühl und einer solchen Verstellungskunst spielte, die selbst Cagliostro[145] zur Ehre gereicht hätte. Sie schien die Intrige um ihrer selbst willen zu lieben und ein großes dramatisches Talent zu besitzen. So wie die Häuptlinge ihres Volkes, die sich aus Rachegelüsten oder eines Beutezugs wegen unter ihre Feinde mischen, konnte auch sie durch keinen Anflug von Eitelkeit,

---

145 Graf Alessandro di Cagliostro (1743–1795), berüchtigter italienischer Hochstapler.

durch keine Ablenkung oder Verlockung davon abgebracht werden, ihr Vorhaben genauso auszuführen, wie sie es geplant hatte.

Auch wenn ich wenig von den Indianern zu erzählen habe, glaube ich doch, dass ich durch die Beobachtung sehr viel über sie erfahren konnte, selbst in diesem erniedrigten und entwürdigten Zustand, in den sie geraten sind. Es gibt eine Sprache der Augen und der Bewegung, die sich nicht in Worte fassen lässt und die etwas lehrt, das über Worte hinausgeht. Ich fühle mich der Seele dieses Volkes nah; ich lese seine edlen Gedanken in seiner entstellten Gestalt. Es gab eine Größe, einzigartig und kostbar, und derjenige, der sie nicht fühlt, wird die Majestät der Natur auf diesem amerikanischen Kontinent nie richtig zu würdigen wissen.

Ich habe den indianischen Redner erwähnt, der über den Unterschied zwischen dem weißen und dem roten Mann sagte: »Der weiße Mann war kaum hier, als er schon daran dachte, den Weg für seine Nachkommen zu bereiten; der rote Mann hat nie daran gedacht.« Und dieser Satz bestimmt die wahre Differenz. Wir gewinnen die Oberhand, weil wir

»nach vorne schauen und zurück«,

aber aus demselben Grund

»sehnen wir uns nach dem, was nicht ist.«[146]

War der rote Mann glücklich, dann war er vollkommen glücklich, war er gut, dann war er einfach gut. Ja, er brauchte sogar eine Medaille, um zu wissen, dass er gut war.

An diesen Abenden waren wir glücklich, wir schauten über den alten Garten, den Strand, das Wasser und auf die hübsche Insel gegenüber, unter dem zunehmenden Mond; wir blieben nicht lang genug auf Mackinac, um ihn voll zu sehen. Eines Nachts, oder eher eines Morgens gegen zwei Uhr schnaubte die *Great Western* heran, und wir mussten gehen; und Mackinac und der ganze Sommer des Nordwestens sind für mich jetzt nichts anderes als ein Bild und ein Traum –

»Ein Traum im Traume.«[147]

Diese letzten Tage auf Mackinac waren schöner als die »einsamen« neun. Ich habe die Begleiterin wiedergefunden, mit der ich von Osten aufgebrochen war, eine, die alles sieht, alles schätzt, vieles genießt und nie im Weg ist.

146 Aus Percy Bysshe Shelleys Gedicht To a Skylark, 1820.
147 Edgar Allan Poe (1809–1849): »… Is all that we see or seem / But a dream within a dream?«

In Detroit machten wir einen halben Tag Halt. Die Stadt spielt eine wichtige Rolle in unserer Geschichte, und den Zorn über ihre Kapitulation hört man noch immer bei fast jedem heraus, der hierherkommt. Ich hatte das allgemeine Empfinden bislang geteilt. Die Empörung über eine scheinbar so unnötige Schmach für unsere Truppen wurde von der einen zur nächsten Generation weitergegeben, und wenige von uns haben sich die Mühe gemacht, herauszufinden, wo letztlich die Schuld lag. Jetzt, an Ort und Stelle, nachdem ich alle Zeugnisse darüber gelesen hatte, kam ich zu der Überzeugung, dass die volle Schuld bei der Regierung lag. Sie hat es versäumt, General Hull[148] zu unterstützen, was er zu Recht hätte erwarten dürfen, und ihn so zu diesem Schritt gezwungen. Hätte er in jenem Moment nur an seinen guten Ruf gedacht, wären viele wehrlose Bürger, nicht nur seine Soldaten, der Härte eines unbarmherzigen Feindes zum Opfer gefallen.

Ich bin eine Frau und in solchen Angelegenheiten nicht erfahren; aber einer Person mit gesundem Menschenverstand und gutem Blick, die sich den Ort und seine Lage anschaut, wird klar, dass Hull unter den gegebenen Umständen keine Aussicht auf eine erfolgreiche Verteidigung hatte und dass es ein Akt persönlicher Eitelkeit gewesen wäre, kein Mut, es dennoch zu versuchen.

Ich fühle mich in diesem Urteil nicht durch persönliche Umstände voreingenommen, ich habe immer beide Seiten gehört, und auch wenn mich das Porträt des alten Mannes gerührt hat, das ihn im Kreis seiner Kinder zeigt, wo er nach vielen Ehrungen und einem positiven Verhältnis zur Öffentlichkeit im Alter ein zurückgezogenes, schmachvolles Leben führte, dennoch ruhig und immer in der Hoffnung, dass ihm am Ende Gerechtigkeit widerfahren würde, war ich wie andere auch der Meinung, dass er sich selbst betrog und die Strafe für das Scheitern, das er zu verantworten hatte, in allem gerechtfertigt war. Jetzt, an Ort und Stelle, revidiere ich meine Ansicht und glaube, dass das ganze Land bald seine Ansicht revidieren muss. Ich möchte meinem Zeugnis Ausdruck geben, wie unbedeutend es auch sein mag, bevor es im allgemeinen Getöse untergeht, um den Gefühlen, die mich hier und jetzt ergriffen haben, gerecht zu werden.

Die *Wisconsin*, ein vornehmer Dampfer, sollte an diesem Nachmittag vom Stapel gelassen werden. Die ganze Stadt war auf den Beinen, farbenfroh gekleidet, eine Kapelle spielte. Unser Schiff brachte sich in eine gute Position, alles war bereit – außer der *Wisconsin*, die sich nicht vom Fleck bewegen ließ. Eine ziemliche Enttäuschung. Es wäre sicher ein imposanter Anblick gewesen.

---

148 General William Hull (1753–1825) wurde wegen seiner Übergabe Detroits an die Briten während des Britisch-Amerikanischen Krieges von 1812 von einem Militärgericht zum Tode verurteilt, doch von Präsident Madison begnadigt.

Auf dem Schiff deutete nun vieles darauf hin, dass wir nach Osten fuhren. Ein schäbig gekleideter Phrenologe[149] legte mit teils selbstgefälligem, teils verlegenem Ausdruck seine Hand auf jeden Kopf, der sich vor ihm beugte, um sein Können zu erproben. Hier und da standen Grüppchen von Menschen beisammen, um über theologische Streitpunkte zu diskutieren. Ein verlassener Liebhaber suchte nach religiösem Trost in Butlers ANALOGIE[150]. Er hatte noch nicht allzu viele Seiten umgeblättert, als seine Aufmerksamkeit schon von den verführerischen Blicken gewisser junger Damen abgelenkt wurde, die in Detroit an Bord kamen, und obwohl man später sehen konnte, dass das Buch aus seiner Tasche ragte, war es nicht gewichtig genug, um ihn vor manch einem Moment lebhaften Leichtsinns zu bewahren. Ich bezweifle, dass es mit ihm von Bord ging. Einige sprachen sogar über die Lehren von Fourier. Schade nur, dass sie gerade aus dem reichen und freien Land kamen und nicht auf dem Weg dorthin waren, wo es um so viel einfacher wäre als bei uns, das große Experiment der freiwilligen Genossenschaften zu wagen und zu beweisen, dass »Vorbeugen besser ist als Heilen«[151], eine Maxime der »Weisheit der Völker«[152], die ihre Wirkung bislang noch nicht entfaltet hat.

Besser also, vor der Landung in Buffalo Schluss zu machen, solange ich mir noch der Aufmerksamkeit einiger Leser gewiss sein kann.

**Das Buch an den Leser,
der es, wie amerikanische Leser das oft tun,
am Ende aufschlägt; vorgetragen im Knittelreim.**

Zur Brombeerzeit zieht Ihr hinaus,

Besucht die Kusine im Bauernhaus,

»Willkommen, Freunde«, ruft sie entzückt,

»Die Frucht ist reif und wird gepflückt.

Aber Madam, Ihr zerreißt Euer schönes Kleid;

Der Kleine stürzt zu seinem Leid;

Und im Dickicht, wo sie am besten reifen,

Wird das rankende Efeu um sich greifen.

---

149 In den USA erhielt die Phrenologie (vgl. Anm. 104) durch Orson (1809–1887) und Lorenzo Fowler (1811–1896) Popularität. Während Fuller in Providence lebte, unterzog sie sich im November 1837 selbst einer phrenologischen Untersuchung durch Orson Fowler.
150 Joseph Butler (1692–1752), englischer Bischof und Theologe. Seine gegen den Deismus gerichtete ANALOGY OF RELIGION erschien 1736 (dt. 1779).
151 Benjamin Franklin zur Einrichtung der Freiwilligen Feuerwehr in Pennsylvania.
152 William Penn, Gründer von Pennsylvania: »Die Weisheit der Völker zeigt sich in ihren Sprichwörtern.«

Und dann zerreißen Dornen Euch die Hände,
Falls dicker Handschuh keinen Schutz Euch spende;
Im Dornendickicht süße Rosen blühen,
Im Dornendickicht süße Beeren glühen.«

Wenn unbeirrt Ihr zu den Feldern geht,
Zerfetzt Ihr Euer Kleid, zerkratzt die Hände;
Doch wo das Dorngebüsch der Beeren steht,
Verlangt der Sinn nach süßerer Früchte Spende,
Nach wilder, froher, ungestümer Lust –
Nach süßem, vogelgleichem Flattern in der Brust.

Im nächsten Jahr könnt Ihr nicht selber gehen,
Und aus dem wilden Dickicht Beeren holen,
Die kluge Hausfrau hat indes Regale stehen
Mit Brombeermarmelade, heiß empfohlen,
»Und ohne Ahornzucker hergestellt, zu stark
Ist doch des Ahorns eigener Geschmack;
Doch raffinierter Zucker, nicht von hier, der passt,
da so das schöne Fruchtaroma nicht verblasst.«

»Ganz lecker«, flüchtig kostend, kontert Ihr,
»Ganz wie die frischen Beeren schmeckt es mir.
Denn was am besten mir an dieser Frucht gefällt,
Ist ja das Sammeln draußen auf dem Feld;
Denn wenn man nur ans Essen denkt,
Sind Kirsche und wilder Apfel auch geschenkt;
Und soll's ein großer Anlass sein,
Dann kauft man besser aus Westindien ein.«
So wird ein Gericht aus heimischen Süßigkeiten
Wohl kaum dem Geschmack eine Freude bereiten.

Doch nehmt ein wenig nur zum Abendbrot;
Fürs Garnröllchen tut eine gute Nadel not;
Nehmt Fakten mit Fiktion, Silber aus Blei Euch holt,
Und bei der Münze gibt es dafür Gold;
Kurzum, lest mich, wie Ihr selbst gelesen sein wollt.

Nachbemerkung

Kurzum, lest mich,
wie ihr selbst gelesen sein wollt

von Klaus Bonn

Eigentlich hatte es eine ganz andere Reise sein sollen.

Im Jahr 1826 bezog die Familie Fuller ein Haus im alten Kern von Cambridge, und Vater Timothy, zu jener Zeit Abgeordneter des Repräsentantenhauses von Massachusetts, gab einen Empfang, zu dem auch der Harvard-Professor John Farrar nebst Gattin Eliza zugegen war. Über die Farrars lernte Margaret im Sommer 1835 den erst siebzehnjährigen Harvard-Studenten Samuel Gray Ward kennen. Eine kleine Reise stand an, für die Timothy Fuller seiner Tochter die nötige finanzielle Unterstützung gewährte. Das Ziel war Trenton Falls, ein beliebtes romantisches Naherholungsgebiet für wohlhabende Bürger aus Boston oder New York. Die letztlich fatale Faszination für Wasserfälle, Wasserläufe und überhaupt für das flüssige Element im späteren Leben Margaret Fullers dürfte auch auf diese Exkursion zurückzuführen sein. Die pittoreske Landschaft und nicht zuletzt die Gegenwart Sams sorgten dafür, dass der Ausflug bei der jungen Frau in guter Erinnerung blieb. Sie hatte sich in den Studenten verliebt, eine Liebe, die einen unglücklichen Verlauf nehmen sollte.

Viele Jahre später, am 24. Februar 1850, wird Margaret rückblickend aus Florenz in einem Brief an Sam gestehen, dass jene kleine Reise zu dem Wasserfall die letzte Ruheperiode in ihrem Leben gewesen sei.

Der überraschende Vorschlag der Farrars, Margaret auf ihren für den Sommer 1836 vorgesehenen achtzehnmonatigen Europa-Trip mitzunehmen, an der Seite von Sam Ward und Anna Barker, Elizas Kusine, weckte Hoffnungen, auch Deutschland besuchen zu können, Weimar vorab, um dort eventuell Material für eine geplante Goethe-Biographie einzusehen. Und den Lake District kennenzulernen, das Kernland der englischen Romantik. Und Paris und die Schweizer Alpen. Doch die Vorfreude nahm ein jähes Ende, als Margaret an Typhus erkrankte und ihr Vater sich nur kurz darauf an kontaminiertem Wasser mit Cholera infizierte. Am 1. Oktober 1835 starb Timothy Fuller. Das Angebot der Farrars musste die inzwischen wieder genesene, doch jetzt mit Familienangelegenheiten beschäftigte Margaret wohl oder übel ausschlagen. Als älteste Tochter kümmerte sie sich um ihre Mutter und ihre jüngeren Geschwister.

Sie unterrichtete an der Bronson Alcott's Temple School in Boston und später an der Green Street School in Providence. Nachdem sie schon 1833 eine Übersetzung von Goethes Torquato Tasso publiziert hatte, folgte 1839 ihre englische Version eines Teils der Gespräche mit Eckermann. Über die Bekanntschaft und Freundschaft mit Ralph Waldo Emerson avancierte sie zur Herausgeberin der neu gegründeten transzendentalistischen Zeitschrift *Dial*. Überdies begann sie, eine Reihe von Kursen für Frauen zu leiten, die sogenannten »Conversations«, an denen auch Sarah Freeman Clarke teilnahm. Sie veröffentlichte einen Essay zu Goethe und über die Freundschaft Bettine Brentanos mit Karoline von Günderrode, deren Korrespondenz sie auch übersetzte. Im Jahr 1842 kündigte sie ihre Herausgebertätigkeit. Ihr letzter Beitrag für die Zeitschrift in dieser Funktion trug den Titel »The Great Lawsuit. Man versus Men. Woman versus Women«. Ein Essay, der für die Teilnahme und Teilhabe von Frauen im sozialen und politischen Leben der Nation stritt und die Grundlage für das feministische Traktat Woman in the Nineteenth Century bereitete.

Im Frühjahr 1843 gibt der Freund James Freeman Clarke bekannt, dass er zusammen mit seiner Mutter Rebecca und seiner Schwester Sarah dem Bruder William in Chicago einen Besuch abstatten möchte. Sarah wiederum lädt Margaret ein, sie zu begleiten. Sie sagt zu, und am 9. Mai, nach der Fertigstellung des Manuskripts von »The Great Lawsuit«, schreibt sie an Emerson: »Ich bemühe mich so sehr zu schreiben, wie es mir diese verhassten Ostwinde erlauben. Ich stehe morgens auf und fühle mich so unbeschwert wie die Vögel und dann, so gegen elf, kommt einer dieser Quälgeister und bringt mir den Kopfschmerz und verdirbt den Tag. Aber wenn ich druckfertig bin, was vermutlich Mitte nächster Woche der Fall sein wird, will ich befreit wegfahren und nicht von Druckfahnen nach Niagara verfolgt werden.«

Am 25. Mai schließlich brechen die Clarkes zusammen mit Fuller und Caroline Sturgis, einer Freundin Fullers aus ihrer gemeinsamen Zeit in Providence, auf. Sie fahren mit dem Zug über New York das Hudson-Tal hinauf bis nach Niagara Falls. Eine Woche halten sie sich an den Fällen auf.

Nachdem Sturgis wieder nach Boston zurückgekehrt ist, setzt die Gesellschaft ihre Reise mit dem Dampfschiff über den Erie-See fort. Nach Stippvisiten in Cleveland und Detroit geht es weiter über den St. Clair River hoch zum Huron-See, an Mackinac Island vorbei und über den Michigan-See hinunter bis nach Chicago. Zwar ist das soziale Elend nach der Wirtschafts- und Finanzkrise 1837–1842 in dieser Stadt nicht so stark ausgeprägt wie in Neuengland, doch das rastlose Leben im Dienste des Kommerzes, dem jegliche poetische Würde abgeht, stimmt Fuller nicht gerade hoffnungsfroh. Am 16. Juni 1843 schreibt sie an Emerson aus Chicago: »Ich möchte einen Einwanderer sehen mit würdigen Zielsetzungen, der sein ganzes Geschick und Wissen einsetzt zu einem Zweck, der dem Land zugutekommt, anstatt sich den Anforderungen des Augenblicks zu beugen, was bei so vielen der Fall ist.« Die Jagd nach dem schnellen Geld ist gefragt, nicht intellektueller Tiefsinn.

Nach etwa zwei Wochen in Chicago kehrt James Clarke nach Boston zurück. Die drei Damen erkunden derweil unter der Führung William Clarkes die weite Prärien-Landschaft im Westen Chicagos. Das Verkehrsmittel ist ein Pferdewagen. In Geneva am Fox River bleibt Rebecca Clarke zurück, während die anderen ihre Reise fortsetzen. Die Exkursion führt durch das Tal des Rock River bis nach Oregon, Illinois, wo Margaret am 4. Juli ihren Onkel William Fuller trifft, um mit ihm über Pläne ihres Bruders Arthur Buckminster Fuller zu sprechen, der als Harvard-Absolvent Geistlicher werden und eine eigene Schule gründen will. Sie selbst spürt, wie das Gebiet um den Rock River nach dem Aufenthalt in Chicago wieder ihre Lebensgeister weckt. Der Westen, so die soziale Vision, gilt als Alternative zum Zentrum der industriellen Produktion Neuenglands.

Nach zwei Wochen in der Prärie führt der Weg zurück nach Chicago und weiter, mit Rebecca, aber ohne männliche Begleitung, nach Milwaukee. Noch von Chicago aus, der Stadt, die sie zu zermürben scheint, schreibt Fuller an Emerson am 17. August: »Ach, was nur kann so aussichtslos sein in diesen tristen Gegenden wie diese Reise? Das endlose Packen und Auspacken, die herzlosen, unangenehmen Wortwechsel, das freudlose Hotel, die vielen Stunden, in denen man zu müde ist und die Gefühle viel zu sehr ausschweifen, als dass man irgendein Ziel verfolgen könnte, dazu hat man entweder nichts zum Anschauen oder ist des Anschauens überdrüssig.« Und wenig später heißt es im selben Brief: »Diese Leute lassen mich verstummen. Sie sind alle so voller Leben und ohne Gedanken. […]. Es gibt für mich wirklich keinen lebenswerten Ort, ich meine, was die Menschen betrifft. Ich mag die engstirnige Geistigkeit zu Hause nicht, die Scheinheiligkeit und blutleere Theorie. Diese bloß instinktive Existenz derer, die sie so ›erstklassig‹ leben, so ›aus dem Stand‹, und ›voranschreiten‹, gefällt mir aber ebenso wenig.«

In der Nähe des Silver Lake kommt es zu den ersten Begegnungen mit Indianern. Später, als Fuller allein nach Mackinac Island übersetzt, wird sie u. a. Zeugin einer Versammlung von Stammesangehörigen der vertriebenen Chippewa und Ottawa, die auf eine der zwanzig jährlichen staatlichen Entschädigungszahlungen für ihr verlorenes Land warten.

Von Sault Ste. Marie aus nimmt Fuller die Fähre zurück nach Mackinac Island, wo sie wieder auf Sarah Clarke trifft. Nach zwei, drei gemeinsamen Tagen auf der Insel neigt sich die Reise ihrem Ende entgegen. Über Detroit führt die Route nach Buffalo und von dort wieder nach Boston.

Margaret Fullers Text SUMMER ON THE LAKES, IN 1843 ist kein linearer Bericht über die Chronologie von Ereignissen und Erlebnissen während einer Reise. Es ist ein »hybrider Text«, eine »poetische Ethnografie« im Sinne einer »Mischung aus Autobiografie, Geschichte, kritischer Lektüre und einer auf Geschlechter- und Rassenfragen basierenden Analyse des Versprechens und der Tragödie der Expansion gen Westen«. Man könnte dabei an Friedrich Schlegels Begriff der Universalität denken, den er als »Wechselsättigung aller Formen und aller Stoffe« ausgewiesen hat. Da gibt es Gedichte, eigene und fremde, szenische Dialoge, Zitate aus Reiseberichten, Wiedergabe einer Rede, Erzählungen eigener Erlebnisse, Naturbeschreibungen, essayistische Passagen und nicht zuletzt drei Porträts von Frauen, eines davon als Novelle aufbereitet, das andere eine Erzählung aus zweiter Hand und schließlich die Zusammenfassung der Krankengeschichte der Friederike Hauffe, wie Justinus Kerner sie aufgezeichnet hat. SUMMER ON THE LAKES lebt aus jenem unauflösbaren Spannungsverhältnis zwischen der Vision von einer gerechten, naturverbundenen Gesellschaft und der nüchternen Realität des amerikanischen Expansionsdrangs nach Westen im Zuge der wachsenden Industrialisierung, zwischen der Beobachtung des dem Untergang geweihten indianischen Volkes und der aggressiven Übermacht des weißen Mannes. Das Buch steht gleichwohl ein für den Glauben an das Menschenmögliche, an eine Gleichberechtigung zwischen den Geschlechtern und für das Bekenntnis zur Schönheit einer Landschaft, wobei nicht übersehen wird, dass ein urbaner Materialismus der sozialen Kälte vor dem Raubbau an der Natur keinen Halt macht.

Drei Jahre nach der Reise an die Großen Seen wird Margaret Fuller jene andere Reise über den Atlantik nachholen, dann in der Funktion als Auslandskorrespondentin und Kriegsberichterstatterin für die *New-York Tribune*.

SUMMER ON THE LAKES erschien erstmals 1844 im Bostoner Verlag Little & Brown, die zweite Auflage mit sieben Radierungen der Weggefährtin Sarah Freeman Clarke. Eine arg gekürzte Version erschien nach Fullers Tod 1856 als Teil der Anthologie AT HOME AND ABROAD; OR, THINGS AND THOUGHTS IN AMERICA AND EUROPE, herausgegeben von Margarets Bruder Arthur B. Fuller.

Die vorliegende Übersetzung hält sich an die Textfassung der Erstausgabe, die sowohl in die Ausgabe von Jeffrey Steeles THE ESSENTIAL MARGARET FULLER (1992) als auch von Mary Kelleys THE PORTABLE MARGARET FULLER (1994) aufgenommen worden ist.

Bildnachweis

AdobeStock: S. 2/3, 6, 16 und 19, 20, 50/51, 124, 142/143, 176, 180, 196/197, 210/211, 226/227, 236/237, 248/249, 256, 264

mauritius: S. 35: Tamaki Suzuki / Alamy, 44/45: Bruce Corbett / Alamy, 55: Science Source, 58: Alamy / Leon Werdinger, 64/65: David Scherrer / Alamy, 110/111: Alamy / David Scherrer, 118/119: Cavan Images / Cavan Images, 184/185: Alamy / Michael Ventura, 204/205: Danita Delimont, 218/219: Alamy / Susan Montgomery, 238: Alamy / Hugh Z, 243: Prisma / Raphael Weber

Unsplash: S. 1: Eric Muhr; 4/5, 82/83, 150/151, 261: Aaron Burden; 26/27: Fezbot2000; 30/31: Daniel Lincoln; 32: Francois Hoang; 40: Josh Webb; 84: Timon Studler; 96/97: Jason Brower; 104/105: Chuck Gasaway; 108/109: Cam Brennan; 122/123: Aj Garcia; 134: Tom Barrett; 78, 162/163, 174/175: John Westrock; 262/263: Igor Oliyarnik

CORSO No. 70
Margaret Fuller

Sommer an den Seen
Eine amerikanische Reise

1. Auflage 2019
© CORSO in der Verlagshaus Römerweg GmbH
Römerweg 10, D-65187 Wiesbaden

Cover: Karina Bertagnolli, Wiesbaden
Layout & Satz: Anja Carrà, Weimar
Lektorat: Anna Schloss | Andreas Udo Schmidt, Wiesbaden
Gesetzt aus der Operetta und der Fairfield
Gesamtherstellung: CPI books, Ulm
Printed in Germany. Alle Rechte vorbehalten.
ISBN 978-3-7374-0746-5

Mehr über Ideen, Autoren und das Programm
von CORSO finden Sie unter:
www.verlagshaus-roemerweg.de